우리는 어디로
가야 하는가

코로나 시대를 살아가는 지구시민 마음백서

우리는 어디로 가야 하는가

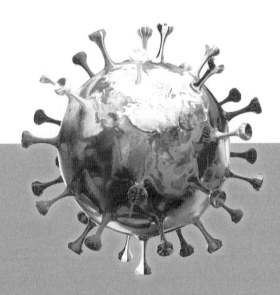

우리는 이전Before과 이후After 사이Now를 지나고 있다

모시는사람들 철학스튜디오 기획

가타오카 류 김유리 민지오 박길수 박맹수 박지은 사사키 슌스케 서만원 성민교 손원영 신태섭 양스판 유건재
윤정구 이무열 이주연 임소당 임우남 전희식 조성환 주요섭 최다울 파드마 남걀 아지타 허남진 홍승진 황상희

도서출판 모시는사람들

코로나19가 말해주는 것들

조 성 환

이 책은 지난 4월에 나온 『세계는 왜 한국에 주목하는가? - 한국사회 COVID19 시민백서』의 후속편이다. 지난번과 마찬가지로 '시민백서'의 형태로 20대에서 60대에 이르는 폭넓은 세대와 다양한 계층이 참여하였다. 필진은 주로 원광대학교4명와 도호쿠대학교4명, 그리고 서강대학교4명의 학생과 교수들로 이루어져 있고, 이 외에도 외국인 4명이 포함되어 있다.

코로나 시대를 맞아 코로나19에 관한 책들이 봇물처럼 쏟아지고 있다. 그 많은 서적들 중에서 이 책이 갖는 특징을 꼽으라면 '성찰'이라고 할 수 있다. 코로나19가 우리에게 말하고자 하는 것은 무엇인지, 그리고 우리는 앞으로 어떻게 해야 하는지에 대해서 생각해 보는 시간을 갖고 싶었다. 특히 제5부에서는 '청년들의 목소리'를 담아서 미래세대의 생각과 고민을 경청하는 자리를 마련하였다. 이들이야말로 앞으로 인류와 지구의 미래를 짊어지고 나갈 '지구세대'이기 때문이다.

독자들의 편의를 위해 각 원고의 요지를 간단하게 정리해 보았다. 바쁘신

와중에도 시간을 내어 원고를 써 주신 원광대학교 박맹수 총장님, 멀리 일본에서 원고를 보내 주신 가타오카 류, 사사키 슌스케, 양스판 선생님, 그리고 인도인임에도 불구하고 훌륭한 한글로 멋진 원고를 보내주신 파드마 남걀 아지타 교무님께 특별히 감사를 드린다.

제1부는 한국을 비롯하여 인도, 일본, 중국에서 코로나19를 둘러싸고 일어난 상황들을 포괄적으로 또는 세부적으로 소개하였다.

저명한 동학 연구자이자 원광대학교 총장인 박맹수 교수의 「개벽대학은 코로나19에 어떻게 대응했나」는 전북 지역 최초의 확진자를 원광대학교 병원에서 성공적으로 치료할 수 있었던 경위를 생생하게 소개하고 있다. 그 과정에서 저자는 우리의 잊혀진 '공동체 정신'이 되살아나고 있음을 실감했다고 회고하면서, 1894년의 동학농민혁명이 보여준 '공화와 평화와 평등' 사상이야말로 코로나 시대에 요청되는 정신이라고 강조하였다.

인도인으로 한국 여성과 결혼하여 원불교 성직자가 된 파드마 남걀 아지타^{한국 이름은 원현장} 교무의 「코로나19는 인도에 무엇을 말해 주었나」에서는 인도에서 코로나19가 발생한 순간부터 대응 과정까지를 상세하게 소개하고 있다. 우리에게는 아직 낯선 인도에 대한 전반적인 소개와 함께 코로나19 대응 과정에서 불거진 종교 간의 갈등 문제도 다루고 있어서 한국의 독자들에게도 유익한 글이라고 생각한다.

일본 동아시아실학연구회 회장이자 지한파^{知韓派} 학자인 가타오카 류^{片岡龍} 교수의 「어떤 대학이 뉴노멀을 선도하는가」는 저자가 몸담고 있는 도호쿠대학東北大學의 총장이 보낸 '메시지'를 분석의 대상으로 삼아서, '새로운 일상'은 상층부 리더의 상명하달식이 아니라 지구촌의 한 사람 한 사람이 각자의 생활 현장에서 '함께' 물음을 던지고 '함께' 표현해 나가는 가운데 '꿈' 같이 구현된다는 메시지를 담았다.

일본사상 연구자인 사사키 슌스케 씨의 '과학자는 무엇을 전하고 있는가' 에서는 코로나19에 대응하는 과정에서 과학자의 가치판단이 필연적으로 개입되게 마련인데, 이 문제를 정부에 전적으로 맡겨두기보다는 과학과 사회의 원활한 소통을 통해 해결해야 한다고 역설하였다.

중국인으로 일본에 유학 중인 도호쿠대학의 양스판 씨가 쓴 「사람들은 왜 서로 혐오하는가」는 코로나19 발발 직후 중국 내외에서 발생했던 혐오와 차별 문제를 다루면서, 유학에서 말하는 '측은지심'타인에 대한 동정심이 코로나19 사태에서 발휘되지 못하는 원인을 현대사회의 '생명소외'에서 찾는다.

제2부는 경영과 시장의 변화와 노동의 문제를 다루었다.

홍익대학교 경영학과 유건재 교수의 「벤치마킹의 시대는 끝났다」에서는 코로나19가 한국 기업에게 던지는 메시지는 "더 이상 서구 모델을 모방하지 말고 '자생적 모델'을 창조하라"는 데에 있고, 이를 위해서는 구성원을 신뢰하는 유연한 근무 환경으로의 전환이 필요하다고 역설하였다.

이화여자대학교 경영학과 윤정구 교수의 「전략경영에서 목적경영으로」 에서는 코로나 시대에 기업이 살아남기 위해서는 경영 이념을 시대에 맞게 전환해야 한다고 조언하고 있다. 신자유주의 시대에서는 기업들이 자신의 경쟁력을 입증하기 위해서 단기간의 성과 산출에 집중하는 '전략경영'을 택했지만, 상호 교류와 유대가 요청되는 비대면 시대에는 펩시콜라와 같이 다른 회사와의 차별성을 강조하면서 자기 기업의 존재 이유를 어필할 수 있는 '목적경영'이 바람직하다는 것이다.

협동조합 '살림'의 이무열 이사장은 「사회적 경제와 뉴노멀 시장」에서 포스트코로나 시대의 새로운 사회적 경제를 제안하고 있다. 코로나19는 우리에게 종래에 시장을 주도했던 모든 경험과는 다른 새로운 상상과 실험을 요구하고 있는데, 사회적 경제의 경우에는 '가치'와 '혁신'이 교차하는 '메타모델링'의 발명이 필요하다는 것이다.

「세상은 변할 수 있을까」는 자동차 공장 노동자 신태섭 님의 글이다. 인류의 모순을 응축하고 있는 코로나19의 경고에도 불구하고 인류는 편리한 생활을 버리지 못할 것이라는 비관론과 함께, 그럼에도 불구하고 모든 것은 사람 하기에 달려 있다는 희망을 말한다.

제3부에서는 코로나19로 불거진 혐오와 생태의 문제를 다루었다.

『다시개벽』 편집위원이자 철학도인 성민교 씨는 혐오는 타자에 대한 소화불량에서 나오는 감정으로, 철학적으로는 위생과 도덕의 만남으로 인해 발생한다고 지적하면서 '혐오의 위생'에서 '생태적 위생'으로의 전환을 제안하였다.

『다시개벽』의 편집장이자 국문학자인 홍승진 씨는 「아감벤은 왜 생명을 잘못 보았나」에서 "코로나19는 일반 독감과 크게 다르지 않다"고 한 현대철학자 아감벤의 발언은 비인간을 배제하는 서구적 '생명' 개념을 반영하고 있다고 비판하면서, 인간과 비인간을 포괄하는 생명 개념을 동학에서 찾았다.

농부이자 생태운동가인 전희식 씨의 「사회적 거리두기와 생태적 거리회복」은 자립경제와 공유생활로의 전환을 통해 생태계의 회복력을 되찾아야 한다고 주장하였다.

도서출판 모시는사람들 박길수 대표의 「'호모마스쿠스' 시대를 살아가는 지혜」에서는 마스크가 일상화되는 과정에서, 모두가 연결되어 있다는 자타불이의 세계관, 시민들의 자발적인 참여와 나눔의 의식, 마스크 보급제나 재난지원금과 같은 반反자본주의적 요소가 발휘되었고, 그로 인해 사람들 사이에서 신뢰가 쌓여 갔다고 분석하였다.

모심과살림연구소의 주요섭 연구위원이 쓴 「함께 만들어 가는 새로운 이야기」는 포스트코로나 시대에는 종래와 같은 소수 지식인의 '선언' 형식이 아니라, 새로운 이야기와 형식을 '함께' 만들어 가는 '공동작업'이 중요하다고 강조하였다.

제4부에서는 기독교를 비롯하여 유교, 원불교, 천도교의 입장에서 본 코로나 시대 종교의 역할을 논하였다.

서울기독교대학의 손원영 교수는 「한국 기독교를 위한 신학적 백신은?」에서 팬데믹 상황에서 요청되는 신학적 백신을 세 가지로 제안하고 있다. 첫째는 시대의 고통과 공감하며 연대하는 '프락시스 신학'이고, 둘째는 동아시아 종교 전통과 어우러지는 '융합의 신학'이며, 셋째는 신앙과 수행이

겸비된 '수행신학'이다.

독립연구자인 황상희 씨의 「감정의 참된 이해를 위한 오래된 미래의 지혜」에서는 조선시대 이래로 도덕감정을 중시해 온 한국의 사상 전통이 이번 코로나19 대응에서 잘 발휘되었고, 이러한 한국의 감정론이 뉴노멀 시대에 '오래된 미래'가 될 수 있다고 전망하였다.

원불교 교무인 이주연 박사의 「지구적 연대를 위한 뒤섞임」에서는 영화 〈셰이프 오브 워터〉에 등장하는 소수자들에 대한 혐오와 편견에 맞서기 위해서는 정서적 결속을 통한 지구적 연대가 필요한데, 원불교에서는 이 문제를 융합과 혼종 그리고 은혜에 대한 강조를 통해 해결하고자 한다고 소개하였다.

천도교 한울연대의 임우남 공동대표는 「천지부모를 공경하는 삶으로」에서 오늘날의 팬데믹과 기후위기는 인간이 지구시스템을 파괴한 결과라고 지적하고, 동학에서 제창한 "지구를 공경하는 삶"을 되찾자고 제안하였다.

도호쿠대학의 일본사상사연구실에서 유학 중인 최다울 씨는 「마음의 영성에 관한 세 가지 가설」에서 마음에 대한 분석과 성찰이 맹목적인 '믿음'을 상대화할 수 있는 '면역력'을 기른다고 보고, 연결·합일·구분의 세 차원으로 나누어서 '마음의 영성'을 분석하였다.

제5부는 청년들의 목소리를 담은 청년마당이다.

아트&테크놀로지를 공부하고 있는 김유리 씨는 「어떤 인생을 그릴 것인가」에서 코로나19로 인해 자신을 기계화해야 정상성을 획득할 수 있었던 기존의 관습들이 조금씩 무너지고 있다고 진단하면서, 정상성이라는 틀을 깨고 자신의 모습으로 입지를 다지는 청년이 될 것을 제안하였다.

천도교 청년회 운영위원인 서만원 씨의 「'도로' 청년이 되는 세대」에서는 기대보다는 불안으로 가득 찬 청년들의 세계를 코로나19로 인해 인류 전체가 경험하고 있다고 분석하면서, 청년들이 다음 세대를 위해 새로운 관계와 체계를 만들 것을 제안하였다.

여성학을 연구하는 임소당 씨의 「어떻게 살아남아야 하는가」에서는 코로나19와 디지털 시대에 청년들에게 요구되는 능력과, 청년들이 떠맡아야 할 시대적 과제, 그리고 청년들이 갖추어야 할 덕목을 제시하였다.

철학을 공부하는 박지은 씨가 쓴 「현실과의 대면이 가져오는 상상력」은 몇 달 전 발생한 '콜센터 집단감염' 사건에서 드러난 비정규직 여성 노동자의 불안과 불평등 문제를 소개하면서, 비대면 시대에 소홀해지기 쉬운 현실과의 '대면'이 중요함을 강조하였다.

커뮤니케이션학을 공부하는 민지오 씨의 「'포괄적 언어'는 필요한가」는 성소수자 문제를 통해 포괄적인 중립어의 사용과 사회적 약자를 위한 대안 언어의 사용을 제안하였다.

마지막으로 「인간세에서 지구세로」에서는 내가 속해 있는 연구소에서 올해부터 진행하고 있는 새로운 연구를 소개하였다. 오늘날 서양에서 활발하게 연구되고 있는 '지구학'의 연구 성과에 자극을 받아서, 종래의 인간 중심과 유럽 중심의 인문학에서 지구 중심과 생명 중심의 인문학으로의 전환을 꾀하고자 하는 지구인문학이다. 이러한 지구적 차원의 인식론적 전환이야말로 구한말의 개벽파가 말한 '다시개벽'이자 '정신개벽'이 아닐까 생각한다.

8월 중순을 기점으로 코로나19가 다시 확산되고 있는 추세이다. 엎친 데 덮친 격으로 이상기후까지 가세되고 있다. 너 나 할 것 없이 모두 어려운 시기이다. 이럴 때일수록 유학에서 말하는 '일상성'을 지키는 것이 중요하다고 생각한다. 한국 시민들의 덕성이 다시 한 번 발휘되기를 기대해 본다.

2020년 9월 30일

우리는 어디로 가야 하는가

원래 이상은 유토피아로서만 의미를 지니고, 거북이를 쫓는 아킬레스처럼 영원히 현실을 따라잡을 수 없다. 현실화되어 버린 '이상'은 아무리 아름다운 '이상'일지라도 디스토피아에 지나지 않는다. 이상과 현실 사이에 놓여 있는 간극, 그것은 과연 무엇일까? 나는 그것을 '꿈'이라고 생각한다. 이상은 '꿈'일 때 비로소 타자의 공감을 불러 일으킨다.

제1부

각국의 대응

개벽대학은 코로나19에
어떻게 대응했나

박맹수

전북 익산에 자리하고 있는 원광대학교 총장으로 부임하여 '개벽대학'을 선포한 지 1년 반이 지났다. 처음 1년 정도는 대학의 살림살이를 파악하느라 정신없이 지냈다. 뭔가 나름대로의 공약도 제시하고, 학교를 혁신하겠다는 강한 의지로 불철주야 노력하던 중, 하늘도 무심하게 코로나19가 전 세계를 강타했다. 다행히 아직까지는 큰 탈 없이 견디고 있는데, 그 과정을 간략히 소개하고자 한다.

전북 최초의 확진자 대응

지난 1월 20일, 우한에서 입국한 중국인 여성이 인천공항 검역 과정에서 첫 번째 확진자 판정을 받고, 그로부터 일주일 뒤에 8번 환자가 전북 군산에서 익산에 있는 원광대학교 병원으로 이송되었다. 군산의료원의 검사 시스템이 아직 정비되지 않은 상태여서 이미 양성인 환자인데도 음성으로 판정되어 우리 대학병원으로 이송되어온 것이다. 마침 그날은 휴일이었는데 응급실에서 근무하던 당직 의사가 운 좋게도 우리 대학병원 전체에 단 한 명뿐인 감염내과 교수였다. 전문 분야가 감염내과여서 당직 의사는 호흡기 질

원광대학교 병원에서 전라북도 최초의 코로나19 확진자가 나왔지만
적절한 초기 대응으로 큰 후폭풍을 모면할 수 있었다

(제공: 원광대학교)

환이나 코로나19에 대해서는 전문가였다. 그래서 군산에서 이송되어 온 환자가 음성 판정 상태이기는 했지만 조금 이상하다 싶어 도착하자마자 격리 조치를 실시하고, 곧바로 보건소와 연락해서 몇 시간 만에 코로나19 확진 판정이 나왔다. 전라북도 최초의 확진자가 우리 병원에서 나온 것이다.

초기 대응 과정에서 30분 내지 1시간 정도 간호사를 비롯한 의료진 몇 사람이 밀접 접촉자가 되긴 했지만 해당 환자를 응급실로 보내지 않고 곧바로 격리병실로 보낸 덕분에 큰 후폭풍을 모면할 수 있었다. 만약에 그때 감염내과 교수가 아닌 다른 의사가 그 환자를 맞이했거나, 아니면 보통의 응급환자처럼 응급실로 모셨다면, 아마 병원 안에서 수십 명의 감염자가 발생하여 대학은 물론 익산시 전체가 긴급 상황에 들어갔을 것이다. 다행히 초동 대응을 잘한 덕분에 담당 교수는 '영웅'이 되었다. 그 일이 있은 뒤로 거의 3~4일에 한 번꼴로 의심환자가 발생하곤 하였다. 그럴 때마다 나를 비롯한 대학 구성원들은 몇 시간씩 또는 며칠씩 마음을 졸이면서 최종판정 결과를 기다려야 했다.

지난 몇 개월 동안, 확진자가 군산, 전주, 김제 등지에서 나오고, 가까운 이웃대학들에서도 나왔지만 다행히 우리 대학에서는 지금까지 한 명도 나오지 않았다. 참으로 신기하다는 생각을 하겠지만, 사실은 8번 환자가 확진됐을 때 원광대학교는 전국 대학 최초로 총장을 책임자로 하는 코로나19 상황실을 설치하여 비상사태 선언을 하고 주요 보직을 맡은 교수님들과 교직원들 앞에서 다음과 같은 말씀을 드렸다. "1세기 전에 동학東學을 이끄셨던 2대 교주 해월 최시형 선생님은 '인시천人是天이니 사인여천事人如天하여라.'

곧 '사람이 하늘이니 사람 섬기기를 하늘처럼 하여라.' 이렇게 말씀하시고 실천하셨습니다. 경제적인 것, 행정적인 것을 총동원해서 우리 구성원들을 하늘님으로 모시는 마음으로, 생명이 제일이라는 자세로 상황실을 설치해서 함께 이 위기를 극복합시다." 라고.

평생 동학을 연구했기 때문에, 그래서 젊은 시절부터 일찍이 동학의 가르침을 배워 알고 있었기에 위와 같은 말씀을 드렸으며, 아마도 그런 정신으로 총력 대응을 한 결과 지금까지는 무사히 학교를 지켜낼 수 있었던 것이 아닌가 한다. 그리고 이렇게 원광대학교를 중심으로 안전지대를 확보했기 때문에 대구에서 다수의 환자가 발생하여 중증 환자들을 수용할 병원이 없었을 때, 원광대학교 병원은 일곱 분의 중증 환자를 모실 수 있었다.

영호남 대학의 연계

코로나19 확진자가 대구에서 대량으로 나오기 시작하던 시기에 우리 대학과 자매 대학들인 대구의 영남대학교와 계명대학교, 그리고 대구대학교에 마스크와 손소독제를 보냈다. 조금이나마 대구의 아픔을 위로하고자 하는 마음에서였다. 그 뒤 어느 날, 영남대학교 총장님으로부터 전화가 왔다. 코로나19가 한참 기승을 부리던 3월 2일 이른 아침이었다. 영남대학교와 인연이 깊은 어르신이 원광대 음압병실로 이송되고 있다는 내용이었다. 70대 중반의 중증 환자인데 가족들이 따라갈 수 없어서 보건소 직원과 운전사만

가고 있다는 것이다. 연로하신 어르신을 타지에 혼자 보내는 가족들의 심정은 어떠했을까?

전화를 받은 직후 곧장 음압병실로 달려갔다. 마침 주치의가 1년 전까지 서울삼성병원에서 메르스 사태를 겪었던 교수였다. 그래서 산교육을 이미 마친 셈이다. 이것도 묘한 인연이었다. 대구에서 오신 환자분은 3월 2일부터 48일 동안 사투를 벌인 끝에 4월 17일에 완치가 돼서 댁으로 귀가하셨다. 그 모습을 보면서 눈물이 났다. 그런데 더 감격스러운 일은, 이분이 가족도 연고도 없는 상태에서 불안한 마음으로 오셨을 텐데, 48일 동안 간호사들이 입 주위가 다 터지고, 마스크로 얼굴에 진물이 생길 정도로 눈물겨운 정성을 다하는 모습을 직접 목격하면서 감동을 받으신 것이다. 그래서 도저히 그냥 가실 수 없다고 생각하셨는지, 떠나시기 전날 가족들에게 연락을 해서 원광대학교 병원 발전기금으로 거액을 기부해 주셨다. 돈이 문제가 아니라 코로나19가 영호남의 새로운 미래를 열었다는 점에서 대단히 뜻깊은 일이라고 생각한다. 영남대학교 총장님께 "앞으로도 협력 네트워크를 잘 발전시킵시다!"라고 감사 전화를 드린 기억이 새롭다.

코로나19 사태를 계기로 대학 간의 연계는 국경도 넘어섰다. 원광대학의 자매대학이 중국에 여러 곳 있는데, 우한에서 코로나19가 발발했을 때 8개 대학에 마스크를 천 장씩 보낸 적이 있다. 그랬더니 최근에 중국 각 대학 총장님으로부터 감사 편지와 함께 다섯 배의 마스크가 돌아왔다. 주한 중국대사와 광주에 있는 중국총영사로부터도 감사장이 왔다. 이런 식으로 코로나19 사태를 계기로 중국과의 관계도 좋아졌다. 그래서 코로나19 사태가 끝나면 전보다 더 많은 중국 유학생들이 원광대학교에 오지 않을까 생각한다.

공동체정신의 부활

코로나19 사태를 계기로 국내외 대학 간 협력 네트워크를 강화하여 대응해 나가는 과정에서 또 한 가지 커다란 변수가 있었다. 바로 중국인 유학생 입국 관리 문제였다. 우리 대학에도 440명이나 되는 중국인 유학생이 있었다. 그런데 그들의 유학 동기는 우리의 지난날과 크게 다르지 않았다. 1960~1970년대에 시골 어른들이 논밭을 팔아서 자식들을 도시로 유학보냈듯이, 중국인 유학생들도 그런 동기로 한국에 유학오고 있었다. 그래서 그들은 코로나19 사태가 발생했을 때에도 "무슨 일이 있어도 한국에 입국해서 학교를 다녀야 한다."고 했다. 한국에 가서 소정의 기간 안에 학위를 따 와야 집안을 일으킬 수 있고, 조국에 헌신할 수도 있기 때문이었다.

다행히 정부에서 봉쇄정책 대신에 철저한 검역을 전제로 입국을 허용함으로써 유학생들을 다 받아들일 수 있었다. 그런데 중국은 성省이 23개나 되는데 각 성省마다 코로나19 상황이 다 달랐다. 그래서 학교가 정한 입국 기간, 가령 2월 26일부터 28일까지 3일 동안만 유학생 입국을 허용한다는 방침을 적용하기가 불가능히 있었다. 그래서 2월 말부터 4월 초까지 거의 하루에 몇 명꼴로 입국하였다. 국제교류처 직원이 보건소 직원과 함께 인천공항까지 차로 가서, 비행기에서 내리는 학생을 인계받아, 화장실에 잠깐 다녀오게 하고 곧바로 차에 태워서 고속도로에서는 화장실도 못 가게 하고, 세 시간 정도 걸려서 기숙사로 데려온 뒤에 거기서 바로 검사를 받게 하고, 음성 판정이 나오면 14일간 자가격리를 하도록 했다. 자가격리 하는 동안에 기숙사에서 하루 세 끼 밥을 주고, 쓰레기를 치우고, 이부자리를 세탁하고, 이런 일들을 해야 하는데, 440명이나 되니까 학교 직원만으로는 감당이 안 되었다. 이때 구세주가 등장했다. 퇴직하신 직원 10여 분이 이 일을 하겠다고 자청하고 나선 것이다. 그것도 완전 무료 봉사로. 지금도 생각하면 기적 같은 일이었다. 교육부에 보고했더니 전국에 이런 사례가 없었다고 한다. 이처럼 우리 대학 안에서는 코로나19 사태를 계기로 그동안 잊고 있었던 공동체 정신이 되살아나기 시작했다. 그리고 그렇게 부활한 공동체 정신은 우리 스스로를 건강하게 할 뿐만 아니라, 지역 간의 벽도 허물고, 나라와 나라도 하나로 잇고 있다.

공동체 정신의 부활과는 대조적으로 사라진 것도 있다. 젊은이들 사이에 '헬조선'이라는 말이 쏙 들어간 것이다. '대한민국이 생각했던 것보다는 괜찮은 사회구나, 살 만한 나라구나' 하는 인식이 코로나19 사태를 계기로 공유되었기 때문이다. 이처럼 코로나19는 우리로 하여금 잊고 살았던 우리 안의 보물들을 재발견하고 돌아보게 하는 계기가 되었다.

코로나 시대의 동학사상 - 공화와 평화

나의 평생 연구 주제는 동학이다. 그래서 동학 얘기를 빼놓을 수 없다. 원광대학교의 대표적 연구기관인 원불교사상연구원의 멤버들이 참여한 기획도서 『세계는 왜 한국에 주목하는가 - 한국사회 COVID19 시민백서』^{모시는} ^{사람들}에 보면 '관민상화'官民相和라는 말이 나온다. 이 말의 유래는 이러하다. 1894년 동학농민혁명 때 동학군이 전주성을 점령하자 청나라와 일본이 서로 조선을 차지하기 위해 군대를 출동시키려 하였다. 그러자 전주성에서 전라감사 김학진과 전봉준 장군이 서로 약속을 하였다. 탐관오리들이 부당하게 세금을 징수하고 동학도를 탄압하는 것을 바로잡는다는 것을 조건으로 동학군은 해산하겠다고. 이것이 '전주화약'全州和約이다. 이런 식으로 양자가 화약을 맺어, 동학군은 자진 해산을 하고, 전라감사는 동학군의 안전한 귀가를 보장하였다. 이것을 '관민상화'라고도 한다. 이 관민상화를 통해 공동의 적인 '청국군과 일본군'을 한반도로부터 철수시키려 한 것이었다. 이 전통이 21세기에 부활해서 코로나19 사태라는 지구적 재난 앞에서 '민관협치'의 형태로 부활한 것이다. 한국사회의 성공적인 '민관협치'는 코로나19 초기에 일본의 『산케이신문』에서도 평가한 적이 있다. 『세계는 왜 한국에 주목하는가』에서는 동학 시대에 구현된 '관민상화' 전통을 "대한민국 '공화'共和의 출발"이라고 평가하고 있다.

동학은 공화와 함께 평화도 말하고 있다. 작년²⁰¹⁹이 마침 3·1운동 100주년이었다. 주지하다시피 3·1운동은 동학의 후신인 천도교가 기획한 평화운동이다. 그런데 내가 대학에 다닐 때만 해도 연구자들 사이에서 민족대표 33인을 좋게 평가하는 사람이 한 명도 없었다. '기회주의자다', '끝까지 지켜야지', '비겁하다', '타협주의다'라며 비판했다. 그런데 작년 100주년 때에는 평가가 완전히 달라졌다. 「기미독립선언서」의 평화사상에 모든 연구자들이 주목한 것이다. 「기미독립선언서」는 처음부터 끝까지 비폭력주의로 일관하고 있고, 특히 맨 마지막의 〈공약삼장〉은 100년이 지난 지금도 전 세계인들이 고개를 끄덕일 만한 내용이라는 것이다. 그런데 이 3·1운동을 주도했던 33인 가운데 15명이 천도교인이었다. 그 15명의 지도자들의 이력을 분석했더니, 그중의 3분 2가 동학농민혁명 때 대접주를 지냈고 혁명에도 참여한 지도자들이었다. 그래서 3·1운동은 인적人的 구성에 있어서 명확하게 동학농민혁명을 계승하고 있다고 볼 수 있다. 그런데 동학농민혁명도 사실은 평화운동이었다.

1997년에 일본 도쿄의 외교사료관에서 동학농민혁명 당시 지도부가 내린 공문을 발견한 적이 있는데, 그 내용이 참으로 감동적이었다.

우리 동학군은 칼에 피를 묻히지 않고 이기는 것을 으뜸의 공로로 삼고, 어쩔 수 없이 싸우더라도 사람 목숨을 해치지 않도록 하고, 행진할 때는 절대로 민폐를 끼치지 말고, 효자, 충신, 열녀, 존경하는 학자들이 사는 동네 10리 안에는 절대 주둔하지 말라. 굶주린 자는 먹여 주고, 병든 자 치료해 주고, 도망가는 자 쫓지 말고, 항복하는 자는 사랑으로 받아들이고, 나라 팔아먹는 자들은 제대로 벌주고, 부정부패하는 지방관들은 척결하고, 불효자는 벌주라.

「동학군 12개조 규율」 바로 앞에 나오는 내용이다. 「12개조 규율」은 학계에 널리 알려져 있지만, 그 전문前文에 해당하는 "우리 동학군은 칼에 피를 묻히지 않고 이기는 것을 으뜸으로 삼고"는 거의 알려져 있지 않다. 모든 군대는 행군을 하거나 훈련을 할 때 직간접적으로 민간인에게 피해를 주기 쉽다. 그런데 동학농민군은 탐관오리의 민폐를 바로잡기 위해 일어난 군대이기 때문에 민간인에게 피해를 주어서는 안 된다. 그 순간 봉기한 의미가 사라지기 때문이다. 이것이 동학군의 본래 모습이었다. 그래서 나는 『생명의 눈으로 보는 동학』모시는사람들, 2014이라는 책에서 동학농민혁명을 '살림의 혁명'이라고 하였고, 동학농민군을 '살림의 군대'라고 표현하였다. 죽어 가는 생명을 살리려고 한 혁명이자 군대였다는 것이다.

코로나 시대의 동학사상 - 존엄과 평등

동학은 공화와 평화뿐만 아니라 평등도 지향한다. 백범 김구 선생은 동학농민혁명 당시에 황해도 동학 조직의 접주리더로 활동하고 있었다. 『백범일지』에는 백범 선생이 동학에 뛰어든 이야기가 감동적으로 서술되고 있다. '백범'이라는 호는 '평민', '보통사람', '상민'이라는 뜻이다. 조선왕조 사회는 원칙적으로 상민이나 평민도 과거에 응시힐 수 있다. 그래서 백범노 지방의 과거시험인 향시에 응시하러 갔는데, 가진 자들에 의해 과거제도가 농락을 당해서 세력 있는 집안의 자제들은 합격이 이미 정해져 있다시피 하였다.

따라서 평민 출신, 상민 출신인 백범은 처음부터 합격할 수가 없었던 것이다. 그래서 보기 좋게 떨어진 후 '아! 나는 안 되나 보다' 하고, 사주관상이나 배워서 먹고 살자고 생각하면서 집으로 돌아왔다. 그런데 주위에서 동학 수련을 잘 해서 바람도 부르고 비도 부르고 축지법을 쓰는 동학 선생이 있다는 소문이 돌고 있었다. 김구는 귀가 솔깃해서 그 선생의 집으로 찾아갔다.

당시에 백범은 아직 약관도 안 된 청년이었는데, 동학 지도자인 듯한 갓을 쓴 양반이 나와서 제일 먼저 하는 일이 공순하게 절을 하는 것이었다. 백범 선생이 당황해서 왜 아이^{어른이 아님}인 저에게 이렇게 절을 하시냐고 물으니, 대답하기를 "우리 스승님 가르침에는 사람 차별이 없습니다."라는 것이었다. 『백범일지』에서는 당시의 상황을 이렇게 묘사하고 있다.

나는 그 말씀을 듣는 순간 새로운 세상이 열리는 것 같았다. 그래서 다시 집으로 돌아와서 아버님을 모시고 동학에 뛰어들었다.

이 이야기는 '사람이 곧 하늘이다'라고 하는 동학의 만민평등사상이 어떻게 수많은 사람들을 끌어들였는지를 잘 보여주고 있다.

동학은 신분적 평등뿐만 아니라 경제적 평등도 말하고 있다. 동학농민혁명 당시에 충청도 서산에서 동학혁명에 참여했던 홍종식이라는 분이 있다. 이 분이 남긴 「동학란실화」라는 수기에 나오는 이야기다. 1920년대에 당시 청년들이 홍종식을 찾아가서 "왜 선생님은 동학에 뛰어드셨습니까?"라고 물으니까 "동학에 뛰어들면 그날부터 굶는 사람이 없었다. 밥이고 뭐고 다

나눠 먹으니까."라고 대답하였다. 이 증언은 단지 일시적인 현상을 말한 것이 아니다. 동학교단의 이런 전통은 사상과 뿌리가 있다. 그 사상의 뿌리를 찾아보면 1860년 동학 창도 초기부터 유무상자有無相資라고 해서 "있는 사람과 없는 사람이 서로 돕는" 전통이 혁명 기간 내내 살아 있었다.

1888년이 무자년인데, 무자년은 조선왕조실록에도 기록이 나올 정도로 전국적으로 흉년이 들었다. 전라도 고부 일대는 땅이 온통 붉게 물들었을 정도였다고 한다. 이 무자년 대흉년 때에 해월 최시형 선생이 전국의 동학도들에게 '경통'敬通이라는 공문을 보냈는데, 거기에 보면 "형은 따뜻한 밥을 먹고 동생은 굶는다면 이것이 옳겠는가? 나누어라! 동생은 따뜻한 이불을 덮고 자는데, 형은 추위에 떨고 있다면 이것이 옳겠는가? 나누어라!"라는 내용이 나온다. 이것이 1894년의 동학농민혁명 때까지도 그대로 실천된 것이다. 동학에 뛰어들면 양반이고 상놈이고, 남자고 여자고, 어른이고 아이고 할 것 없이 모두 유무상자有無相資를 한 것이다. 지금도 우리 사회는 돈에 의해서, 권력·지위·성별·민족에 의해서, 사람이 하늘이 아니라 수단화되어 있다. 여기에 코로나19가 전 세계적인 격차를 심화시키고 있다. 미국에서 코로나19 희생자의 대다수는 백인이 아니라 흑인과 히스패닉이라고 한다. 왜 그런가? 슬럼가처럼 환경이 열악한 곳에 살고 있고 경제적 수준이 낮다 보니 바이러스에 더 쉽게 노출되기 때문이다. 이렇게 보면 동학에서 말하는 "사람이 하늘이다"人乃天와 "유무상자" 사상은 코로나 시대에 더욱 요청되는 사상이 아닐까?

끝으로 최근에 일어나고 있는 의미 있는 변화를 하나 소개하고자 한다.

2019년도 『창작과 비평』 봄호는 "3·1운동 백주년 특집호"였다. 여기에 백낙청·임형택·백영서 세 분이 공통적으로 "동학농민혁명의 재발견과 개벽파의 재발견"을 역설하고 있다. 핵심은 그동안 대한민국의 근현대사가 서구의 학문, 서구의 틀, 서구의 운동을 수용하는 개화파 중심으로만 역사를 써 오고 이해해 왔는데, 그게 제대로 된 이해인지 의심스럽다는 것이다. 그렇다면 정말 우리에게 맞고, 앞으로 살려 나가야 할 우리의 토착사상이나 자생운동은 없었는가 하면 그것이 바로 동학사상이고 1894년의 동학혁명이라는 것이다. 이런 주장을 세 분이 공통적으로 하고 있다. 대단히 의미 있는 변화라고 생각한다.

코로나19는 인도에
무엇을 말해 주었나

파드마 남걀 아지타 PADMA NAMGYAL AJITA 한국이름 원현장

인도에서 코로나19의 발생

중국과 마찬가지로 인구가 많은 인도에 코로나19가 상륙한 것은 2020년 1월 30일경이다. 한국의 코로나19 첫 확진자가 1월 20일경에 발생했으니까 약 10일 정도 늦은 셈이다.* 인도의 첫 확진자는 중국 우한에서 돌아온 3명의 유학생이었다.** 중국에서 코로나19가 걷잡을 수 없이 확산되자, 남인도 케랄라 주 학생들이 귀국하여 검사를 받았는데 확진자로 판명된 것이다. 케랄라 주는 학생들을 격리시키고 빠른 조치를 취한 결과 다행히 전파 없이 완치되었다.

2월에는 새 확진자가 없었지만 인도 정부는 전 세계의 상황을 유심히 지켜보고 있었다. 여러 나라에서 코로나19가 빠른 속도로 번지는 것을 주시하면서 3월 3일부터는 한국을 포함한 일본, 이탈리아 그리고 이란에서 들어오는 사람들을 대상으로 공항에서 체온 검사를 시작하였고, 이들 나라에서 입국하는 외국인 비자 발급을 중지하고 이전에 발행한 비자까지 무력화시켰

---

* https://www.ndtv.com/india-news/live, 30 January 2020.
** https://www.hindustantimes.com/india-news, 31 January 2020.

다.* 이런 일련의 조치를 시작으로 10일 후인 3월 13일에는 다른 나라에서 들어오는 모든 외국인 비자를 무력화하고,** 감염 지역에서 귀국하는 인도인에게 14일간의 자가 격리를 하도록 의무화하였는데, 이때까지만 해도 인도 정부는 감염자 외에는 마스크를 착용할 필요가 없다고 주장하였다.

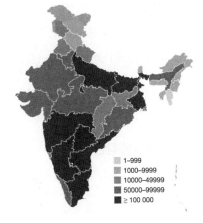

인도의 코로나19 감염 분포(2020.08.24 기준,
출처: 위키피디아, CC BY-SA 4.0)

인도에서 처음으로 비교적 많은 감염자가 확인된 것은 3월 4일, 인도의 수도 델리 옆의 라자스탄주에서 이탈리아 관광객 14명이 확진 판정을 받으면서였다.*** 그때부터 인도 정부는 대대적인 방역 준비를 하여 확진자들을 수도 델리 근처의 군인 시설에 격리시켰다. 그러나 이탈리아 관광 그룹의 안내자를 포함한 접촉자들 14명이 줄줄이 확진 판정을 받으면서, 확진자 숫자는 순식간에 22명으로 늘어났다. 곧이어 코로나19 감염 지역인 이탈리아, 사우디아라비아, 중국 등의 나라에

---

* https://www.hindustantimes.com/india-news/immigration-delayed, 6 March 2020.

** https://timesofindia.indiatimes.com/india/covid-19-visas-suspended, 12 March 2020.

*** https://economictimes.indiatimes.com/news, 5 March 2020.

서 귀국한 인도인들의 감염 사례가 늘어나면서, 3월 둘째 주에는 전 인도에서 감염 확진자가 증가하고 사우디아라비아를 다녀온 76세의 남성이 3월 12일에 사망하여 인도에서 코로나19로 인한 **첫 사망자가 발생**하였다.

종교 행사로 감염 확산

3월 17일에 인도 정부는 코로나19 감염을 피할 수 있는 수단과 방법을 자국민들에게 공유하고 각종 모임, 행사, 결혼식 등 사람이 많이 모이는 행동을 피해 달라고 신신당부하였다. 그런데도 **탑리기 자마아드**Tablighi Jamaad*라는 이슬람교의 한 단체가 3월 초부터 약 9천여 명 규모의 국제회의를 델리에서 개최하였는데, 회의 참석자 중에 감염자가 포함되어 있어서 많은 사람들이 감염되고 슈퍼전파자로 등장하게 되었다.** 이것은 한국의 신천지 교회 상황과 매우 흡사하다.

전국적으로 확진자 수가 500명을 넘자 모디 총리는 3월 22일에 전 국민을 대상으로 14시간의 자가 격리Janata Curfew를 제안하고 13억 8천만 명의 인구가 하루 동안 집 밖에 나가지 말라고 당부하였다. 다행히 시민들은 14시간

---

* 탑리기 자마아드(Tablighi Jamaad)는 1926년에 인도에서 시작된 이슬람 단체로, 이슬람 사람들에게 참 이슬람을 가르치고 알리는 것을 목적으로 하고 있다.
** https://www.bbc.com/news/world-asia-india, 2 March 2020.

의 자가 격리를 모두 잘 지켜 줬다. 그런데 3월 24일에 모디 총리는 인도 전체에 대해 21일간의 봉쇄를 한다는 깜짝 놀랄 만한 조치를 선포하였다. 이때 이슬람교 단체 탑리기의 문제가 드러나기 시작하였다. 봉쇄 선포 전에 이동한 사람들을 제외하고 약 2,500명의 회의 참석자가 오도 가도 못 하는 상황에 빠진 것이다. 코앞에 있던 경찰서는 23일이 되어서야 많은 사람이 한곳에 모여 있다는 사실을 인지하게 되었고, 정부가 나서서 조사하고 감염 검사를 실시하였다. 3월 30일이 되자 감염 확진자들이 줄지어 확인되면서 비상사태가 시작되었다. 정부가 회의 참석자들의 이동 경로를 추적해 보니 이미 전국 방방곡곡에 흩어져 있었다. 매스컴을 타고 뉴스가 전국적으로 퍼져 나갔다. 각 주에서 탑리기 회의 참석자들을 추적하고 연방 정부는 코로나19 감염 검사 실시 명령을 내렸다.

이 사태가 터지기 전에도 이슬람교는 모디 총리가 속한 힌두교 집권당인 BJP인도인민당 정권이 이슬람교 억압 정책을 편다면서 정부에 대해 강하게 비판해 오던 상황이었다. 따라서 탑리기 중심의 코로나19 검사는 불난 집에 기름 부은 격이 되고 말았다. 탑리기 회의 참석자 중심으로 감염자 수는 나날이 확산되고 있었고, 인도 정부는 감염 확산을 막기 위해 참석자를 포함한 감염 의심자들을 최대한 검사하는 방침을 세웠다. 이렇게 강압적으로 조사를 하자 이슬람교 사람들은 '이슬람 표적 조사'라고 반발을 하면서 인도 정부의 대응에 협조하지 않았다. 심지어는 정부 조사단이 동네를 방문하여 검사하려 하자 이슬람교 교도들이 집단으로 모여 이 의료진들을 폭행하는 사건이 비일비재하게 일어났다.

코로나19 방역이 종교 갈등으로 둔갑

인도를 흔히 '종교 왕국'이라고 부른다. 불교, 힌두교, 이슬람교, 기독교, 유교, 도교, 조로아스터교를 포함해 세계의 모든 종교가 공존하고 있다. 인도에 다양한 종교가 공존한다는 것은 종교적 배타성이 적다는 것을 의미한다. 그렇다고 해서 종교 간의 갈등과 대립이 존재하지 않는 것은 아니다. 역사적으로 인도에서 불교가 약해진 이유는 여럿 있지만 그중에서도 힌두교와 이슬람교의 침략이 큰 영향을 미쳤다. 역사학자 빈센트 스미스Vincent Smith는 "힌두교의 아디 샹카라차리야Adi Sankara carya가 8세기에 인도에서 불교를 뿌리 뽑는 데 온갖 역할을 하였고, 이슬람교의 박티야르Bakhtiyar는 유명한 나란다 대학Nalanda University을 불태워 불교를 없애기 위해 많은 노력을 하였다."*고 지적하였다.

최근의 종교적 대립 중에 가장 큰 것으로는 1992년에 일어난 힌두교와 이슬람교 사이의 '바브리 마스지드babri Masjid 사건'을 들 수 있다. 인도의 수도 델리와 경계를 나누고 있는 우타르 프라데쉬 주 아요디아에 있는 바브리 마스지드 이슬람교 모스크는 원래 힌두교의 라마 신이 태어난 곳으로 힌두사원이 있었다고 한다. 그런데 이 힌두사원을 이슬람이 파괴하고 거기에 모스크를 지었다고 주장하는 힌두교도들이 바브리 마스지드에 들어가서 모스

---

*   http://bodhitv.tv/article/180207b/

1992년 힌두교와 이슬람교의 갈등으로 파괴된 바브리 마스지드
(출처: 위키피디아, 19세기 Samuel Bourne 촬영, Public Domain)

크를 파괴한 것이다. 이 사건만 보아도 인도에서의 종교 갈등은 여전히 진행 중임을 알 수 있다.

현재 모디 총리가 이끄는 집권당인 BJP가 2014년부터 정권을 잡으면서 종교 갈등은 더욱 악화되었다고 볼 수 있다. 과반수의 국회 의석을 자랑하는 힌두교 기반의 정당 BJP는 힌두교에 유리한 법을 국회에 쉽게 통과시키고, 이슬람교가 인도에 들어와서 국가법보다는 종교법을 앞세우는 것과 관련된 몇 가지 법을 개정하자 이슬람교에서는 억압과 배척이라고 인식하고 말았다. 또 2019년에는 이슬람교의 이혼 제도인 '트리플 탈라크'Triple talaq*를 금지하는 법안을 국회에서 통과시켰다.** 그리고 같은 해 12월에는 시민권개정 법안을 다시 통과시켜, 2014년 12월 이전에 이슬람 국가인 파키스탄, 방글라데시 및 아프가니스탄에서 박해를 피하여 불법 이민자로 인도에 들어온 힌두교, 시크교, 불교, 자이나교, 파시Persian 및 기독교 등 소수민족에게 시민권을 제공하는 제도를 개정하였다.*** 그런데 유일하게 이 조건에 따른 시민권 자격 부여 혜택을 받지 못한 사람들은 이슬람교도들이었다. 이 법이 통과되자 이슬람교도들이 인도 곳곳에서 '반反이슬람 정책'이라며 인도 정부를 비난하는 시위를 벌였고, 이 시위 진압 과정에서 많은 사람들이 목숨을 잃었다.

이러한 시국에 인도의 코로나19 발생 과정이 상황을 더욱 악화시켰다. 이탈리아 관광객들에서 시작된 코로나19 감염자가 처음에는 20명 이내였지만, 탑리기 회의 참석자들이 인도의 방방곡곡으로 흩어지는 사이에 감염자 숫자는 걷잡을 수 없이 퍼져 나갔다. 이슬람을 믿는 사람들의 대다수가 빈민촌에서 살기 때문에 밀집도가 강한 탓으로 그 여파는 더욱 컸다. 인도 정부는 감염이 의심되는 곳을 대상으로 코로나19 검사를 시작하였는데, 설상가상으로 그 검사 대상의 대다수 지역과 장소는 이슬람교도들이 집중해 있는 곳이었다.

---

* '트리플 탈라크(Triple talaq)'는 남편이 '탈라크(talaq=이혼)'라는 말을 세 번 반복하면(요즘은 이메일이나 문자 메시지로도 인정됨) 아내와 즉시 이혼할 수 있는 이슬람교의 이혼 제도를 말한다.
** https://www.bbc.com/news/world-asia-india-49160818, 30 July 2019.
*** https://www.bbc.com/news/world-asia-india-51203104, 22 January 2019.

반면에 SNS에서는 이슬람교도로 보이는 한 사람이 어떤 사람에게 다가가 기침을 하는 장면이 나돌면서 델리에서 탑리기 회의 참석자가 의도적으로 코로나19를 감염시킨다는 소문이 돌았다. 그러나 이 일은 이후에 태국에서 일어난 사건으로 밝혀졌다. 또 한편으로는 이슬람교도가 힌두인을 절벽에서 밀어붙이는 장면을 그린 '코로나 지하드'Corona Jihad*라는 제목의 만화도 나왔다. 이 만화로 인해 "이슬람교도들이 코로나19 바이러스를 무기로 힌두교를 파멸하고자 하는 지하드의 새로운 아이디어"라는 인식이 나돌면서, 이슬람교와 힌두교 사이의 증오감과 적대감이 증폭되었다. 최근까지 인도에서는 이슬람교가 Population Jihad** 와 Love Jihad***라는 별칭으로 불려 왔는데, 코로나19 사태 이후로는 '코로나 지하드'Corona Jihad라는 명칭이 하나 더 붙으면서, 결국 이 사태는 종교 갈등을 악화시키는 요인이 되고 말았다.

인도는 칼 야스퍼스가 말한 '축의 시대'에 태동한 불교나 『우파니샤드』의 신비주의와 같은 오랜 종교적 전통을 보유하고 있는 나라이다. 그럼에도 불구하고 종교적 갈등과 대립이 반복되고 있는 역사적 사실을 인도인들은 직시해야 한다. 한국의 종교지도자 정산 송규1900-1962는 "전 세계의 모든 종

---

*   코로나 지하드(Corona jihad) : 코로나19로 감염된 이슬람교 사람들이 감염되지 않은 힌두교나 다른 종교인들을 의도적으로 감염시키는 행위.

** 파퓰레이션 지하드(Population Jihad) : 이슬람교도들이 힌두교도보다 빠른 속도로 아이를 많이 낳아 이슬람교 인구를 증가시켜서 인도를 무슬림 국가로 전환시키겠다는 의도.

*** 러브 지하드(Love jihad) : 이슬람 남성이 힌두 여성을 이슬람교로 개종하려는 목적으로 사귀고 결혼하는 행동.

교가 근본은 하나이고 한 기운으로 연계되어 있으며, 모든 종교가 하는 일도 세상을 개척하는 하나의 일"이라고 하는 삼동윤리三洞倫理*를 설파하였다. 이 가르침은 종교 왕국 인도가 나아가야 할 방향이 어느 쪽인지를 생각하게 한다.

코로나19와 현존하는 계급사회

힌두교 사회는 카스트 제도**에 바탕을 둔 뚜렷한 계급사회인 만큼 계급제도가 여전히 존속되고 있다. 인도는 14억이나 되는 인구 중에서 80%가 힌두교도이다. 힌두교의 계급이 뚜렷하기 때문에 법적으로 카스트 제도를 폐

---

* 『정산종사법어』「도운편」 35~37장.
** https://www.ushistory.org/civ/8b.asp. 카스트 제도는 기원전 1500년 『베다(Vedas)』라는 산스크리트 경전에서 언급이 된다. 베다는 힌두 성서의 기초를 형성하는 경전이다. 그러나 기원전 1700-1100년 사이에 생긴 『리그베다(Rigveda)』에는 카스트 제도에 대한 언급이 적지만 기원전 200년에서 기원후 200년 사이에 지어진 『바가바드 기타(Bhagavad Gita)』에서는 카스트 제도의 중요성을 강조한다. 따라서 힌두 카스트 제도는 기원전 1000년에서 기원후 200년 사이에 시작한 것으로 보인다. 『리그베다』에 따르면, 인도 사회의 네 계급은 브라마 신의 신성한 몸에 기초하여 시작되었다. 사제와 성직자는 브라마 신의 입에서, 통치자와 귀족은 그의 팔에서, 상인은 그의 허벅지에서, 그리고 노동자와 농민은 그의 발에서 생겼다고 한다. 이것을 Varna라고 하는데, Varna는 곧 브라민, 샤트리야, 바이샤 그리고 수다라이다. 이 네 계급 외에 하나가 더 있는데 그것이 바로 불가촉천민이다. 불가촉천민은 온갖 더러운 일에 종사하는 사람들이다. 사람이 죽은 후에 장례식 정리 및 청소, 하수 처리, 죽은 동물 처리 등 질병과 오염 속에서 일상을 보내는 계급이기 때문에 불가촉이다.

지하여도 인도 사회는 여전히 계급사회로 남아 있다. 흥미로운 것은 인도의 다른 종교도 인도에서 살아남기 위해 힌두교의 카스트 제도를 자신들의 종교에 제도화시켰다는 점이다. 이슬람교는 아랍에서 인도로 들어왔지만 Sayed, Sheikh, Mughal, Pathan 그리고 Qureshi와 같은 계급으로 종교 신분제도를 유지한다. 이 중에서 Qureshi는 메카의 예언자인 무함마드의 일족에서 유래한 것이라고 하는데, 힌두교의 브라만 계급에 해당한다.

기독교도 마찬가지다. 기독교는 기원전 50년경부터 소수의 인도인이 따르는 종교였는데, 인도에서 기독교가 본격적으로 전파된 것은 16세기에 포르투갈이 동진하여 인도에 도착하면서부터이다. 하나님 앞에는 모두가 평등하다고 외치지만 인도 기독교 중의 많은 교단은 카스트 제도를 유지하고 따른다.*

힌두교에 기초하는 인도 사회는 카스트 제도를 쉽게 없애 버리지 못하고 있다. 1757년부터 시작된 영국 식민지 시대 초기에 영국은 인도에 정착하는 데 브라만 계급과 손을 잡고 카스트 제도를 활용하였다. 1930~1940년경에 이르러서야 영국 정부가 이와 관련된 많은 제도를 없애고, 1947년에 영국에서 해방되자 인도 정부는 카스트 신분제도를 법적으로 무력화하고, 모든 시민이 평등하다고 규정하였다. 간디는 불가촉천민의 이름을 바꿔 '신의 백성'**이라고 불렀다. 불평등의 벽을 뚫고 영국과 미국에서 공부하여 훌륭

---

* https://www.thoughtco.com/history-of-indias-caste-system-195496
** Harijan (People of God).

한 변호사로 성장한 불가촉천민 출신 빔라오 람지 암베드카르Bhimrao Ramji Ambedkar 박사는 '인도 헌법의 아버지'라고 불린다. 그는 해방 후에 인도 헌법 제정을 주도하였는데, 1949년에 채택된 인도 헌법에는 모든 시민의 평등을 위한 법적 틀을 제공하였지만 종교와 긴밀하게 맞물려 있는 사회는 여전히 신분제도를 탈피하지 못하고 있다.

　신분제도가 종교적으로 유지되는 한편 개발도상국으로서의 빠른 경제성장으로 인해 경제적 신분 사회로의 변화도 가중되고 있다. 미국에 중국인 다음으로 많은 유학생은 인도인이고, 영국에서의 유학생은 인도인이 1위이다. 또한 IT 강국으로 인도 출신의 소프트웨어 엔지니어들이 세계 곳곳에서 일하고 있다. 중국 우한에서 시작한 코로나19도 해외에서 비행기를 타고 인도에 도착했다. 인도에서 확진자가 점점 많아지자 코로나19는 '부유층 병'이라고 하였다. 부유층만이 비행기를 타고 다닐 수 있어서 그렇게 생각한 것이다. 이란에서 코로나19가 한참 기승을 부릴 때에 인도의 이슬람교도들이 메카에 성지 순례를 하고 있었다. 메카에서 돌아오는 사람들이 감염되어 귀국하자 가진 자만이 성지 순례를 할 수 있으니까 부유층의 병이라 인식한 것이다. 일부에서는 비행기 타고 오는 사람들만 귀국을 못 하게 하면 코로나19 확산은 없을 것이라고도 하였다.

　이처럼 인도 사회는 여전히 계급과 신분의 사회이지만 코로나19는 그러한 사회적 차별을 넘나들며 모두에게 평등하게 다가갔다. 일반적으로 재앙은 계급이 높거나 가진 자는 피해를 덜 보는데, 코로나19의 경우에는 가진 자와 못 가진 자, 높은 자와 낮은 자, 젊은이와 늙은이를 막론하고 모두의 위험이 되었다. 바이러스 앞에서는 모두가 안전하지 않다고 하는 위험의 평등을 입증한 셈이다. 비행기를 타고 들어온 바이러스는 빈곤의 삶을 연명하는 밀집된 판자촌까지 퍼져 들어가 인명피해가 계속 늘어날 전망이다.

코로나19와 인도의 경제성장

1990년에 인도는 외환위기를 맞았고 IMF의 구제금융을 받은 후 본격적으로 경제 자유화를 추진하였다. 2000년도에 들어서는 IT산업, 소형 승용차, 철강 및 석유 산업으로 세계시장에 뛰어들었다. 인도의 곳곳에 지하철, 대형 쇼핑몰, 고속도로 및 건축이 들어서면서 급속도로 발전하였다. 2010년에는 10% 가까운 성장률을 기록하고 2019년엔 7%의 성장률을 보였다.* 가속화된 경제성장은 극심한 자연 파괴와 심각한 환경오염을 초래하면서도 멈출 줄 몰랐다. 코로나19 발생 전에는 인도의 수도 뉴델리가 유독有毒 가스실이라 불릴 정도로 공기가 매우 나빴다. 도시의 기온도 상승하고 먼지와 매연이 매우 심하였다. 뉴델리의 하늘은 항상 뿌옇고, 주변에서는 늘 매케한 냄새가 났으며 교통 수단의 소음도 심각하였다.

인도에서 60일간의 봉쇄 기간 동안에, 차량의 이동을 금지하고 공장 가동

---

* https://tradingeconomics.com/india/gdp-growth-annual

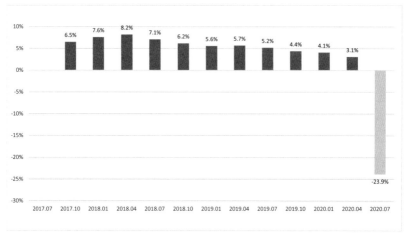

인도의 경제 성장률(출처: Trading Economics 홈페이지 자료 재구성)

을 멈추자 델리의 하늘은 낮엔 청명하고 밤엔 별이 보일 만큼 깨끗해졌다고 한다. 뉴델리의 많은 시민이 하늘의 별을 난생 처음 보았다고 할 정도로 깨끗해지고 보니 그동안 얼마나 오염된 공기 속에서 살아왔는지가 더욱 분명해졌다. 이것은 봉쇄 기간의 일시적인 현상일지 몰라도 코로나19는 뉴델리 시민들에게 본래 뉴델리의 하늘도 어느 지역 못지않게 청명하고 깨끗하다는 사실을 깨닫게 해 준 셈이다. 공기가 깨끗해지고 소음이 없어지니, 수도에 사는 사람들이 조용하고 깨끗한 공기에 적응이 안 된다 할 정도였다. 경제성장 정책은 도시뿐만 아니라 인도 전국에 걸쳐 환경 파괴와 오염, 대가족 중심의 전통 사회의 붕괴, 경제적 불평등을 양산하고 있다. 코로나19 덕분에 맑아진 세상이 인도의 이러한 실상까지 돌아보게 하였다.

정부의 대응

모디 총리는 3월 24일 21일간의 전국 봉쇄 기간을 처음 선포한 후에 지금까지 네 차례나 봉쇄 기간을 연장하여 전파의 확산을 많이 줄이고 있다. 전문가들은 모디 총리가 전국 봉쇄를 선포하지 않았다면 4월 초의 확진자 수는 30만 명을 넘었으리라 예측한다. 6월 초에 들어서 확진자 수는 25만 명을 내다보고 있고 봉쇄령도 많은 분야에서 완화되었다. 사회적 거리두기를 유지하면서도 시내버스를 운영하고 자가용 운행을 허용하였다. 5월 25일부터는 국내선 비행기도 허용하였다. 하지만 지하철과 기차는 일반 시민들에게 허용되고 있지 않으며 국제선도 허용 범위 밖에 있다. 여러 분야에서 봉쇄 조치가 완화됨에 따라 감염자 수는 분명히 늘어나고 6, 7월이 절정을 이룰 것이라고 인도 델리의 국립병원장 란딥 구래리아가 경고하였다.[*] 그리고 그 것은 그 시점에서 현실이 되었다. 만약 모디 총리가 서둘러 봉쇄 선포를 하지 않았다면 감염 속도는 상상을 초월하였을 것이다. 다만 코로나19는 7월 이후 현재까지 확산세가 꺾이지 않고 계속해서 새로운 정점을 만들며 지속되고 있다.

---

[*] https://www.hindustantimes.com/india-news/aiims-chief-warns-covid-19 27 May 2020.

부족한 추적 경로

대한민국이 코로나19의 감염자를 잘 관리하여 대처할 수 있었던 이유는 감염자와 접촉한 사람들을 빠르게 추적하여 조치했기 때문이다. 휴대전화 위치와 신용카드 사용 내역을 파악하여 CCTV의 도움으로 정확하고 바른 경로를 알아냈다. 한국의 거의 모든 성인이 휴대전화를 사용하고 결제를 신용카드로 하고 있다는 점도 이런 조치를 취하는 데 유리하게 작용했다. 반면에 인도는 감염자 또는 감염 의심자를 추적하는 것이 여간 힘든 일이 아니다. 인도 성인의 대부분은 휴대전화를 사용하지만, 신용카드로 결제하는 비율은 아주 낮다. 2016년 10월 8일에 모디 정권이 '화폐 개혁'을 선포하고 신용카드 사용을 권장하였지만, 답보 상태를 면치 못하고 있다. 물론 예전보다 현금 거래가 줄어들기는 했지만, 그것은 큰 회사나 공공장소에만 해당한다. 일반 시민이나 가게, 특히 호텔과 식당 같은 곳에서는 현금 거래를 선호하고 신용카드 결제를 꺼린다. 그래서 휴대전화 위치 추적 하나에만 의지하여 감염자와 감염 의심자를 파악하는데, 많은 한계를 드러내고 있다.

인도는 아직도 대가족의 삶을 유지하고 있어서 가족 중의 한 명이라도 감염되면 그 영향이 어마어마하다. 더욱이 인구 밀집도가 높아 동네에서 한 사람이라도 감염되면 큰일이다. 감염자가 발생하면 자발적으로 검사받고 치료받는 대신 숨기고 피하는 생활이 계속된다. 이처럼 개인에 있어서는 비합리적인 태도, 정부에 있어서는 개방성과 투명성이 부족한 면들이 드러나고 있다.

코로나19에 대한 잘못된 인식들

코로나19는 감염병 중의 하나지만 사스나 메르스보다 치사율이 낮다고 한다. 그런데도 많은 인도인이 코로나19라고 하면 바로 죽는 것으로 인식하고 있다. 사스와 메르스가 발생했을 때 인도에는 휴대전화를 사용하는 시민의 숫자가 지금보다 훨씬 적었고 SNS의 영향력도 거의 없었다. 그 때문에 질병에 대한 정보가 부족하고 대부분의 시민이 인식조차 하지 못하고 지나간 것 같다. 반면에 지금은 대부분 휴대전화를 사용하고 있고 SNS 사용이 어느 사회 못지않게 활발하다. 그만큼 코로나19 바이러스에 대한 소식도 빠르게 전파되지만 문제는 잘못된 정보들이 돌고 있다는 것이다. 잘못된 정보들을 접한 일반 시민들은 겁에 질려서 코로나19 의심 증세가 있어도 신고하지 않고 피하려고 한다.

한국에는 질병관리본부가 있어 매일 정확한 정보를 공유하지만, 연방정부인 인도에서 한국처럼 일사분란하게 관리하기는 매우 어렵다. 주마다 정권이 다르고 문화가 다르며 신념이 다르기 때문에 단일한 정책 강도와 방향에 따라 일하기가 매우 어려운 상황이다. 주마다 감염된 숫자를 파악하고 연방 정부에 전달하면 그 숫자에 의존하여 몇 명이 감염되고 몇 명이 사망하였는지 정보 교환을 하는 것이 전부이다.

재난 지원금 지급

탑리기 자마아드 사태가 벌어지기 전까지 인도 정부는 너무 안이한 자세였다. 확진자 수도 별로 없었고 해외 입국자들도 주의해야 할 몇 개 나라에서 들어오는 사람들만 대상으로 체온을 측정하는 수준에 그쳤다. 그러나 순식간에 사태가 걷잡을 수 없이 커지자 봉쇄 조치를 깜짝 발표하여 14억 인구를 한순간에 멈추게 하였다. 예고도 없는* 봉쇄로 인해 많은 인명피해가 있기도 하였다. 코로나19 바이러스보다 굶어 죽는 이의 숫자가 더 많아지면서 인도 정부는 대대적인 대책과 지원에 나섰다. 거의 14억이 되는 인구의 25%가 하루 세끼를 해결하지 못하는 상황이다. 인도 정부는 이들을 살리기 위해 전체 인구의 1/4에 해당하는 빈민층에게 3개월 동안 약 15킬로그램의 식량, 5킬로그램 가스통을 무료로 공급하고 농사에 종사하는 농민들에게 약 10만 원에 해당하는 재난지원금을 통장으로 바로 입금하였다. 코로나19 바이러스와 맞서 싸우는 의료진과 경찰의 사망자 수가 많아지자 의료진들에게 5백만 루피약 8천만 원에 해당하는 의료보험 혜택을 제공한다고 선포하였다. 이어서 의료기와 약제의 수출을 금지하고, 수입하는 의료기와 약제 등은 면세 혜택을 제공하였다. 학교, 식당, 스포츠 시설, 영화관, 종교 집회 등 다중 이용 시설과 각종 모임을 엄격히 제한하였다. 의료 혜택이 미치지 못

---

* 모디 총리가 오후 8시에 텔레비전에 나와 자정부터 봉쇄에 들어간다고 선포함.

한 지역에는 기차 차량을 병동으로 만들어 먼 시골까지 의료 혜택을 받도록 하였고, 전국 병원에 약 30만 개의 입원실을 마련하였다.

개인 방역 준수

봉쇄령을 내리는 순간부터 사람들은 집 밖으로 못 나오게 되었다. 생필품은 가까운 곳에 배달하도록 하고, 식량과 필수품 공급에는 문제가 생기지 않도록 조치를 취했다. 안내된 번호로 전화를 걸면 가까운 가게에서 주문한 모든 물품을 배달받을 수 있도록 했고, 결제는 인터넷뱅킹으로 하도록 유도하면서 3개월 동안 일체의 수수료를 면제하여 현금 거래를 최대한 줄였다. 거래는 충분히 하되 대면을 최대한 피하도록 한 것이다. 초기에는 감염자 외에는 마스크를 착용할 필요가 없다고 발표하였지만, 시간이 지나면서 마스크는 집에서 직접 만들어서라도 꼭 착용하도록 하는 새로운 방침을 제시하였다. 한국처럼 공장에서 마스크를 만들어 14억의 국민에게 배포하는 것은 꿈도 꾸지 못하는 일이지만 설사 가능하다고 해도 공평하게 배부하는 것은 더더욱 어려운 일이다. 한국은 주민등록 제도가 있고 과거의 경험을 거울삼아 5부제를 도입하여 질서를 유지한 가운데 큰 문제 없이 모든 국민에게 고르게 마스크를 공급할 수 있었지만, 인도는 주민등록 같은 세노가 없어서 여간 어려운 일이 아니다. 대신 손을 자주 씻기, 외출 금지, 마스크 착용 등으로 개인 방역 준수를 강력히 권장하며 봉쇄 기간을 엄격히 유지하였다.

아록기야 세투 앱^{Aarogya Setu app} 개발

약 2달 전에 인도 정부는 '아록기야 세투' 앱을 개발하였다. 산스크리트어로 '아록기야'는 '건강', 세투는 '다리'를 뜻한다. 즉 '건강을 위한 다리'라는 뜻이다. 인도 정부는 공무원과 민간 분야의 전문직 모두에게 앱 다운로드를 의무화하였다. 인도는 감염의 정도에 따라 지역을 빨강, 노랑 그리고 파랑으로 분리하였다. 빨간 지역에 사는 모든 시민은 이 앱을 의무적으로 설치해야 한다. 아록기야 세투 앱은 전화기 블루투스와 위치 데이터를 사용하여 감염 확진자가 있는 곳에 가까이 가면 앱이 경보음을 울리면서 감염자와 가까이 있다는 것을 알려 준다. 그렇게 한 다음 데이터는 정부의 해당 기관에 바로 공유된다. 이름과 번호와 같은 개인정보는 공개되지 않지만, 성별, 여행 기록, 흡연 여부 등의 정보가 수집된다. 이 앱을 통해서 지역마다 감염자 수, 완치자 수 및 사망자 수를 실시간으로 볼 수 있다.

작은 바이러스 앞에 무너진 신념들

힌두교에는 3억 3천 개의 신이 있어서, 어떤 일이 생겨도 3억 3천 신의 보호를 받기 때문에 큰 피해가 없다는 믿음이 지배적이었다. 가령 SNS를 통해 "특정 신을 생각하고 매일 신의 이름을 10번 이상 암송하면 악한 균이 멀어진다"^{힌두교}는 내용을 주고받는다. "알라신이 있으니 우리는 절대 걱정할 필요가 없다"^{이슬람교}라고 하며, "'옴 타레 투타레 투레 스바'om tare tuttare ture svaha라는 주문을 외우고, 만다라의 특정한 사진을 휴대전화의 바탕화면에 저장하면 코로나19 바이러스를 물리친다."^{티벳불교}는 등의 내용은 사람들 사이에 빠르게 돌았다. 그러나 3억 3천 개의 신의 힘을 빌려도 작은 바이러스 하나를 이겨내지 못한다는 사실을 이번 사태를 통해 절실히 깨닫게 되었다.

한때 '인도인은 카레를 먹기 때문에 코로나19에 잘 안 걸린다'는 말이 나돌았다. 초기에 감염률이 낮아서 그렇게 생각되었을지 모르지만, 코로나19는 카레를 먹든 안 먹든 사방팔방으로 전파되어 갔다. 사실 한국에서 알고 있는 인도 카레의 주된 성분은 할디haldi, 즉 강황이다. '카레' 하면 생각나는 것이 노란색인데, 그 노란색은 강황 때문이다. 강황은 치매 예방, 항암 효과, 염증 및 통증 완화와 여성에게 좋은 음식으로 알려져 있는데, 바이러스를 억제한다는 말은 들어보지 못했다. 물론 어느 정도의 효과는 있을지 몰라도

인도에서는 한때 카레 혹은 카레의 주성분인 강황 때문에 코로나19에
잘 감염되지 않는다는 잘못된 소문이 떠돌기도 했다

철저한 방역을 하지 않고 카레만 먹으면 코로나19를 물리칠 수 있다는 것은 거짓임을 깨닫는 기회가 아니었나 생각한다. 인도 전문가에 의하면 코로나 19 바이러스는 인도의 더운 날씨에도 활발히 활동할 수 있도록 이미 변이되어서 인도도 코로나19 바이러스 피해에서 벗어나지 못할 운명이라고 한다.

코로나19가 깨우쳐 준 것

한국은 작고 비교적 단일한 인종, 언어, 문화에 기초하고 있다. 그래서 큰 재앙이나 위기가 발생했을 때에 종교와 지역, 신념과 이념을 뛰어넘어 하나로 뭉쳐 사태를 지혜롭게 극복해 나가곤 한다. 2002년 월드컵과 2017년 촛불혁명은 그 단적인 예이다. 그리고 이번 코로나19 사태에 대한 성공적인 대응을 통해, 한국인이 과거에 성수대교와 삼풍백화점 붕괴, 그리고 세월호 침몰과 같은 사건들을 겪으면서 국가적 재난과 재앙에 맞서 정부와 국민이 하나 되려고 노력해 왔음을 잘 보여주고 있다. 초기에는 문재인 대통령을 향한 온갖 비난과 비판이 있었지만, 정부가 침착함을 잃지 않고 지혜로운 안목으로 대응한 결과 전 세계가 한국의 대응 능력에 감탄하였다. 한때 코로나19가 급격히 악화되었을 때 문재인 대통령의 지도하에 정세균 총리가 현장에 투숙하면서 모든 사태를 슬기롭게 극복하는 것을 본 인도의 일간지들은 한국의 능숙한 상황 극복 소식을 연일 중요하게 보도하였다.

인도의 경우에는 한국보다 땅이 17배나 넓을 뿐만 아니라 천연자연도 풍부하다. 28개의 주와 8개의 직할 정부로 이루어져 있고, 크게 세 부류의 인종이 1,700여 개의 언어를 사용하면서 함께 살고 있다. 땅이 큰 만큼 편중도 심하고 발달도 느릴 수 있다. 특히 그동안 내재된 종교적 갈등, 계급사회의 모순, 성장 중심의 자연 개발은 비합리적 신념과 함께 이번 코로나19 사태를 맞이하여 치료해야 할 커다란 사회적 질병들임이 새삼스럽게 부각되었다. 덩치가 큰 나라로서 쉬운 일은 아니지만 공공의 병을 치료하기 위해 하루빨리 대협력을 향한 길로 나아가기를 바란다.

한편, 코로나19로 세계 최악의 스모그 도시인 델리의 하늘에도 별이 존재한다는 사실을 시민들이 확인하였다. 개발 중심의 성장 사회는 인간의 이기적인 욕망이 투여된 것이다. 불편해도 자연과 함께 걸어가는 삶, 자연과 함께 숨을 쉴 수 있는 삶이 되어야 한다. 2019년 10월, 인도 정부는 비닐 봉지 사용을 전면 금지하였다. 14억의 인구가 비닐 봉지를 제한 없이 쓴다면 과연 어떠할까? 인도는 아직도 손으로 밥을 먹고, 화장실에서는 물로 뒤처리를 하는 문화가 보편적이다. 인도의 특수한 문화지만 지구 환경을 위해서 편의와 편리를 떠나서 환경 가치적으로 더 인정되어야 할 문화라고 생각한다.

코로나19가 가져온 변화

코로나19로 전라도 익산에 있는 우리 집에도 작은 변화가 생겼다. 그동안 모든 식구가 양치 컵 하나를 함께 쓰다가 개인별 양치 컵을 마련한 것이다.

한국에서는 반찬이나 찌개를 하나의 그릇에 담아 다 같이 떠먹는 문화가 있다. 인도인의 사고방식으로는 납득이 안 되는 문화이다. 인도는 필요한 반찬을 개인 접시에 덜어 먹고 오른손으로 밥을 먹기 때문에 식사 전후에는 반드시 손을 깨끗이 씻는다. 내가 한국에 온 지 25년이나 지났지만, 아직도 마음에 걸리는 것은 국을 끓일 때 수저로 간을 본 후 씻지도 않고 바로 그 수저로 국을 다시 젓는 습관이다. 식욕을 한순간에 확 떨어뜨리는 행동이지만 다 문화의 차이일 것이다. 코로나19는 이제 문화의 차이를 넘어 전염병 퇴치를 위한 개인과 사회의 위생이라는 관점에서 합리적 사고와 행위를 하게 만들었다. 흔히들 인도가 지저분하다고 한다. 인도가 이 기회를 통해 청결한 국가와 시민으로 거듭나길 기대한다.

코로나19로 학교의 문은 닫혔지만 한국에서 온라인 학교가 바로 시작될 수 있었던 것은 한국이 IT 분야의 선진국임을 다시 한 번 확인하게 하는 장면이다. 인도 또한 IT 강국임에도 불구하고 인도에서는 아직 대중화와 생활화가 되지 못하고 있다. 여러 가지 제한과 한계가 있겠지만 코로나19로 인해 비대면 시대를 준비하는 과정에서 인도의 IT 분야가 다시 부흥할 수 있는 황금 기회가 되기를 바란다. 인도의 제약 회사들이 약을 제조하여 세계로 공급하듯이 인도가 가진 강점을 살려서 지구적 위기를 함께 극복하고 대안을 공유하여 평화로운 지구가 되기를 기원한다.

어떤 대학이 뉴노멀을 선도하는가

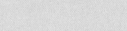

가타오카 류 片岡龍

총장의 메시지

2020년 5월 18일 월요일, 일본의 동북부에 위치한 도호쿠대학東北大學에 서는 「'뉴노멀'을 선도하는 도호쿠대학으로」라는 총장 메시지가 공표되었 다. 이 메시지는 5월 14일목에 아베安倍 수상이 도호쿠대학이 위치한 미야 기현宮城縣을 포함한 39개 현에서 「긴급사태선언」을 해제한 것과 관련이 있 다. 이 해제에 발 맞추어 도호쿠대학에서도 「신종 코로나바이러스 감염 확 대 방지를 위한 도호쿠대학의 행동지침BCP」이하,「도호쿠대학 행동지침」을 레벨4에 서 레벨3으로 낮추었고, 이 조치가 내려지면서 학생과 교직원에게 보낸 총 장의 메시지가 「'뉴노멀'을 선도하는 도호쿠대학으로」였다. 참고로 'BCP'는 'Business Continuity Plan'사업지속계획의 약칭이다.

이 글에서는 도호쿠대학 총장의 메시지를 사례로 오늘날과 같은 지구촌 Global village 시대에 누가 어떤 뉴노멀을 이끌어야 하는가에 대해 생각해 보 고자 한다. 먼저 「도호쿠대학 행동지침」의 발령 경위를 소개하고, 이어서 총장 메시지를 분석한 다음, 마지막으로 나의 생각을 피력하고자 한다.

도호쿠대학(제공: 최다울)

「도호쿠대학 행동지침」의 발령

도호쿠대학은 2016년 3월에 「재난방지·사업지속계획본부BCP」초판을 작성했다. 이것이 '도호쿠대학 BCP 도입'의 시작이다. 먼저 여기에 이르게 된 경위를 간단히 살펴보자.

2013년에 도호쿠대학 재해대책추진실이 설치되고, 「재해대책 메뉴얼본부 등 사업장」이 제시되었다. 이것은 2011년 동일본대지진의 경험을 바탕으로 향후의 큰 재해를 대비하기 위한 것이었는데, 매뉴얼에 상정되고 있는 재해는 '지진, 태풍, 화재 등'에 머무르고 있다. 그러나 이 추진실 설치의 목적이 '전학적全學的인 재해대책과 관련된 체제강화와 종합적인 재해대책'의 추진이었기 때문에, 총장특별보좌인 사토 다케시佐藤健 재해과학국제연구소 교수를 부실장으로 하고, 전문가의 조언·지도에 의한 매뉴얼을 개정하는 일 등이 추진실의 임무가 되었다.

이 임무를 바탕으로 2015년 2월의 재해대책추진실 '연락회의'에서는 2013년 10월에 재해과학국제연구소 교수로 부임한 마루야 히로아키丸谷浩明, 1959~ 씨가 작성한 자료 「도호쿠대학에서의 업무지속계획BCP의 필요성 및 각 부서와의 연계」가 제출되었다. 마루야 교수는 1983년에 동경대학 경제학부를 졸업하고 건설성建設省. 지금의 국토교통성에 입성한 후, 내각부内閣府 재해방지 담당으로 「사업지속 가이드라인」중앙재해방지회의, 2005년 8월 작성에 종사하는 등 실로 BCP 전문가로서, 재해대책추진실의 고문으로 초빙되었다고 생각된다.

이어서 같은 해 2015년 7월의 연락회의에서 「도호쿠대학에서의 업무지속계획 BCP 작성 플랜」이 제시된 후에, 서두에서 소개한 바와 같이, 다음 해인 2016년 3월에 「재해방지·업무지속계획 본부 BCP」 초판이 작성된 것이다.

이 문서에 의하면 '업무지속계획 BCP'이란 "대지진 등의 자연재해, 전염병의 만연, 테러 등의 사건, 대사고, 서플라이체인 공급망의 단절, 돌발적인 경영환경의 변화 등, 예측 불허의 사태가 발생해도 중요한 사업을 중단시키지 않는, 또는 중단한다고 해도 가능한 단기간에 복구시키기 위한 방침, 체제, 수순 등을 제시한 계획"이라고 정의되어 있어서, 2013년의 「재해대책 메뉴얼 본부 등 사업장」에 비해 재해의 내용이 대폭 확대되고 있음을 알 수 있다.

동시에 2016년 이후에 각 부서에서 BCP를 작성하기 위한 「재해방지·업무지속계획책정지침」·「재해방지·업무지속계획 작성용 양식」도 제시되었다. 이에 따라 내가 소속되어 있는 문학연구과 등에서는 교육학연구과·법학연구과·경제학연구과와 함께 「문과계열 4개 연구과 BCP」 ver.1.0, 2017년 3월를 작성했는데, 그 내용은 「양식」의 완전한 복사판이었다.

「비상시 행동지침」

한편 서두에서 소개한 「도호쿠대학 행동지침」이 문학연구과 학과상으로부터 각 교원에게 이메일로 보내진 것은 2020년 4월 7일 화요일이었다. 파일명은 「3 신종 코로나바이러스 감염 확대 방지를 위한 도호쿠대학의 활동

제한지침」으로, BCP의 '업무지속'이라는 생각과 약간 비껴나 있다.

그리고 이 이메일에는 「2 비상시 도호쿠대학 행동지침^{BCP}」^{이하,「비상시 행} ^{동지침」}이라는 파일도 첨부되어 있었다. 그 내용은 「도호쿠대학의 행동지침 ^{BCP}」을 작성했다는 통지에 지나지 않은데, 굳이 '비상시'라는 말이 붙은 점 이 흥미롭다. 「비상시 행동지침^{BCP}」은 도호쿠대학 웹사이트 등에는 공표되 지 않은 것 같아서 그 앞부분을 소개한다.

> 레와令和 2년 4월 7일
> 「비상시 도호쿠대학 행동지침^{BCP}」에 대해서
> 교직원, 학생 여러분께
> 도호쿠대학 총장 오노 히데오^{大野英男}
> 신종 코로나바이러스^{COVID-19}가 국내외로 확산되고 있습니다. 학내 구성원 중
> 에도 감염자가 확인되고 있고, 앞으로도 신종 코로나바이러스 감염 확대가 우
> 려되고 있는 상황입니다. 긴급사태 선언이 발령되는 등의 비상시에 대비한 체
> 제를 조속히 정비하지 않으면 안 됩니다.
> 그 방침이 되는 「비상시 도호쿠대학 행동지침^{BCP}」^{이하「행동지침」으로 약칭}을 작성
> 했습니다. 본 대학은 현재 이미 레벨2의 대응을 취하고 있습니다. 여러분들께
> 는 레벨3을 향한 조속한 준비를 잘 부탁드립니다. … ^{이하 생략}

여기에서 먼저 확인되는 것은 「비상시 행동지침」이 작성된 것은 학내의 확진자 발생^{4월 6일}이 직접적인 계기가 되었다는 사실이다. 이 감염자는 미

야기현에서는 23번째이고, 도호쿠대학이 위치한 센다이시仙台市에서는 19
번째 확진자였다. 도호쿠지방東北地方. 동시에 미야기현 또는 센다이시의 첫 번째 확진
자는 2월 29일로, 이때부터 계산하면 「비상시 행동지침」의 작성은 1개월 이
상이나 늦었다.

이것은 「비상시 행동지침」이 지역사회와의 연계보다도 학내 사정을 우선
시해서 작성되었음을 시사하고 있다. 실제로 앞에서 본 「재해방지·업무지
속계획본부BCP」초판에서도 「1.1 기본방침」의 서두에 "1. 학생, 교직원을 비롯
한 본 대학구성원 및 방문자의 신체·생명의 안전확보"가 제시되고, 이어서
"2. 중요한 교육·연구환경의 확보 및 유지, 조기 복귀 3. 중요한 교육·연구
정보 및 시설·설비의 보전 4. 주변지역에 대한 지장2차 피해로서의 화재의 발생, 유해
물질 등의 유출 등의 방지"가 나오며, 마지막으로 "5. 지역사회와의 연계·지역사
회 지원"으로 끝맺고 있다.

다음으로 확인되는 것은 4월 7일에 정부의 신종 코로나바이러스 감염대
책본부 결정에 의해 처음으로 발령된 「긴급사태선언」대상은 7개 도부현都府県이
같은 날에 발표된 이 「비상시 행동지침」에 이미 나오고 있다는 사실이다.
이것은 정부대책본부의 전문가 회의나 후생노동성의 클러스터 대책반에
도호쿠대학 멤버가 깊이 관여하고 있는 것과 무관하지 않을 것이다.

이와 같이 「도호쿠대학 행동지침」이 "현재 이미 레벨2"로 선포되고, 나아
가서 "레벨3을 향한 조속한 준비"가 요구되었던 배경에는 학내 감염자 발
생, 「긴급사태선언」에 관한 정보 등이 작용하고 있었다고 추측된다. 예상했
던 대로 다음 날인 4월 8일水에 레벨3으로 격상시킨다는 발표가 있었고, 「긴

급사태선언」 대상이 전국으로 확대된 다음 날인 4월 17일 금요일에 레벨4
가 되고, "지금 우리 한 사람 한 사람이 타인과 만나지 않는 것이 사회를 지
킵니다"라는 메시지까지 첨부되어, 일반 교원·직원·학생의 활동은 크게 제
한되었다.

　이렇게 해서 서두에서 서술한 바와 같이 미야기현의 「긴급사태선언」 해
제로 인해 5월 18일에 「도호쿠대학 행동지침」이 레벨3으로 내려감과 동시에
「뉴노멀을 선도하는 도호쿠대학으로」라는 총장 메시지가 공표된 것이다.

뉴노멀 = 새로운 생활양식

　총장 메시지는 먼저 「도호쿠대학 행동지침」이 레벨3이 되었음을 밝힌 뒤
에 다음과 같이 서술하고 있다.

> 그러나 신종 코로나바이러스의 위협이 사라질 때까지는 앞으로 어떤 레벨이
> 되어도 본 대학의 모든 활동은 엄격한 감염확산방지책을 강구한 상태에서 행
> 해지지 않으면 안 됩니다. 이와 같은 뉴노멀새로운 일상에서는 우리들 한 사람 한
> 사람의 의식이 중요합니다. 계속해서 여러분의 협력과 책임 있는 행동을 부탁
> 드립니다.

　즉 앞으로 레벨2가 되든 1이 되든 신종 코로나바이러스의 위협이 사라지

지 않는 한 영원히 「도호쿠대학 행동지침」의 제약 하에 활동하지 않으면 안 된다는 것이다. 그리고 이런 상황을 '뉴노멀'새로운 일상이라고 부르고 있는데, '새로운 일상'이라는 번역어로부터 뉴노멀에 대한 이해가 5월 4일월에 아베 수상이 기자회견에서 "무엇보다도 목숨을 지키기 위해서 코로나 시대의 새로운 일상을 하루라도 빨리 만들지 않으면 안 된다."고 한 발언, 또는 그 지침으로 거론된 전문가 회의를 정리한 '새로운 생활양식'에 의거하고 있음을 알 수 있다.

총장 메시지에서는 계속해서 다음과 같이 말하고 있다.

> 앞으로 도호쿠대학은 포스트코로나 시대를 대비하여 사회 변혁을 선도하는 노력을 진행해 나가겠습니다. 그중 하나는 사이버 공간을 활용한 대학의 제반 활동의 확장입니다. 수업, 연구개발, 국제연계, 입시, 사회와의 공창共創, 나아가서 업무 전반의 온라인화는 종래에 없었던 새로운 전개를 가져옵니다. 현실과 가상공간의 융합을 통해 경계가 없고 다양성이 풍부하며 포괄적인 대학의 미래를 여러분과 함께 만들어 가고 싶습니다.

이러한 이상을 갖고 연구·교육·사회와 함께 창조하는共創 것은 중요하다. 많은 우수한 학생들을 고무시킬 것이다. 그러나 항상 이상과 현실 사이의 간극을 자각할 필요가 있다.

"경계가 없고 다양성이 풍부하며 포괄적인 대학의 미래를 여러분과 함께 만들어 가고 싶다"는 말은 멋지다. 그러나 4월 7일에 「도호쿠대학 행동지

가이드라인이 상명하달식으로 운영된다면
그곳은 더 이상 학교가 아니라 군대와 다름 없을 것이다.

침」이 위로부터 갑자기 내려온 이후의 2개월 동안은, 논의의 마당도 주어지지 않은 채 오로지 상명하달top-down 식 명령「가이드라인」이라고 부르고 있지만에 따르지 않을 수 없는 것이 현실이었다.

그것이 언제까지나 계속된다면 그곳은 더 이상 학교가 아니라 '지휘명령계통'의 일원화가 요구되는 군대에 다름 아니다. 병사는 쓸데없는 생각을 해서는 안 되고, 오로지 전쟁 수행을 위한 장기판의 졸처럼 생명 파괴를 위한 기계와 같은 상태가 된다. 그것이 대학이 지향해야 할 모습이 아니라는 것은 누구도 부정하지 못할 것이다. 문제는 대학이 그렇게 될 가능성을 얼마나 인식하는가에 있다.

그 인식에는 역사적인 고찰이 빠질 수 없다. 여기에서는 준비와 지면 부족상 제6대 총장 혼다 코타로本多光太郎와 제7대 총장 쿠마가이 타이조熊谷岱蔵 시기에 있었던 "도호쿠제국대학의 전쟁협력·가담의 연구 체제와 연구 내용이 어떻게 관철되고 있었는가, 그리고 전후戰後에 그 일을 규명하고 반성하는 데 얼마나 무자각적이었는가"를 논한 이치노헤 후지오一戸富士雄 씨의 논고를 언급하는 데 그치고자 한다.

"전통교傳統校에서 선도교先導校로"

마지막으로 총장 메시지는 2018년 11월에 책정된 「도호쿠대학 비전 2030」을 언급하면서, 거기에서 "최첨단의 창조, 대변혁에의 도전"을 제창했던 것을 서술하고 있다. 이것은 『도호쿠대학 비전2030: 최첨단의 창조, 대변혁에의 도전』이라는 책에서 「도호쿠대학의 사명미션과 지향해야 할 대학의 모습」 중의 하나로 「전통교傳統校에서 선도교先導校로」라는 표어가 제창되고 있는 것과 관계된다.

2019년 7월에 촬영된 오노 총장의 동영상 메시지에서는 "창조와 변혁을 선도하는 도호쿠대학"이라고 하였고, 같은 해 9월에는 도호쿠대학을 대표 학교로 하는 "창조와 변혁을 선도하는 산학産學 순환형 인재양성 시스템" 구축이 문부과학성 「Society5.0에 대응한 고도기술인재 양성사업」 중의 「지속적인 산학공동 인재양성 시스템 건축사업」2019-2023에 채택되었다.

실은 "창조와 변혁을 선도하는 도호쿠대학"이라는 말은 2017년 6월 30일에 도호쿠대학이 문부과학성에 의해 지정국립대학법인으로 지정될 즈음인 제21대 총장 사토미 스스무里見進 시대에 이미 나왔던 것이다. 또한 '선도'라는 말은 사토미 씨가 총장에 취임한 2012년부터 도호쿠대학이 내건 기본 목표 중의 하나인 "부흥·신생의 선도"에도 보이고 있다.

즉 2020년 5월의 "뉴노멀을 선도하는 도호쿠대학"이라는 총장 메시지는, 동일본대지진 후의 "부흥·신생의 선도"에서 시작하여 문부과학성의 방침과 밀접하게 관계를 맺으면서 제21대 총장 시대에 "창조와 변혁을 선도하는 도호쿠대학"으로 진화하고, 그것을 이은 제22대 총장 오노 히데오 씨에 의해, 코로나19 재난에 의한 정부의 「긴급사태선언」과 「도호쿠대학의 행동지침BCP」의 발령이 서로 맞물려서, 더욱 새로운 옷을 입고 한층 명확하게 비전화된 것이다.

오노 총장도 깊게 관여하고 있는 '스핀트로닉스'를 중심으로 한 도호쿠대학의 「인공지능 일렉트로닉스 탁월대학원 프로그램」이 주창하고 있는 "제4차 산업혁명과 초스마트사회Society 5.0의 실현을 향해서 사회의 모든 장면에서 현실공간과 사이버공간을 융합시켜 새로운 정보가치를 창생한다"는 비전은 총장 메시지에도 담겨 있다.*

거듭 말하지만 이 비전이상 자체에 이의를 제기하는 것은 아니다. 그러나 아무리 아름다운 비전도 그것을 위에서 '선도'하고, 아래는 그것에 따라가기만 한다면 또 다시 과거제6대·제7대 총장 시대와 같은 전철을 밟게 될 것이다.

물론 공평을 기한다면 「도호쿠대학 비전2030」에 제시된 「도호쿠대학의 사명미션과 지향해야 할 대학의 모습」에는 "전통교傳統校에서 선도교先導校

---

* "사이버공간을 활용한 대학의 제반 활동의 확장", "현실과 가상공간의 융합에 의해 경계가 없고 다양성이 풍부하며 포괄적인 대학의 미래.".

로"뿐만 아니라, "사회와 함께 있는 대학"도 제창되고 있다. 총장 메시지에도 "사회와의 공창共創", "미래를 여러분과 함께 만들어 가고 싶다"는 말이 나오고 있다. 그러나 그것조차도 톱다운 top-down 방식으로 제시된다면 현실의 호도밖에 안 된다.

현실화되어 버린 이상

원래 이상은 유토피아어디에도 없는 곳로서만 의미를 지니고, 거북이를 쫓는 아킬레스처럼 영원히 현실을 따라잡을 수 없다. 현실화되어 버린 '이상'공상이라고도 할 수 있다은 아무리 아름다운 '이상'일지라도 디스토피아에 지나지 않는다. 이상과 현실 사이에 놓여 있는 간극, 그것은 과연 무엇일까? 나는 그것을 '꿈'이라고 생각한다. 이상은 '꿈'일 때 비로소 타자의 공감을 불러 일으킨다.

'뉴노멀'새로운 일상을 대학총장이나 전문가들이 위에서 선도해서는 안 된다. 특히 상명하달적인 경향을 지닌 BCP는 근본적으로 재고되지 않으면 안 된다. 그리고 뉴노멀은 전염병 전문가가 작성한 "새로운 일상생활"이 아니다. 그런 죽은 규칙이 아니다.

뉴노멀은 고정된 답이 아니라 지구촌의 모든 당사자생명과 자연가 각자의 '생활'에 즉해서 함께 물음을 던져 나가고, 함께 '표현'해 나가는 것이다만약 '선도'라고 한다면 신종 코로나바이러스야말로 뉴노멀의 '선도자'이다. 전문가는 그것을 '후원'하는 데 충실하면 된다. 물론 이런 나의 '표현'도 교조화되어 버리면 총장 메시지와 아무런 차이가 없다. 그것이 언어 표현의 숙명이기도 하다. 표현과 생활 사이에 가로 놓여 있는 간극, "생명의 심오함과 표현의 한계"에 항상 자각적이면서, '표현'을 타자와 공유되는 '꿈'으로 만들어 나가기 위해서는 끊임없는 '대화'의 실천밖에 없다.

대화의 상대는 불특정 다수의 독자가 아니다. 눈 앞에 있는 한 사람 한 사람의 당신으로, 이 글도 그럴 마음으로 '표현'했다. 다음에는 꼭 당신의 '표현'을 들려주기 바란다.

번역: 조성환

과학자는 무엇을 전하고 있는가

사사키 슌스케 佐々木 隼相

코로나19 바이러스 감염 확대라는 위기에 직면하기 전 과학자들은 무엇을 생각하고, 무엇을 전하고 있었을까? 며칠 전^{5월 29일} 일본 정부가 소집한 '신종 코로나19 바이러스 감염대책 전문가회의'^{이하 '전문가회의'}의 회의록이 작성되지 않았다는 보도가 있었다*. 세간에서는 전문가회의의 회의록을 남기지 않는다는 정부의 방침에 대해서 요 근래 아베신조^{安倍晋三} 정권의 공문서 관리 부실 상태와 동일선상의 문제로 취급하는 것 같다. 위 기사에서도 이 문제에 대해 "정부의 대응을 사후적으로 검증할 수 없게 될 가능성이 있기 때문이다. 다시금 아베 정권의 공문서 관리 자세가 문제시되고 있다."라는 식으로 다루어지고 있다.

---

* 《아사히(朝日)신문》「전문가회의 회의록 왜 만들지 않는가? 멤버로부터도 이견(専門家会議の議事録なぜ作らない? メンバーからも異論)」5월 29일 22시 00분 게재. https://digital.asahi.com/articles/ASN5Y6DCGN5YUTFK00P. html?pn=8, 2020년 5월 31일 열람.

동일본대지진의 경험

지금으로부터 9년 전, 동일본대지진의 발생과 후쿠시마 제1원자력발전소 사고라는 역사적 위기 상황에서 그 당시의 대응 상황에 대해 전 일본 학술회의 회장 요시카와 히로유키吉川弘之 씨는 칼럼 「후쿠시마 원자력발전소 사고 대응에 관한 과학자의 역할」*에서 '일본 과학자가 가진 지식을 결집한 과학자 집단과학자 커뮤니티의 지식' 발휘의 중요성을 강조했다. 이 '과학자 집단'이 대응책을 조언하는 구조를 만들기 위해서는 과학자 집단에게 충분한 데이터를 제공하는 것이

사이언스포털 홈페이지에 게재된
요시카와 히로유키의 칼럼

필수불가결한데, 2011년의 지진 사고 및 대응 상황에서 그것이 제대로 이루어지지 않았던 점을 지적하며 필요 정보를 공유할 수 있는 과학자 집단-정

---

* 요시카와 히로유키 「福島原子力発電所事故の対応における科学者の役割」 2011년 4월 29일 게재. https://scienceportal.jst.go.jp/columns/opinion/ 20110429_01.html

부 간의 관계를 구축해 나가야 한다고도 강조했다. 또한 정부에 조언을 하는 경우 과학자 집단으로서의 중립적인 조언으로 '합의된 의견'unique voice을 제공함으로써, 불필요한 혼란을 피하도록 해야 한다고 하였다. 이 '합의된 의견의 제공'에는 과학자들 사이에서 합의가 된 점은 물론이고 합의에 이르지 못한 점도 함께 전달해야 한다고 논하고 있다. 사회적인 결정과 행동을 위한 과학적 근거의 중립적 제시 방식인 것이다. 물론 충분한 정보의 공유가 없으면 이 방식은 불가능하다. 전문가회의 회의록을 작성하지 않은 채 운영하는 현 정부의 방침은 차후 더욱 많은 과학자들이 모여 위기에 대응해야 할지도 모르는 상황에 걸림돌이 될 것이 분명하다.

또 한편 요시카와 씨는 '합의된 의견'은 "사실적 근거를 바탕으로evidence-based 해야만 한다."고 하는데, 여기서 말하는 '사실적 근거'에는 '과거의 데

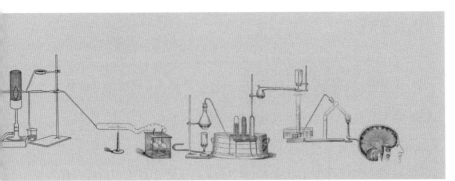

과학적 기술과 관련된 사회적 의사 결정은
과학자 집단이 현재진행형으로 만들어 가고 있는 과도기의 지식과 관련이 있다.
이는 지금껏 한 번도 사후 지식화가 되지 않은 것이며,
사전의 시점에서 형성 도중인 지식 영역인 것이다.

이터'뿐만 아니라 데이터에 의한 다양한 '예측'도 포함된다. 그리고 '예측'에는 예외는 있다 하더라도 '본질적인 불확실성'이 포함되기 때문에 "예측은 논의의 대상으로서 반드시 기록하고, 시간 경과에 따라 축적되어 가는 데이터를 수시로 적용하여 예측 내용을 상시 갱신하는 '동적 예측'動的予測이어야만 한다."고 말한다. 불확실한 요소가 포함되어 있는 한 과학자들은 이에 대해 논의를 지속해 나가는 것이 중요하다는 것이다. 만약 불확실성을 무시할 수 없는 경우에는 여러 가지 조언과 평가를 제시하면서 정책 실시와 병행하여 필요에 따라 과학적인 평가를 지속하여 수정을 가해 나갈 필요가 있다. 그런 '불확실'함 때문에 더욱 많은 과학자들이 공동으로 논의에 참여할 수 있어야 한다.

과학의 불확실성

여기서 한번 시점을 바꿔 과학이 내포하는 불확실함에 대해 생각해 보자.

애당초 현재의 코로나19 바이러스에 대해서 우리는 과학적으로 모르는 것 투성이였다. 예를 들어 5월 29일에 전문가회의가 제출한「신종 코로나바이러스 감염증상 대책 상황의 분석·제언」*에 의하면 신종 코로나바이러스는 세계적으로 감염이 확산되었는데, 대부분의 환자는 무증상 또는 경상인데 반해 증상이 심해지는 경우의 메커니즘은 아직 해명되지 않았다. 또한 효과적인 치료법·치료약도 아직 없다기존 치료약의 약사승인이나 임상시험이 이루어지고 있다. 이는 달리 말하면 코로나19 바이러스에 관한 과학적 지견이 현재진행형으로 만들어져 가고 있는 과정이라 할 수 있다.

충분한 과학적 해명에 시간이 걸린다 하더라도 작금과 같이 코로나19 바이러스 감염 확대에 시급히 대처해야 하는 중요 과제를 눈앞에 두고 과학자 집단이 발언을 무조건 삼가고 있을 수도 없는 상황이다. 후지가키 유코藤垣裕子, 동경대 교수 씨는 이러한 상황을 다음과 같이 정리하고 있다.

과학적 기술과 관련된 사회적 의사 결정은 과학자 집단이 현재진행형으로 만

---

* 전문가회의「新型コロナウイルス感染症対策の状況分析・提言」(2020년 5월 29일) https://www.mhlw.go.jp/content/10900000/000635389.pdf, 2020년 5월 31일 열람.

들어 가고 있는 과도기의 지식과 관련이 있다. 이는 지금껏 한 번도 사후事後 지식화가 되지 않은 것이며, 사전事前의 시점에서 형성 도중인 지식 영역인 것이다. 지금 현재진행형으로 지식을 만들어 가고 있는 영역이기에 과학적 근거나 증거에는 불확실성이 포함되고, 흑백이 불분명한 그레이존gray zone* 이 존재하며, 과학자조차도 상황이 상황인 만큼 그 그레이존에서 의사 결정을 해야만 하는 경우가 있다.**

추정된 수치

그렇다면 현재 형성 과정 중인 과학적 지견을 바탕으로 과학자는 어떻게 판단하는지에 대해, 코로나19 바이러스 상황을 예로 생각해 보고자 한다. 일본에서는 아베 수상이 4월 7일에 긴급사태를 선언했다. 그때 회견에서 수상이 발언한 사람과의 접촉을 '7할에서 8할 삭감' 요청을 계기로 일본에서는 '접촉 기회 8할 삭감'이 코로나19 바이러스 대책의 중요 키워드가 되었다. 이 '8할' 이라는 수치를 산출한 것은 니시우라 히로시西浦博, 홋카이도대학 교수, 후생노동성 클러스터 대책반 멤버 씨다. 니시우라 씨의 발언에 주목해 보자.

---

* 여기서는 '과학에 대해 물음을 던질 수는 없으나 해답을 낼 수 없는' 트랜스 사이언스(Trans-Science)의 영역을 의미함.
** 후지가키 유코, 『전문지와 공공성(專門知と公共性)』, 2003, 67-68쪽 인용.

니시우라 씨는 4월 11일에 《버즈피드 뉴스》BuzzFeed News와의 인터뷰*에서 접촉 기회의 삭감 목표로 내세운 '8할'이라는 수치가 어떤 계산으로 도출된 것인지를 설명했다.

니시우라 씨의 생각을 이해하기 위해 먼저 감염 확대 상황을 파악하는 데 중요한 지표인 감염재생산수Reproduction Number에 대해 확인해 두고자 한다. 감염재생산수에는 기본재생산수Basic Reproduction Number와 실행재생산수Effective Reproduction Number가 있는데, 전자는 자연 상태에서 감염된 감염자가 항체가 없는 집단에서 몇 명에게 2차 감염을 발생시키는지를 나타낸 평균 수치이고, 후자는 이미 감염개체가 존재하는 사회집단에서 감염자가 다른 이에게 감염을 일으키는 평균수치라고 생각하면 된다. 현실 사회에서는 회복자 수와 사망자 수의 증가나 예방 대책에 따라 감염 확산 억제를 시도하기 때문에 반드시 기본재생산수대로 감염이 확산되는 것은 아니다. 그래서 감염 유행을 수습하기 위해서는 실행재생산수를 1 미만으로 만드는 것이 중요하다. 이러한 이유로 '실행재생산수 ⟨ 1'을 실현시키기 위한 '접촉 기회 8할 삭감' 등의 대책이 요청된 것이다.

다만 실행재생산수를 낮추려고 할 때, 마스크 착용이나 손 씻기 장려, 사

---

* 《BuzzFeed News》「'이대로는 8할 삭감은 불가능하다' — '8할 아저씨'로 유명한 니시우라 히로시 교수가 코로나 확대 저지를 위해 이 수치를 강조하는 이유」(「「このままでは8割減できない」「8割おじさん」こと西浦博教授が コロナ拡大阻止でこの数字にこだわる理由」) 2020년 4월 11일 게재, https://www.buzzfeed.com/jp/naokoiwanaga/covid-19-nishiura, 2020년 5월 31일 열람.

회적 거리두기와 같이 예방을 위한 노력이 필요한데, 이 대책의 강도는 기본재생산수의 수치에 따라 달라진다. 즉 대책의 강도를 정할 때 변수는 기본재생산수인 것이다. 그리고 중요한 것은 이 기본재생산수는 추정된 수치일 뿐, 과학자 집단에서 합의된 내용이 아니라는 것이다.

과학자의 가치 판단

여기서 니시우라 씨의 인터뷰로 돌아와 보자. 니시우라 씨는 "한 사람이 전파시키는 2차 감염자 수를 유럽에서는 평균 2~3명이라 말하고 있습니다. 이것을 재생산수라고 합니다. 이 수가 1을 밑돌면 유행이 수습되어 가게 됩니다. 2~3명의 감염자를 만들어내는 접촉 중 평균 50~67% 정도 삭감된다면 재생산수가 1을 밑돌게 된다는 것이 단순 계산으로 나옵니다. 재생산수가 2일 때는 50% 이상, 3일 때는 67% 이상을 삭감시킬 필요가 있습니다."라고 했다 삭감률 계산은 유럽 기준. 여기서 기본재생산수를 몇으로 추정하느냐에 따라 접촉 기회의 삭감률 대책 기준이 바뀐다는 것을 알 수 있다.

그리고 니시우라 씨는 '유럽에서는 평균 2~3명'이라고 소개하고 있는 기본재생산수에 대해, 본인의 시뮬레이션으로는 "기본재생산수를 2.5로 설정하고 계산했더니 8할이 되었다."고 했다.* 기본재생산수를 2.5라고 추정한 근거에 관해서는 이 인터뷰에서 언급이 없었지만, 4월 24일의 그의 기자회견 영상**의 그의 발언영상 재생 시간 26:00~에서 이를 설명하고 있다. 그 발언을 참고해 보고자 한다.

니시우라 씨는 기본재생산수에 대해 이미 각지에서 수많은 '계통적systematic 리뷰'가 출판되어 있음을 설명한 뒤, 거기서 '대략 1.5에서 3.5 사이라는 것이 감염자 증식률을 근거로 하여 추정'되고 있으며, 이것이 2.5라는 수치 설정에 쓰이고 있음을 소개하였다. 더불어 이 수치를 설정할 때 유럽의 감염 사례에 근거를 둔 점에 대해 그 이유를 다음과 같이 설명했다.

일본에서 유럽과 같은 오버슈트Overshoot가 일어나 버리면 곤란하기 때문에 유럽의 데이터를 참조하고 있습니다. 제가 실시한 유럽에서의 R0기본재생산수의 추정치가 2에서 3 사이였고, 딱 그 중앙치에 해당하는 나라가 독일이었습니다. 독일의 R0가 2.5이므로….***

---

* 엄밀히 말하자면 의료와 유흥업소에서 발생한 감염의 확률 등 이질성을 고려해서 계산한 결과이기는 하다.

** THE PAGE「홋카이도대학 니시우라 교수「8할 접촉 삭감」평가의 근거에 대해 설명(北大・西浦教授「8割接触削減」評価の根拠について説明)」2020년 4월 24일 게재, https://www.youtube.com/watch?v=0M6gpMlssPM 2020년 5월 31일 열람.

*** 위와 같은 동영상 재생시간 27:38~에서 발췌.

전문가회의가 제출한 「코로나바이러스 감염 증상 대책 상황의 분석·제언」4월 22일에서도 '접촉 기회 8할 삭감'을 실행 시 감염자 수 증감을 나타낸 그래프에 '감염 확산 대책 개시 전까지는 R0=2.5로 감염자 수가 증가한다'고 표기하고 있는 점*을 보아 전문가회의도 독일의 기본재생산수 2.5에 맞추어 일본의 수치를 추정하고 있고, 이 수치로 접촉 기회 삭감률을 시뮬레이션하고 있다는 것을 알 수 있다.

그리고 바로 여기에 니시우라 씨의─그리고 전문가회의 과학자들에 의한─일종의 가치판단이 포함되어 있다. 독일과 일본 사이에 있을 제반 차이점을 배제하고, 유럽과 같은 폭발적인 감염 확대를 방지하기 위해 2.5라는 수치를 사용하고 있다. 여기에 주관적인 판단, 즉 불확실성이 포함되어 있는 것이다. 물론 나는 불확실성이 포함된다고 해서 그게 잘못됐다고 하는 것이 아니다. 중요한 것은 '접촉 기회 8할 삭감'처럼 우리의 생활양식을 크게 바꿀 정도의 조언을 과학자가 표명할 때, 그것은 치밀하게 입증된 과학적 근거에 의한 것이 아니라 "불확실한 가운데서도오히려 불확실하기 때문에 눈앞의 리스크와 어떻게 맞서야 하는가?" 하는 긴박한 과제 앞에서 과학자의 가치판단에 의해 결정되고 있다는 것이다. 우리는 여기에 주목할 필요가 있다.

---

* 전문가회의 「新型コロナウイルス感染症対策の状況分析・提言」 3p, 2020년 4월 22일 공개, https://www.mhlw.go.jp/content/10900000/000624048.pdf 2020년 5월 31일 열람.

정치의 개입

같은 감염증 대책을 취하더라도 기본재생산수를 2.5로 하느냐, 더 낮게 또는 더 높게 추정하느냐에 따라 실효재생산수가 바뀐다. 실효재생산수가 커지면 그만큼 감염 유행 수습이 늦어진다. 빠른 수습을 목표로 한다면 더 강한 접촉 기회 삭감을 실시해야 한다. 반대로 실효재생산수가 작아지면 그만큼 감염 유행 수습이 앞당겨진다. 접촉 기회 삭감률의 목표를 다소 낮춰봐야 유행이 수습되는 데 필요한 시간은 그다지 바뀌지 않는다. 삭감률이 아니라 변수인 기본재생산수 값의 설정에 따라 대책의 강도가 바뀌는 것이다.

다시 니시우라 씨의 인터뷰로 돌아와 보자. 기본재생산수를 2.5로 설정하여 계산했다는 점에 니시우라 씨의 가치판단이 포함된다는 것은 앞에서 확인하였다. 그런데 그 수치가 정부의 자문위원회에서 순조롭게 받아들여진 것은 아니었다. 즉 과학과 사회 사이의 의사소통 과정을 생각할 때, 전문가와 일반 시민 말고도 또 하나의 플레이어로서 정치가 있다는 점에 주목할 필요가 있다.

4월 7일에 아베 수상은 일본 전 지역에 긴급사태를 선언했는데, 그 직전에 정부의 자문위원회에서는 기본재생산수 2.0이라는 니시우라 씨와는 다른 수치가 적힌 자료가 사용되었다고 니시우라 씨는 논하고 있다. 조금 길긴 하지만 이를 인용해 보자.

"기본재생산수를 2.5로 두고, 의료기관이나 유흥업소 등을 고려할 때 80% 삭감이 아니면 2주일 안에 수습되지 않는다."고 하는 시뮬레이션 자료를 저는 작성했는데요, 제가 모르는 곳에서 자문위원회 자료의 수치가 고쳐져 있었습니다. 기본재생산수를 2.0으로요. 제가 만든 자료보다 감염력을 낮게 상정한 숫자로 기재되어 있었습니다. … 개조되기 전의 자료가 참고가 되기는 했던 모양입니다. 처음에는 목표치는 발표하지 않는다는 이야기가 있었다고 하는데, 목표치가 없으면 안 된다는 점을 제언했고, 정치인 여러분의 판단으로 '적어도 7할, 가능하면 8할'이라는 최종적 수치가 나온 것은 그렇게 옥신각신한 끝에 나온 결과인 것입니다. *

니시우라 씨는 기본재생산수가 2.0인 자료로 바꿔치기 당했다는 사실을 자문위원회 멤버로부터 들었다고 한다. 니시우라 씨의 발언만으로는 누가 어떤 목적으로 2.0으로 바꿔치기 했는지 명확하지는 않으나 그는 "정치 세계에서도 조정이 필요한 거겠죠."라며 그때의 일을 회고했다.

니시우라 씨가 '접촉 기회 8할 삭감'을 주장한 이유는 기본재생산수를 2.5로 했을 때 8할 삭감이라면 조기 유행 수습을 기대할 수 있기 때문이었다. 기본재생산수 2.5인 채로 7할 삭감을 목표로 삼게 되면 당연히 수습 시기는 뒤로 미루어지게 된다. 한편 기본재생산수를 2.0으로 할 경우 7할 삭감을 목

---

* 《BuzzFeed News》「'이대로는 8할 삭감은 불가능하다'—'8할 아저씨'로 유명한 니시우라 히로시교수가 코로나19 확대 저지를 위해 이 수치를 강조하는 이유」 2020년 4월 11일 인용 (링크는 앞의 주석 참조).

표로 삼더라도 기본재생산수 2.5일 때의 7할 삭감 시보다는 빠른 수습이 기대된다는 계산이 나온다.

기본재생산수를 2.5로 설정할 때, 거기에 니시우라 씨의 가치판단이 들어갔던 것은 앞서 확인했는데, 그것을 다시 2.0으로 바꿀 경우 니시우라 씨와는 또 다른 가치판단이 들어가게 된다. 여기서 기본재생산수를 2.0으로 할 경우와 2.5로 할 경우 중 어느 쪽이 과학적으로 올바르냐 하는 논의는 거의 의미가 없다. 어째서 기본재생산수가 2.0으로 변경되었는지, 누가 그 수치를 지정했는지, 어떤 의도가 있었는지 등 수치가 채택된 배경이 공개되지 않는 한, 그 결정에 영향을 끼친혹은 끼쳤을지도 모르는 정치 판단에 대한 책임이 두리뭉실해져 버린다. 이에 유의해 둘 필요가 있다.

기본재생산수가 2.5로 추정되었던 것은 원래 니시우라 씨의 가치판단이었을 것이고, 그것은 전문가회의에서도 공유되고 있다. 이에 대해 2.5또는 2.0로 책정하는 것은 너무나도 낙관적이라며 그 이상의 수치 설정을 검토하고 있는 경우도 많다. 예를 들면 마키노 준이치로牧野淳一郎, 고베대학 교수 씨는 '3에서 4 정도'가 타당하다고 보고 있으며, 4월 1일 시점의 정부나 도쿄도의 감염증 방지 대책에 대해 늦고 불충분하다고 비판했다.* 기본재생산수의 수치를 설정할 때는 이러한 발언을 널리 모아 과학자와 과학자 사이의 논의가 되도록 해야만 한다. 또한 이처럼 불확실성을 포함한 예측의 단계에 있는

---

* 마키노 준이치로, 「3.11 이후의 과학 리터러시(3.11以後の科学リテラシー)」, 『과학(科学)』 2020년 5월호.

과학은 이러한 논의가 진전되거나 데이터가 축적됨에 따라 갱신되어 간다.

'현재진행형으로 만들어지고 있는 과학'을 이해한다는 것은 '과학자가 제시하는 예측이나 평가가 앞으로 갱신되어 갈 것을 안다는 것'과 같다. 앞서 거론하였듯이 '접촉 기회 8할 삭감'이라는 판단의 타당성이 평가되는 것은 이제부터다. 만약 그것이 타당하지 않았다 하더라도, 불확실성을 포함한 가운데서 내려진 판단이었다는 점, 그리고 그것은 시간의 경과에 따라^{과학적인 검토가 더해짐에 따라} 갱신될 것이라는 점을 알고 있다면, 그것이 곧바로 과학에 대한 불신으로 이어지지는 않을 것이다.

과학과 사회의 소통

불확실한 점은 무엇인지, 그리고 그것이 어떻게 평가되는지를 알기 위해서는 충분한 정보의 공개가 전제되어야 한다는 것은 언급할 필요도 없는 당연한 사실이겠으나, 그러한 판단을 모두 과학자 집단이나 정부에게 맡겨 둬도 되는지는 다시금 생각해 볼 필요가 있다. '접촉 기회 8할 삭감'이나 '2m 이상 거리두기' 등의 수칙을 수행하기에 앞서 그것을 무비판적으로 받아들이지 않고 스스로의 생활 경험을 통해 이러한 정보를 소화해 낼 방법은 없을까?

물론 이는 수칙을 지킬 필요가 없다는 이야기가 아니다. 사람들의 '생활의 경험'^知과 '과학자의 판단' 사이를 원활하게 이어 줄 의사소통의 자리가 필요하다는 것이다. 이러한 의사소통의 문제는 코로나19 바이러스 이전부터 문제가 되어 왔다. 예를 들면 과학상점 Science Shop*과 같은 경우다. 이러한 실천의 경험을 신종 코로나바이러스 상황에서 과학과 사회 사이의 의사소통에 어떻게 활용하면 좋을지 앞으로 생각해 나가고자 한다.

여기까지 일본의 신종 코로나바이러스 대책의 기본재생산수에 관해 거론하며 과학과 사회 사이의 의사소통 문제에 대해 논의했는데, 이는 결코 일본만의 문제가 아니다. 한국도 정부가 추진하는 '생활방역'이 어떠한 근거를 바탕으로 하고 있는지, 그 근거를 도출한 판단은 누가 어떤 의도로 한 것인지, 과학자와 정부의 관계는 어떤지와 같은 문제를 생각해 볼 수 있을 것이다. 신종 코로나바이러스의 감염 확대를 막기 위해 추진되고 있는 '과학적인' 대책은 우리의 생활에 방대한 영향을 끼치기에 과학과 사회 사이의 의사소통에 대해 깊이 생각할 필요가 있다.

번역: 최다울

---

* 1974년 네덜란드 위트레흐트대학에서부터 시작된 연구센터. 과학상점은 지역 주민과 주민회, 시민단체나 여성단체, 노동조합 등의 개인이나 단체로부터 과학기술에 관련된 문제를 의뢰받아, 지역의 연구기관이나 대학의 연구자들이 시민들과 함께 문제를 해결해 나가는, 지역에 기반을 둔 연구센터이다.

사람들은 왜 서로 혐오하는가

양스판 楊 世帆

2020년 초, 코로나19 바이러스가 폭발적으로 확산되었다. 이 대재앙에 직면하여 국가, 민족, 종교에 관계없이 수많은 생명이 고통받고 목숨을 잃었다. 1월에 나는 일본 도호쿠東北지방에 있는 국립대학에서 공부하고 있었다. 학기말이어서 곧 방학을 기다리며 중국에 귀국하여 가족과 함께 음력춘절 중국에서는 가장 성대한 명절을 맞을 계획을 짜고 있었다. 그러나 춘절에 앞서 코로나19가 찾아왔다. 코로나19가 폭발적으로 유행하자 중국은 우한武漢시를 봉쇄시켜 사람들에게 외출을 삼가도록 했다. 그런 상황에서 귀국하는 것은 위험한 일이었고, 결국 불가능해졌다. 그래서 일본에 남아 혼자서 2020년 춘절을 보내야 했다.

중국인에게 아주 특별한 날인 춘절을 하나도 기뻐할 수 없었다. 중국의 억만 동포들도 같은 기분이었을 것이다. 우울한 마음을 억누르면서 코로나19에 관한 뉴스를 읽어 나갔다. 그때 처음으로 동포라는 말의 의미를 실감했다. 나는 아직 안전한 일본에 있지만, 뉴스와 중국에 있는 친구와의 연락을 통해 중국에 있는 사람들의 공포, 무력감, 불안을 절절히 느꼈다.

병보다 더 슬픈 혐오와 갈등

그러나 인터넷 정보와 뉴스를 통해서 전염병 자체보다도 더 슬픈 현실을 점차 깨닫게 되었다. 인류 전체의 적과 맞서 모든 사람이 대동단결해서 서로 지탱하며 세상을 구해야 하는 상황이라고 생각했는데, 현실은 그렇지 않았다. 코로나19가 만연한 가운데 인간은 각각 신분·입장·인식에 따라 그룹을 나누고, 서로 차별하며, 증오하고, 폄훼하는 일들이 대규모로 일어나고 있다. 예를 들면 중국의 우한시에서 감염 폭발이 일어났을 때, 우한시 사람들은 다른 지역 사람들에 의해 범죄자 취급을 받았고, 우한시뿐만 아니라 후베이湖北성에서 생가로 귀향한 사람들은 이웃 사람들에게 마치 병원균처럼 취급받으며 매도당했다. 외부로 여행을 나갔던 우한 시민들은 도시 봉쇄 때문에 우한에 돌아오지 못하게 되었고, 심지어 호텔에서도 입실을 거부당해 갈 곳 없는 신세가 되었다. 전염병이 국제적으로 확산된 뒤에는 중국인을 비롯하여 아시아 사람들도 다른 나라 사람들로부터 차별받게 되었다.

직접적인 차별 말고도 인터넷상에서는 자신과 생각이 다른 사람에 대한 공격이 심해졌다. 도시 봉쇄나 휴업을 하느냐 마느냐, 안전과 자유는 어느쪽이 더 중요한가, 정부의 행동을 지지하느냐 마느냐. 이러한 여러 구체적 문제들을 둘러싸고 사람들은 각자의 입장에서 의견을 주장하고, 온 힘을 다해 서로를 공격했다. 각국 정부도 서로 책임을 전가하려고 여론을 선동하느라 바쁘다. 어쩌면 감염병 자체보다 이러한 꼴불견의 상황 때문에 많은 사람들이 지쳐 있는 것이 아닐까?

4월이 되자 코로나19는 일본에서도 점차 확산되기 시작했고, 도호쿠대학도 캠퍼스를 봉쇄했다. 그때부터 등교도 못 하게 되었고, 연구도 잘 되지 않은 채 이런 뉴스와 여론만 줄곧 접하고 있으려니 정말 지겨웠다.

그러던 어느 날 오후, 집 근처 히로세広瀬 강변으로 산책하러 나갔다. 벚꽃은 반쯤 졌으나 새 잎이 눈을 보여 생생한 생명력을 보여주고 있었고, 강변에서 야구를 하는 아이들도 기운차게 소리치며 달리고 있었다.

그런 풍경을 바라보며 마음이 확 밝아지는 것을 느꼈다. 그 순간 국가 간의 싸움질이나 정치 입장의 충돌보다도 초목의 새싹이나 뛰어노는 아이들의 모습과 같이 생명력 넘치는 것들이야말로 진정한 가치가 있는 것이라고 실감했다. 왜 사람들은 이 생기 넘치는 '생명'의 가치를 무시하고, 자기 입장이나 정치문제로 싸우기만 하는 것일까?

나는 바이러스의 기원이라든지, 책임자가 누구냐라든지, 정부는 어떤 정책을 펼쳐야 하는지 등과 같은 논쟁에 발을 들여놓을 생각은 없다. 애초에 그것은 입장의 문제가 아니라 순수 객관적인 과학 사실에 근거하여 판단해야만 하는 것들이다. 나는 미생물학이나 위생학에 대해 전문지식이 거의 없기 때문에 그 담론은 피하고 싶다.

내가 가장 신경 쓰는 것은 사람들이 하나같이 바이러스 때문에 고난을 겪고 있을 때, 왜 서로 이해하지 못하고 서로 증오하느냐 하는 문제다.

'생명'을 실감하는 계기로 삼아야 할 재난 사태

동아시아에서 공통된 문화전통으로서의 유교에서는 누구나 '측은지심'을 지니고 있다고 여긴다. '측은지심'을 지닌 이상, 인간은 누구나 괴로워하는 사람을 보면 상대방의 고통을 공감하고 도와주려는 마음이 생길 텐데, 코로나19가 맹위를 떨치는 지금 왜 이 보편적인 측은지심을 발휘하지 못하고 반대로 서로 대립하고 공격하게 되어 버렸을까? 사람들이 우한 사람 또는 타자를 공격할 때, 왜 상대방의 공포나 무력함, 도움의 손길을 바라는 마음을 공감하지 못하는 것일까?

유교에서는 보편적인 '측은지심'으로 인해 사람들이 천인만물과 공감하여 천인일체天人一体 천하대동天下大同한 이상세계가 구축된다고 말한다. 그러나 이번 사태에 즈음해서 이 이상은 아름답지만 참 무르구나 하는 걸 절감했다. 안타깝게도 인류의 공감은 언제든 실현할 수 있는 것이 아니다.

그렇다면 '측은지심'의 발동을 방해하는 것은 무엇일까? 중국의 학자 천리성陳立勝 선생은 유교의 만물일체론을 논하면서 흥미로운 점을 지적했다. 인간은 눈앞에서 살해당하는 동물은 측은하게 여기지만, 멀리 있는 인간의 고통은 종종 무시한다. 그것은 딱히 그 사람이 인간보다 동물을 사랑해서가 아니다. 단지 눈앞의 동물에 대해서는 그 모습을 직접 보고, 비명소리를 들음으로써 그 생기 넘치는 '생명'을 실감할 수 있는 것이다. 그 생생한 '생명'이 눈앞에서 사라지는 것을 목격할 때, 누구나 '생명'의 가치를 느낄 수 있다. 반면 멀리 있는 사람에 대해서는 부분적인 개념적 이미지밖에 느낄 수 없으므로, 상대방의 고통을 머릿속 의식으로는 이해할 수 있더라도 몸소 공감할 수가 없다. 즉 인간의 '측은지심' 또는 공감능력은 생기 넘치는 '생명'에 대해서는 발휘되지만, 개념적인 대상 또는 친밀하지 않은 관계의 타자에 대해서는 발휘되기 어렵다는 것이다.

만약 인터넷을 자주 사용한다면 더 실감할 수 있을지도 모르겠다. 일상생활에서 친구가 자신과 다른 정치적 의견이나 입장을 밝힌다 해도 웬만해서 싸움이나 절교에까지 이를 일은 없을 것이다. 그러나 인터넷상의 토론의 경우는 정말 사소한 차이라도 매우 저급한 말로 상대방을 서로 매도하기 일쑤다. 우리는 일상에서 주변 친구들과 지낼 때는 관용적일 수 있는데도, 인터넷상에서는 의견이 다른 사람들을 절대 용서하지 않는다. 왜 그럴까?

우리는 서로 만나야 한다

2012년에 댜오위다오釣魚島, 일본에서는 센카쿠열도尖閣列島 영토 소유권을 둘러싸고 중국과 일본에서 큰 충돌이 일어났다. 당시에 나는 중국의 대학에서 일본어를 공부하고 있었고, 대학교의 일본인 교사 M 선생님과 사이 좋게 지내고 있었다. 당시 M 선생님은 한 식사 자리에서 이런 말을 했다. "나는 센카쿠열도는 절대로 일본의 영토라고 생각하고 있다. 이건 아마 중국 사람들과 완전히 다른 견해일 것이다. 그러나 우리 사이에는 정치적 입장 말고도 다양한 것들이 있다. 우리는 같이 산책도 하고 식사도 하고, 일본어 공부도 함께한다. 거기서 쌓인 우정은 정치적인 입장을 초월할 수 있다고 생각한다.”

M 선생님 말씀대로 우리는 주변 친구들과 함께 여러 가지를 공유하고 있다. 그것들을 통해 우리는 상대방의 개성, 감정, 인격을 몸소 느낄 수 있다. 그 풍요로운 ‘생명’을 느끼면서 공감하고 우정을 쌓을 수 있다. 그러나 인터넷상에서 타자와 싸울 때 우리는 상대방의 성격이나 감정을 전혀 느끼지 못한다. 그때 우리에게 상대방은 나와 마찬가지로 희로애락을 가진 풍요로운 생명이 아니라 단순히 추상적, 개념적인 타자로 비춰질 뿐이다. 그런 친밀하지 않은 타자에 대해 우리의 ‘측은’이나 ‘공감력’은 전혀 발휘되지 않는다.

코로나19 상황에서의 사람들의 증오와 공격도 그것과 비슷할지도 모르겠다. 사람들은 우한 사람을 차별하고 증오할 때, 그들에게 ‘우한인’이란 공포와 절망에 빠져 있는 수백만의 생명이 아니라 단순히 전염병을 내 주변으로 옮겨오는 집단이라는 개념적 이미지일 뿐이다. 특히 사회휴업, 접촉제한 정책이 시작된 이래로 각국 사람들은 모두 집에 틀어박혀 긴 시간을 보냈을 것이다. 긴 시간 동안 닫힌 공간에 틀어박히다 보니 직접 만나서 몸소 느껴왔던 생생한 관계는 단절되었고, 사람들은 생기 넘치는 생명의 존재를 잊어버리고 타자는 그저 TV나 인터넷상의 개념적 이미지로 소외되어 버렸다. 앞에서 말했듯 개념적 이미지에 대해서 사람들의 공감이나 측은은 잘 작동하지 않는다. 생명이 ‘개념적 이미지’에 의해 소외되는 세상에서는 누구나 개념적인 타자가 되어 버리며, 아무도 이해와 동정을 못하게 되어 버린다. 최종적으로는 모두가 적이 되어 버릴 것이다.

이러한 인간소외가 결코 코로나19 상황에서 처음 시작된 일은 아니다. 어쩌면 이 같은 소외는 인간 문명의 출발점에서부터 존재했을지 모른다. 유발 하라리는 그의 저서 『사피엔스: 유인원에서 사이보그까지』에서 흥미로운 주장을 했다. 인간의 언어가 발달되지 않았던 시기에 인간에게는 몸짓을 통한 직접적인 관계밖에 없었고, 알고 지내는 사람 수는 고작해야 주변의 수십 명밖에 없었다. 집단의 인원수도 그만큼 한정적이었다. 다만 점차 언어라는 도구가 발달되면서 인간은 소문이나 스토리를 이야기할 수 있게 되었다. 소문, 스토리가 전파되면서 사람들은 더 많은 사람들과 네트워크를 갖게 된다. 그렇게 더 큰 그룹이 형성되어 더 큰 규모의 협력 작업이 가능해졌다는 것이다. 그러나 내가 생각하기에는 소문과 스토리의 성립에 의해 타자에 대한 소외도 함께 시작되었던 것이 아닌가 싶다.

직접 만나면 풍부한 감정이나 성격을 가진 존재로 다가오는 '원래의 타자'는 스토리 속의 이미지에 의해 소외되었다. 문자를 사용하게 되면서 타자는 더 추상적인 개념이 되었다. 이 '타자'는 인간에 한정된 것이 아니다. 특히 근대에 들어서면서 인간에 의해 자연세계의 모든 생명이 타자가 되어 소외의 대상이 되어 버렸다. 들판에 자라난 초목들, 바다를 헤엄치는 물고기들, 이들 모두가 자원통계상의 데이터로 일축되어 버렸다. 그렇게 해서 그들은 더 이상 생명으로서의 냄새나 생기가 인간에게 감지되지 않게 된 것이다. 그 대신 자원의 '가치'로 계산된다. 자연에 대한 소외는 인간의 인식 범위를 대폭 확대시켰다. 자연과 타자에 대한 소외로 인해 인간은 자연과 인간사회로부터 거대한 힘과 에너지를 해방시켰다. 그러나 그 대가로 사람과 사람,

중국의 시골마을(저자 촬영)

사람과 자연의 상호 감지와 이해가 매우 희박해졌다고 생각한다. 특히 최근의 자본주의, 소비주의의 발전과 인터넷 응용기술의 보급에 따라 인간소외는 더욱 심각해졌다.

나는 유소년기에 시골 할머니 집에서 자랐다. 할머니는 닭 수십 마리를 키우고 있었는데, 내가 닭고기를 먹고 싶어할 때마다 할머니는 한 마리를 잡아서 닭 요리를 만들어 주셨다. 이 과정에서 닭의 '생명'과 할머니의 '노동'은 확실히 나에게 실감으로 와 닿았고, 나의 '생명'에너지가 되었다. 그 후 나는 중국의 충칭重慶, 일본의 오사카大阪, 도쿄東京의 학교에서 공부하게 되었다. 그런 대도시에서 생활할 때는 닭고기가 먹고 싶으면 슈퍼에 가서 금방 살 수 있다. 그러나 슈퍼의 '닭가슴살', '닭다리살'에서는 생명이 느껴지지 않는다. 살 수 있는 것은 영양 공급 제품으로서의 단백질일 뿐이다. '닭'도 '나'도 자본의 생산, 소비의 일환으로 소외되고 있다.

또한 소비주의 선전도 인간소외를 촉진시킨다. 작년에 중국에서는 성공적인 마케팅 전략의 영향으로 한 브랜드의 운동화가 크게 유행했다. 유행이 한창이던 중 그 운동화는 어느 가게를 가도 모두 품절 상태였고, 중고시장에서는 정가의 10배 이상의 가격으로 팔리고 있었다. 그 유행 속에서 딱히 운동할 것도 아닌 젊은이들마저 그 운동화를 손에 넣으려 안달이었다. 그 브랜드는 '옷 잘 입는 젊은이는 누구나 이 운동화를 신는다'는 이념을 성공적으로 전파한 것이다. 그때 사람들은 신발로서의 운동화의 효용을 위해 돈을 지불한 것이 아니라, '패션'이라는 만들어진 이념을 위해 돈을 낸 것이다. 인간이 제품을 단순하게 소비함으로써 제품 선전은 자본이 기대하는 인간상 구축에 기여한다. 그 영향에 의해 사람들의 삶의 방식이 정의되고, 인간의 수요와 공급은 일률적인 생산품에 의해 제한된다. 그렇게 인간의 복잡함과 다면함이 소실되며 개성이나 다양성이 보이지 않게 된다.

생명으로서의 사람과 세계를 만나자

나는 딱히 산업화를 반대하는 것이 아니다. 그저 자본이 초래한 생산력을 즐기는 만큼 동시에 자기의식이 소외되고 있다는 것을 깨달아야 한다고 생각하는 것이다.

또한 인터넷이 보급됨에 따라 단편화되고 일면적인 정보가 널리 읽혀진다. 이렇게 단편적인 표현과 정보에 익숙해져 가며 인간은 이제 복잡하고 다면적인 정보나 감정을 잘 받아들이지 못하게 되었다. 따라서 '생명'의 풍부함과 섬세함을 느끼지 못하는 것도 어쩌면 당연한 일인 것이다.

그렇다면 이 국면을 타개할 희망은 어디에 있을까? 개인적으로는 정보기술의 발전에 기대를 걸고 싶다. 기술은 문제를 초래하지만 희망도 만들어낸다고 생각한다. 5G 5th generation, 5세대 이동통신 , VR virtual reality, 가상현실 기술의 발전에 따라 원거리통신은 지금보다 더 풍요로운 정보를 전달할 수 있게 될 것이다. 언젠가 미국의 엘리트가 VR을 통해 중국 농촌 아이들의 생활을 실감할 수 있는 날이 올지도 모른다.

그 밖에 문예, 심미 교육의 보급과 진보도 불가결하다. 섬세한 미의식과 복잡한 감정과의 공감능력이 발달됨으로써 생기 넘치는 '생명'의 울림이 가능해질 것이다. 문예작품을 통해 사람들은 서로의 보편적인 감정이나 생명력을 실감할 수 있게 되는 것이 아닐까?

증오와 대립을 해소하기 위해 인간과 인간이 서로 공감하고 이해할 수 있어야 한다. 그리고 그 공감을 쌓아 가기 위해 '개념으로서의 타자'를 넘어 몸소 '생명으로서의 사람'과의 관계를 만들어 나가야 한다. 이 목표를 향해 국경을 넘어 전 인류가 노력해야 한다. 사람과 사람이 서로 이해할 수 있는 아름다운 세상을 만들기 위해서, 나부터 먼저, 한 사람 한 사람의 '생명'과 관계를 맺는 노력을 해야 한다.

번역: 최다울

구성원들은 출근부터 퇴근까지 100미터 달리기를 하는 것처럼 일한다. 그렇다고 이런 단거리 경주 과제들이 서로 연동되어 가치가 축적되는 것도 아니다. 이런 단거리 경주를 위해 구성원들은 고단백이나 고지방의 식사를 해야 한다. 결국 이런 상태가 장기간 지속되면 모든 구성원들이 고혈압 환자가 된다. 대부분의 대한민국 기업들은 상당 부분 이런 기저질환을 가지고 있는 고위험군에 속해 있다. 이미 늦은 감이 있지만 대한민국 기업들은 지금이라도 코로나19 팬데믹 이후 달라질 세상을 위해 자신들의 기저질환을 인지하고 기업의 회복탄력성을 높일 수 있는 경영의 근원적 변화를 모색해야 한다.

제2부

경영의 전환

벤치마킹의 시대는 끝났다

유 건 재

한국 기업은 지난 수십 년 동안 패스트팔로워fast-follower 전략으로 경쟁력을 만들어 왔다. 성과가 좋은 기업들의 행동과 전략을 면밀하게 분석하고, 그것을 잘 모방해서 일군 성과이다. 모방을 통한 경쟁력 확보는 세계적으로 많은 기업들이 이용한 방법이다. 한국의 기업들도 그 길을 따라갔고, 결과는 탁월했다. 모방의 대상을 넘어선 경우도 있기 때문이다. 모방이 효과가 있었던 이유는 모방을 위한 활동들이 비교적 규정하기가 명확했기 때문이다. 제조업의 경우는 이미 존재하는 제품의 품질을 향상시키고 효과적으로 생산하는 것인데, 실수를 줄이고 근면 성실하면 목표를 달성할 가능성이 높

한국 기업은 지난 수십 년 동안 패스트팔로워 전략으로 빠르게 성장해 왔다

았다. 쉽지는 않지만 성공 가능성은 높은 편이다.

한국사회 경영 환경의 변화

시대는 변했고, 경쟁의 핵심은 비용에서 차별화로 이동했다. 차별화는 경쟁자와 다른 제품이나 서비스를 제공하면서 달성된다. 차별화의 원천은 제품 특성, 디자인, 브랜드, 소비자와의 의사 소통 등 다양하다. 핵심은 기업이 제공하는 제품과 서비스가 차이를 통해 소비자에게 가치를 전달하는 것이다. 차별화는 특정 기업만이 가진 고유성이 세상과 만나는 과정이다. 고유성은 모방이 아닌 시간과 역사, 노고로 만들어진 성찰을 통해 발견된다. 즉 기업은 고유성을 벤치마킹을 통해 확보하는 것이 아니라 자생적으로 만들어내야 한다. 코로나19 사태로 인한 경영 환경의 변화는 한국 기업의 자생적 발전의 필요성을 더 부각시켰다.

코로나19 사태는 기업을 둘러싼 거시 환경, 산업 환경, 그리고 기업 내부 운영 방식에 지대한 영향을 미쳤다. 거시 환경 측면에서는 나라 간의 무역 규모가 축소되었고, 국적이 다른 기업들 간의 협업이 어렵게 되었다. 자유무역을 위한 공동 노력보다는 자국의 경제를 지키기 위한 노력이 우선된다. 룰이 존재하는 평평한 운동상에서 자유경쟁을 하는 것이 아니라 국가들 사이에 정치적 힘이 개입된 상태로 경쟁을 한다. 기업에게는 더 많은 제약이 만들어졌다.

글로벌 공급망 붕괴 이후 산업 체제의 재편

산업 환경 측면에서는 글로벌 공급망의 붕괴가 가장 위협적이고, 기업들에게 직접적인 영향을 주는 요인이다. 글로벌 공급망의 붕괴는 기업의 가치 사슬을 다른 관점으로 보게 만들었다. 가치사슬은 제품이나 서비스가 만들어지는 프로세스를 말하는데, 제조업의 경우 구매·생산·마케팅·물류·고객 응대가 핵심적인 것이다. 기존의 가치사슬 구성은 비용이 가장 적게 드는 장소와 가치^{연구개발과} ^{마케팅}를 극대화할 수 있는 장소에 특정 활동들을 배치했다. 예를 들어, 다국적기업들은 생산 활동을 중국에 배치하고, 나머지 활동들은 필요에 따라 적절한 국가에 배치했다. 하지만 코로나19 사태 이후 중국 중심의 공급망에서 벗어나 새로운 글로벌 체인을 구축할 필요가 있다는 것을 알게 되었다. 비용절감이라는 효율성의 중요성은 감소하고, 적시에 필요한 부품이나 제품이 공급될 수 있는지, 즉 공급의 가능 여부가 중요한 변수로 인식되게 되었다. 이러한 변화에 따라 비용이 상승하더라도 공급이 확실한 나라에 공급망을 옮기거나, 자국으로 공장을 옮기는 현상^{reshoring}이 가속화될 것으로 예상된다.

기업 수준에서도 많은 변화를 겪고 있는데, 무엇보다 일하는 방식의 변화가 눈에 띈다. 불가피하게 비대면의 일 처리 방식이 확산되었고, 일하는 시간 또한 유연하게 변했다. 즉 유연근로시간제, 재택근무, 원격미팅 등이 보편적인 업무 방식으로 안착되고 있다. 이 제도들은 일찍이 많은 기업들이 도입하기 위해 노력했으나, 실행이 미뤄져 있던 것들이다. 이제 외부의 큰 충격에 의해 자연스럽게 기업 내 제도로 안착되는 듯하다. 유연한 근무 환경은 제도만 도입한다고 바로 이루어지는 것이 아니다. 이러한 일련의 과정은 기업의 변화 관리로 볼 수 있다. 기업이 변화하기 위해서는 외적으로 나타나는 제도와 함께 구성원들의 행동에 대한 기본적 가정assumption, 가치, 이념 등의 기업 문화가 동시에 변화해야 한다. 한국 기업들은 유연한 근무 환경으로 변화하기에 기업 문화의 한 요소인 구성원에 대한 신뢰가 적었다. 기업의 리더들은 구성원들이 보이지 않는 곳에서도 제대로 일을 잘 처리하고 책임을 다할지에 대해 확신이 그리 크지 않았다. 반면에, 구성원들 또한 리더들이 확신을 가질 수 있도록 자율적으로 움직이고, 책임을 다하는 모습을 보여주지 못했다.

스스로 만들어야 하는 신뢰자본

코로나19 사태는 유연한 근무 환경을 만들기 위한 제도의 도입을 앞당겼다. 기업의 변화는 기업 문화와 제도의 변화를 통해 스스로의 노력으로도 가능하지만, 예기치 못한 외부적 쇼크에 의해서도 일어난다. 불가항력에 의해 기업의 운영 방식이 변화된 것이다. 변화된 근무 환경은 코로나19 사태가 끝난다고 해도 이전처럼 돌아가지 않을 것이라고 많은 전문가들이 예상한다. 최근 많이 회자되고 있는 '뉴노멀'New Normal, 시대 변화에 따라 새롭게 부상하는 표준로의 이동이다. 포스트코로나 시대에 새로운 근무 환경이 작동하기 위해서 가장 필요한 것은 의심의 눈초리를 걷어 내고 구성원을 믿는 '신뢰'이다. 경영학에서는 기업이 가진 신뢰라는 자원을 'Trust Capital' 즉 신뢰자본이라 부른다. 신뢰를 자원 혹은 자본으로 정의한다는 것은 신뢰가 기업을 운영하는 데 필수적인 요소라는 것을 의미하며, 기업 내부적으로 개발하거나 형성할 수 있는 것이다.

그런데 신뢰자본은 기존 기업들이 만들려고 노력했던 자원이나 능력과는 근본적 차이가 있다. 예를 들어 기업이 대표적으로 필요로 하는 것이 신제품 개발 능력이다. 연구와 개발은 많은 경우 배울 수 있는 대상^{벤치마킹}이 있고, 어떤 경우는 외부 기업으로부터 사 오는 경우도 있다^{인수합병}. 또 하나의 필수 역량은 제품을 잘 만들어내는 생산 역량이다. 생산 역량 또한 벤치마킹을 통해 역량을 만들어낼 수도 있고, 외부에 생산을 완전히 맡기기도 한다^{아웃소싱}. 한국 기업들이 그동안 초점을 맞추었던 역량들은 배움의 대상이 있었고, 외부와의 연계를 통해 확보가 가능한 것들이었다. 그래서 벤치마킹은 한국 기업에게는 필수 과정이었다. 하지만 신뢰자본은 다르다. 벤치마킹을 통해서 신뢰를 배우거나 만들 수는 없다. 신뢰를 구축하는 방법을 참고할 수는 있지만 나라마다 문화권마다 신뢰의 개념과 구축 방법은 매우 다르다. 더욱이 신뢰자본은 외부와의 연계를 통해 확보할 수 있는 자본이 아니다. 구입할 수도 없고 외부에 맡길 수도 없다.

그렇다면 신뢰자본을 구축하는 방법은 무엇일까? 자생적으로 만드는 방법이 유일하다. 모방하여 추격함으로써 한국 기업들에게 자생적으로 모델을 만드는 것은 여전히 어렵고 어색하다. 하지만 기회가 왔다. 이제는 스스로 만드는 것 외에는 옵션이 없다. 궁즉변 변즉통 통즉구 窮卽變 變卽通 通卽久라 는 주역의 구절이 생각난다. 궁한 상황이니 변해야 한다. 변화하면 돌파구 가 만들어지리라. 돌파구가 열리면 장기적으로 성장할 수 있는 초석이 마련 될 것이다.

각국의 대응과 힘의 재배치

신뢰자본을 기업 내부적으로 만들 수밖에 없다면, 그 가능성에 대해 생각 해 보자. 코로나19 사태에서 배울 수 있는 한 가지는 세계를 구성하는 나라 들의 힘이 재배치된다는 것이다. 기존에 선진국으로 여겨졌던 나라들은 더 이상 선진국의 모습으로 보이지 않는다. 코로나19 사태에 대응하는 과정들 이 명확한 증거이다. 선진국이라 불리던 많은 나라들은 체면을 구겼다. 미 국과 일본은 소극적 대처로 많은 확진자를 양산해 냈다. 전염병임을 감안하 면 이해하기 어려운 조치다. 중국의 강력 봉쇄와 집단면역을 실험한 스웨덴 은 뚜렷하게 대조된다. 중국의 봉쇄 정책은 강력한 중앙집권적 공산주의 때 문에 가능한 것이었다. 스웨덴은 최대한 자유를 주면서 권고로서의 자가격 리를 제시했다. 그리 성공적으로 보이지 않는다. 한국은 초반에 강력한 봉 쇄정책을 쓰시 않아 코로나19의 문제아로 인식되었다. 하지만 최첨단 IT 기 술을 이용한 동선 파악과 의료진들의 헌신, 국민들의 사회적 거리두기 실천 덕분에 확진자 숫자가 급감했다. 물론 코로나19 상황은 아직도 진행 중이고 언제쯤 완전히 종료될지도 가늠할 수 없다.

확실한 것은 불확실성이 큰 상황에서 각 나라들은 다른 방식으로 대응했고, 한국은 비교적 성공한 케이스로 분류되며, 선진국이라 불리던 미국·일본·영국·스웨덴 등은 성공하지 못한 케이스로 분류된다는 것이다. 한국의 대응 방식은 메르스의 경험이 도움이 되었지만, 누구도 생각 못한 새로운 방식을 만들어내면서 대응력을 높였다는 점도 중요하다. 드라이브스루drive-through라는 진단 방식, 날짜별 마스크 판매, 투명한 정보 공개 등이 그것이다. 코로나19 대응 방식의 결정은 빠르게 진행되어야 하고, 다른 나라의 방식을 참고는 하지만 나라마다 다른 특성을 반드시 고려해야 한다. 의료진의 수준과 수, 국민들의 지침 참여도와 자유와 책임에 대한 관점, 언론과 정보의 공개 수준 등이 그것이다. 한국은 한국만의 시스템을 만들어 가고 있으며, 좋은 결과로 나타나고 있다.

이러한 한국의 대처 방식은 한국 기업에게 많은 시사점을 준다. 4차 산업으로 특징지어지는 현재와 미래의 경영 환경은 불확실성이 크고, 모호하며, 복잡하다. 또한 기술 변화의 속도는 이전의 속도와 차원이 다르다. 코로나19 사태에 직면한 우리의 상황과 같다. 신속한 대처가 필요하지만, 벤치마킹할 시간은 부족하다. 또한 협력이나 도움은 가능하지만 자생적으로 대처해야 한다. 기업들은 스스로 대처할 만한 역량을 가지고 있는가를 물어야 한다. 코로나19 사태 이후 기업들이 고려해야 할 중요한 요소는 디지털 기술을 활용한 스마트 워크smart work, 인력 수급과 구성원들의 높은 유연성, 높은 현금 보유, 공감을 기반으로 한 리더십, 목적 중심의 문화 형성이다. 높은 현금 보유와 같은 가시적인 것을 제외하고는 모방을 통해 달성하기가 어려워 보인다. 하지만 달성이 불가능한 것도 아니다.

코로나19가 가져다 준 성찰의 시간

그렇다면 어디서 시작해야 할까? 자생적 변화를 만들어내기 위한 시작점은 성찰이다. 한국 기업이 가지고 있는 역량과 능력은 무엇이며 어떤 수준인지를 있는 그대로 보는 것이다. 코로나19 사태를 지나면서 한국인들은 스스로 놀라는 경우가 많았다. 우리에게 이런 모습이 있었나 자문하면서 자랑스러울 때도 있었다. 물론 좋지 못한 모습도 있다. 긍정적이든 부정적이든 우리의 모습을 대면했다는 것이 중요하다.

그렇다면 한국의 기업에서 일하는 구성원들은 포스트코로나의 변화된 방식에 잘 적응할 수 있을까? 앞에서 일하는 방식에 유연성을 확보하는 중요한 요소가 신뢰라는 것을 설명했다. 또 하나의 중요한 요소는 자율이다. 한국인은 자율을 잘 실행할 수 있을까? 한국인들은 집단주의 성향이 강하다. 여러 연구에서도 밝혀진 사실이다. 하지만 한국인들은 집단주의 문화를 가진 나라 중에서는 주체성이 매우 높은 편이다. 주체성은 개인주의 문화의 대표적 특성으로 분류된다. 이 사실은 한국인은 높은 집단주의 성향을 가지고 있지만, 동시에 개인주의 성향이 높을 수도 있다는 것이다. 많은 기업들이 조직의 유연성을 높이기 위해 노력하고 있는데, 유연성이 큰 조직 구조를 애자일 agile 조직이라 부른다. 애자일 조직에서 핵심 운영 원칙 중의 하나도 자율이다. 자율은 개인주의 성향이 높은 문화에서 잘 작동할 확률이 크다. 개인적으로 목표를 설정하고, 성과에 따라 책임도 함께 가는 프로세스이기 때문이다. 우리가 한국인의 이러한 특징을 이해한다면 애자일 조직 구조를 만드는 데 좀 더 과감할 수 있을 것이다. 애자일 조직을 잘 수행할 수 있는 역량을 가지고 있기 때문이다. 물론 보유한 역량을 가지고, 자율과 책임이라는 울타리 속에서 구성원들이 잘 수행할 수 있다는 가정이 필요하다.

포스트코로나 시대가 '뉴노멀'의 시대가 된다는 것은 확실하다. 그 시대는 모호하고, 복잡하며, 변화가 상수인 시대다. 변화하기를 주저하던 많은 한국 기업들은 외부의 힘코로나19에 의해 변화를 서두르고 있다. 하지만 변화의 대부분은 환경에 대응하는 방식이었다. 유연한 일 처리 방식이 오래전부터 시도되었지만 환경의 압력에 의해 본격적으로 시작되었다. 어떤 측면에서는 코로나19 사태가 한국 기업들이 스스로를 철저하게 돌아보는 기회를 제공했다. 이번 기회를 통해 대응적 변화가 아닌 선제적 변화를 만들어 가기 바란다. 그리고 그 선제적 변화는 한국 기업들이 가진 것들을 근간으로 모델을 만들어 가야 한다. 이제 모방의 시대는 갔다. 세상에서 유일한 기업이 되어야 생존한다. 유일하기 위해서는 스스로에서 시작해야 한다. 벤치마킹의 시대는 이제 지나갔다.

전략경영에서 목적경영으로

윤 정 구

미국이 지난 4월에 발표한 고용 동향에 따르면 비농업 부문에서 고용이 2,050만 건 감소했다. 3월 4.4%이던 실업률이 4월 14.7%로 급증했다. 4월 실업률은 제2차 세계대전 직후 수치인 10.8%를 추월했다. 2009년 금융위기 국면에 기록된 10%의 실업률도 추월했다. 지난 10년간 공들여 만든 일자리가 지난 5주 만에 모두 증발했다. 한국의 고용 사정도 크게 다르지 않을 것으로 예측된다. 심지어 우리나라 제조업의 심장인 기아차와 현대차도 공장들이 부분적으로 가동을 멈췄다. 위기를 직감한 현대차 노조는 자신들의 소식지를 통해 일자리를 지키기 위해 노사정이 머리를 맞대고 생존 방안을 찾자고 먼저 제안했다. 절대로 변화하지 않을 것 같던 노조를 한순간에 변화시킬 정도로 코로나19발 팬데믹은 전 세계의 모든 기업들에 영향을 주고 있다.

이번 코로나19 팬데믹의 특징은 건강한 사람들에게는 감염이 일어났는지도 모르고 지나가지만, 평소에 고혈압이나 당뇨병, 비만 같은 기저질환이 있는 사람들에게는 크게 위협적이라는 것이다. 기업도 마찬가지다. 기업들도 지속 가능성이라는 장기적 기업의 건강성이 무시된 상태로 오랫동안 경영하게 되면 사람들과 똑같이 당뇨, 고혈압, 비만과 같은 기저질환에 걸린다. 향후 코로나19 사태가 어떻게 진행되는지를 지켜봐야 알겠지만 이 사태가 지속된다면 기저질환을 앓고 있던 기업들 대부분은 문을 닫게 될 것이다.

기저질환에 시달리는 기업들

비만으로 고생하고 있는 회사는 조직 정치가 넘치는 회사들이다. 고객에게 가치를 전달하는 일보다는 상사에게 잘 보이기 위한 일이나 자신의 보신을 위한 일들이 더 많고 이것을 마치 부가가치가 있는 일처럼 하고 있는 회사들이 비만으로 고생하는 회사들이다. 이런 조직 정치를 위해서는 직접 만나서 일을 도모해야 하는데, 만날 수 없고 디지털 대면으로 일을 처리해야 하니 기존의 일이 제대로 돌아갈 리가 없다.

당뇨로 고생하는 회사는 회사의 구성원들이 평가나 보상이 연동된 일만 하고 아무리 중요한 일이라도 평가나 보상이 연동되지 않은 일은 하지 않는 성향이 있는 회사다. 구성원들이 평소 설탕을 너무 많이 섭취해서 회사에

사람과 마찬가지로 기업에서도 비만, 당뇨, 고혈압 같은 기저질환은 큰 위협이다.

필요한 인슐린을 제대로 공급하지 못한다. 이런 평가와 보상도 일의 결과를 중심으로 짜인 것이 아니라 누가 더 열심히 일하는지 일찍 출근하고 늦게 퇴근하는지 등에 대한 평가여서, 지금과 같은 디지털 대면 시대에는 이런 평가와 이를 기반으로 보상할 방법이 없다.

마지막으로 고혈압은 회사가 초단기 프로젝트만 추진해서 구성원들이 매일 급한 불을 끄는 소방수 역할을 해야 하는 회사들이다. 구성원들은 출근부터 퇴근까지 100미터 달리기를 하는 것처럼 일한다. 그렇다고 이런 단거리 경주 과제들이 서로 연동되어 가치가 축적되는 것도 아니다. 이런 단거리 경주를 위해 구성원들은 고단백이나 고지방의 식사를 해야 한다. 결국 이런 상태가 장기간 지속되면 모든 구성원들이 고혈압 환자가 된다.

대부분의 대한민국 기업들은 상당 부분 이런 기저질환을 가지고 있는 고위험군에 속해 있다. 이미 늦은 감이 있지만 대한민국 기업들은 지금이라도 코로나19 팬데믹 이후 달라질 세상을 위해 자신들의 기저질환을 인지하고 기업의 회복탄력성을 높일 수 있는 경영의 근원적 변화를 모색해야 한다.

조직의 기저질환을 해결하다

모든 기저질환은 시대에 맞지 않은 경영이념을 경영의 습속으로 채용하는 것에서 시작된다. 아니면 한때는 제대로 된 경영이념이었더라도 변화한 시대에 맞게 진화시키지 못하고 이전의 경영이념을 새롭게 전개되는 세상에 지속적으로 강요할 때 어느 순간 기저질환이 찾아온다. 지금 대부분의 기업들이 경험하고 있는 기저질환은 신자유주의의 이념을 시대에 맞춰 진화시키지 못한 것에서 발원되었다고 볼 수 있다. 신자유주의 시대에는 기업들이 시장에서 경쟁력이 있다는 것을 증명하기 위해서는 남들과 경쟁에서 이길 수 있는 역량이 준비되어 있어야 하고 이 역량을 이용해 단기적으로 성과를 산출해야 한다. 단기적 성과를 산출하기 위해 종업원들은 초단기적으로 스프린트 경기를 해야 한다. 종업원들은 여기서 살아남지 못할 경우를 대비해서 조직 정치에도 시간을 쏟아야 한다.

신자유주의 이념은 경기가 나름대로 좋아서 성장이 가능한 시대의 이념이다. 지금처럼 성장이 정체되고 저성장, 저금리, 저유가가 새로운 정상New Normal으로 받아들여지고 있는 시대에 신자유주의 시장에서의 무한경쟁을 통한 승리 이념을 고수할 경우, 기업들은 고객이나 종업원, 이해관계자들에게 갑질하는 형국으로 전락한다. 이런 상황에서 떠오르는 기업들의 특징은 생태계를 복원하고 자신의 업의 본질에 대해서 다시 질문하고 새롭게 얻어 낸 비즈니스의 통찰력으로 자신의 비즈니스 모형을 혁신시킨다는 것이다.

신자유주의 이념을 따르는 기업들이 처한 가장 큰 문제는 이런 회사에서 제공하는 성과가 지금 시대의 고객들이 원하는 가치가 아니라는 것이다.

펩시콜라에서 10여 년을 근무하며 코카콜라를 제치고 펩시의 건강한 기업가치를 만들어낸 펩시의 CEO 인드라 누이는 후배 CEO들에게 다음과 같이 충고했다.

"단기적 성과나 시장에서 이기는 것에 지나치게 신경을 쓰는 회사가 제시한 성과는 대부분 설익은 과일이다. 성과를 넘어 제대로 익은 과일을 전달하라."

회사는 익은 과일처럼 잘 포장해서 자신들의 성과를 키우지만, 인드라 누이가 보기에 이런 성과들 중에는 썩은 과일과 덜 익은 과일을 포장만 근사하게 해서 전달하는 가짜 성과가 많다고 보았다. 가짜 성과는 신자유주의 시장 경쟁과 단기 실적주의가 산출한 대표적인 부작용이라는 것이다. 지금과 같이 어려운 시대에 고객은 어떤 회사가 자신의 장기적 생존에 진정성을 가진 회사인지에 초미의 관심을 가지고 상품과 서비스를 선정한다. 평소 고객에게 포장만 멋지게 해서 덜 익은 과일만 전달한 회사들은 고객의 생존을 위한 파트너가 될 수 없고 가장 먼저 퇴출되는 불운을 경험한다.

전략경영과 목적경영

인드라 누이는 지금과 같은 위기에 직면해 있는 기업들에게 지속 가능성을 높이기 위해 회사가 존재하는 목적에 대해서 다시 질문하라고 주문했다. 그러면서 경쟁 우위를 만드는 것만큼 자신의 존재 목적을 설득할 수 있는 존재 우위 전략도 중요하다고 설파했다. 존재 우위를 염두에 둔 경영을 목적경영management by purpose이라고 칭한다. 목적경영을 기반으로 지금까지 일했던 방식을 혁신하라고 주문했다. 목적경영은 전략적 목표에 대한 경쟁 우위를 강조하는 기존의 전략경영과는 다른 개념이다. 전략경영은 지금까지 경영학 교재에서 가르친 대로 더 높은 목표를 설정하고 회사가 가진 모든 자원을 이 목표를 달성하기 위해 최적화하는 방식으로 경영하는 것을 의미한다. 목적경영은 이 목표를 달성해야 하는 이유를 분명히 하고 경영을 이 이유의 측면에서 최적화하여 목적을 실제로 실현하는 경영을 의미한다.

전략경영에서 차별화 포인트가 가격이나 품질 혹은 이 두 가지 모두를 통해서 초격차를 만드는 것이라면, 목적경영의 차별화 포인트는 우리 회사가 다른 회사와 왜 다른 회사인지를 존재의 수준에서 증명하는 것이다. 예를 들어 전략경영에서 작년에 1조 원의 매출을 달성했다면, 목적경영에서는 이 1조 원을 우리 회사가 꼭 달성해야 하는 이유에 대해서 묻는다. 이유가 찾아졌다면 그것을 그냥 따라가는 것이 아니라 경영의 장면에 가지고 들어와 이것 자체를 실현시키는 것을 차별화의 포인트로 삼는다. 목적경영을 위해서는 전략경영에서 설정한 매년의 일련의 목표들이 목적에 최적화되는 의사결정을 하도록 돕는다. 인드라 누이는 목적을 통해 차별화를 달성하지 않는 습관이 성과라는 이름으로 고객들에게 맛있게 잘 익은 과일이 아니라 설익은 과일을 팔 수밖에 없는 상황을 만든다고 보았다. 고객에게 제대로 된 잘 익은 과일을 전달해서 우리 회사의 목적에 대해 차별성을 체험하게 만들지 못한다면 차별화는 가격이나 품질 혹은 가성비의 차별화에 머물게 된다. 목적을 실현해서 잘 익은 과일을 전달하는 기업만이 가장 높은 존재의 수준에서 다른 회사들과 전략적으로 차별화하는 경영을 하는 것이다.

이런 회사들이 회사를 경영하는 정도의 원리인 목적의 관정을 찾아 울타리를 세우고 이곳에 혁신의 파이프라인을 만들고 이를 통해 자신만의 목적이 담긴 체험을 서비스와 제품으로 제공하는 정렬과 단순화에 성공한다면 지금과 같은 팬데믹 상황에서 살아남을 수 있다. 목적경영의 원리에 따라 기업이 구조조정을 진행한다면 기업들은 지금 하고 있는 일 중 고객에게 제대로 된 가치를 창출할 수 없는 가짜 일의 상당 부분을 덜어내고 장기적 성과와 단기적 성과를 서로 정렬시킴으로써 비만과 고혈압과 당뇨의 문제를 해결할 수 있다. 고객은 고객이 아닌 자신들의 생존에 올인하는 비즈니스 의도를 가진 기업들을 먼저 알아차리고 생태계에서 퇴출시킨다.

협동을 넘어서 협업하는 회사

코로나19 사태로 구성원 간 비대면 접촉이 늘어난 회사들은 일을 더 효율적으로 처리할 수 있는 방안으로 협동을 넘어서 공동의 목적에 대한 몰입을 통해 협업의 증진에 승부를 걸고 있다. 협동은 자신의 개인적 목적을 달성하기 위해 상대와 같이 일하는 형태이다. 협동에서는 집단의 목적은 암묵적이고 개인의 목적은 명시적이다. 결국 지금과 같이 구성원들이 위기에 처한 상황에서 협동은 집단의 목적을 희생할 개연성을 높인다. 협동은 개인의 생존을 위해 조직 정치를 키우고 이를 통해 고객에게 불필요한 성과가 창출될 위험성이 크다. 반면 협업의 방식은 공유된 목적을 실현하는 것에 초점이 맞춰져 있다. 협업하는 과정에서 생긴 문제에서 서로 간 도움이 필요할 경우 이차적으로 협동의 방식을 사용한다. 협업에서는 목적과의 정렬이 최우선이고 목적을 실현시키기 위해 자신의 실력으로 기여해야 한다. 이 정렬에서 생긴 문제를 조율하기 위해 협동을 보완적으로 사용한다. 협동에서는 서로 간 만남을 통해 조율이 일어나므로 조직 정치와 연기가 필연적이지만, 협업에서는 목적을 통해 조율이 발생하여 이런 거래 비용이 발생하지 않는다. 협업에서 최종 코디네이터는 목적이다. 코로나19로 비대면 접촉이 늘어남에 따라 접촉의 질이 초미의 관심사로 떠올랐고, 질을 결정하는 핵심 요소도 구성원들의 만남을 조율해 주는 공유된 목적이 있는지 그리고 이 목적을 매개로 협업을 해낼 수 있는 역량이 있는지에 달려 있다. 목적을 기반으로 한 협업만이 지금과 같은 디지털 접촉이 많아진 시기에 구성원 간 불필요하게 비대해진 만남의 상당 부분을 구조조정하는 가이드라인이다.

회사가 자신을 차별화시키는 목적에 대한 믿음이 있어야 구성원들은 이 목적을 달성하기 위해 자신의 역량을 어떻게 의미 있게 써야 할지에 대한 가늠이 생긴다. 또한 차별화된 목적에 대한 믿음이 있을 경우 이 목적은 지금같이 일하고 있는 팀에 울타리를 제공해서 심리적 안정감을 가지고 의미 있는 업무에 집중하게 할 수 있다. 회사의 공유된 목적에 대한 믿음이 있는 경우 구성원들은 개인의 목적을 내려놓거나 공유된 목적과 함께 정렬시켜 구성원에 대한 제대로 된 신뢰를 만들어낼 수 있다. 지금 코로나 시대에 기업이 회복탄력성을 복원할 수 있는지는 목적을 기반으로 협업을 동원할 수 있느냐에 달려 있다. 목적을 통해 존재 우위를 구사하지 못하는 기업은 지속 가능하지 않다.

존재 우위를 실현하라

사명은 회사가 자신의 존재 이유로 설정한 목적을 실행시키는 것과 관련된 제반 과제의 수행을 의미한다. 목적은 기업을 존재 이유의 수준에서 차별화시키는 전략이다. 회사가 전략적 목표로 향후 5년간 10조의 기업가치를 키우는 것을 설정했다면, 목적은 왜 이런 기업가치를 달성해야 하는지에 대한 이유이고, 사명은 이 이유 자체를 실현시키는 작업을 의미한다. 사명은 기업가치 달성이라는 일련의 전략적 목표를 기업이 생각할 수 있는 가장 높은 수준인 기업의 존재 수준에서 차별화시키고 최적화시키는 작업이다.

대부분의 기업들은 전략적 목표를 실제로 수행하고 있으나 이것을 이끄는 드라이버로서 목적이나 사명은 홈페이지에서만 유명무실하게 존재한다. 이런 회사는 전략적 목표를 달성한 지표로 성과를 강조한다. 하지만 이렇게 기업이 전략적 목표로 달성한 성과가 고객이 만족하는 열매를 제공하지는 못한다. 지금과 같은 시기에는 기업이 설정한 성과와 고객이 만족하는 열매 사이에 갭이 많은 회사가 결국 먼저 퇴출될 개연성이 높다. 이 갭은 바로 기업들이 해결해야 할 기저질환인 셈이고 이 기저질환은 전략적 목표를 기업의 사명과 목적으로 최적화함으로써만 해결된다.

전략경영에서 차별화 포인트가 가격이나 품질 혹은 이 두 가지 모두를 통해서 초격차를 만드는 것이라면, 목적경영의 차별화는 이런 초격차를 넘어서 우리 회사가 다른 회사와 왜 다른 회사인지를 존재의 수준에서 증명하는 차별화를 요구한다.

앞에서도 지적했듯이 전략경영에서 작년에 1조 원의 매출을 달성했다면, 목적경영에서는 이 1조 원을 우리 회사가 꼭 달성해야 하는 이유를 묻는다. 이유가 찾아졌다면 이것들을 그냥 따라가는 것이 아니라 이 이유를 경영의 장면에 가지고 들어와 이것 자체를 실현시키는 것을 차별화의 포인트로 삼는다. 목적경영은 전략경영에서 설정한 매년의 일련의 목표들이 목적에 최적화되는 의사결정을 하도록 돕는다.

전략경영에는 1조 원을 달성하는 것이 목적이므로 성과로 전달된 대부분은 설익은 과일들이다. 누이가 우려했던 포인트가 바로 이 점이다. 목적을 통해 차별화를 달성하지 않으면 성과라는 이름으로 고객들에게 맛있게 잘 익은 과일이 아니라 설익은 과일을 팔 수밖에 없는 상황에 처하게 된다는 것이다. 전략경영은 고객가치를 실현하는 일에서는 아무리 노력해도 부분 최적화에 그친다. 전략경영을 넘어 차별화를 목적경영으로 확장해서 목적으로 자신들만의 존재우위를 세우고 이 존재우위의 실현을 통해 회사의 장기적 전체최적화를 달성하는 기업들이 비만이나 기저질환이 없는 대표적 회사이다.

사명과 목적의 울타리

하버드대학교 교육대학원에 교수로 재직하고 있는 Kegan과 Lahey의 저
서 『모두의 문화』Eveyone Culture 에서 일은 많이 하고 있지만 지속적 성과를
내지 못하는 대부분의 회사의 근원적 문제를 분석해 보면 회사의 사명과 목
적이 불분명한 것이 원인이라는 점을 지적하였다. 사명과 목적이 불분명한
회사는 회사의 재원을 사명과 목적과 상관없는, 하지 말아야 할 파괴적이며
부수적 직무de job를 강화시키는 데 쓰고 있다고 경고했다. 부수적 일들은
결국 조직 기저질환의 주범이다.

파괴적이며 부수적인 직무란 자신의 약점을 감추고, 강점을 포장하고, 인
상 관리하고, 조직 정치에 몰입하는 것을 말한다. 목적의 수준에서 기업을
차별화하지 못하는 회사들은 한마디로 직원들이 자신의 약점을 숨기고 강
점을 포장하는 연기력을 평가해 고과를 주고 이 연기력에 따라서 회사의 인
센티브나 연봉을 책정한다는 것이다. 이렇게 조직이 엉뚱한 곳에 자원을 낭
비하다 보니 능력이 있는 직원들이 회사를 떠나게 되고 회사에 남아 있는
직원들도 일하는 척 연기만 하지 열의를 가지고 직무에 몰입하지 않는다는
것이다. 가장 큰 문제는 자신의 약점을 얼마나 잘 숨기느냐에 따라서 보상
을 받게 되니 약점이 있어도 학습을 통해서 고칠 기회를 부여받지 못한다는
것이다.

대부분의 회사가 지금처럼 경기가 안 좋거나 팬데믹 상황에 처해서 망하
는 이유는 이처럼 조직 비만이 있는 경우다. 하지 않아도 되는 일과 해서는

안 되는 엉뚱한 일에 직원들이 시간과 노력과 자원을 퍼붓는 것이 문제다. 시간을 엉뚱한 데 더 많이 쏟아붓는 회사가 망하지 않고 살아 있다면 그것이 이상한 일이다. 목적경영의 원리는 목적에서 약속한 가치를 고객에게 제대로 전달하기 위해 "옳은 일을 옳은 방식으로 하라"Do the right things in the right way를 강조하는 조직설계방법론이다.

조직에 목적과 사명의 울타리가 제대로 복원되면, 조직은 고객에게 가치를 창출하는 일에만 집중해서 기업의 가치를 증가시킬 수 있다. 또한 사명과 목적이 경영의 가장 높은 구심점으로 작용하면, 지금과 같이 물리적 공간에서 근무할 수 없는 상황에서도 구성원 간의 협업을 동원하는 기제로도 이용할 수 있다. 디지털 방식의 협업도 결국은 협업의 목적 지향점이 분명할 때 제대로 작동된다. 또한 사명의 울타리가 만들어지면 소통과 의사결정도 사명에 맞춰서 일관되고 투명하게 실행되므로 구성원들의 조직에 대한 신뢰가 복원된다. 또한 사명의 울타리 안에서 사명을 실현시키기 위해서 진정성 있게 몰입하는 구성원은 설사 혈연과 지연과 학연이 섞이지 않아도 자신들을 가족이라고 생각하게 되어 심리적 안정감을 체험한다. 지금과 같이 불확실성에 의해서 공포가 증원되는 시점에 구성원들이 서로를 믿고 의지하는 사명과 목적의 울타리를 공유하고 있다는 것은 큰 자원이 된다.

사명의 울타리와 복원된 유대감

디지털 대면으로 업무가 바뀜에 따라 기존 대면 상호작용을 통해 쉽게 얻을 수 있었던 유대감을 얻기 위해 새로운 노력이 필요하다. 조직이나 사회도 기본적인 유대감의 잔고가 있어야 기능한다. 사회적 거리로 유대감의 잔고가 급속하게 떨어지고 있고 이것은 기업도 예외가 아니다. 유대감은 상호 교류를 통해 구성원 간 긍정적 정서를 공유하는 것을 통해서 생성된다. 이전의 상호 교류 과정에서는 상대를 직접적으로 관찰하고 즉시적으로 피드백을 주는 과정에서 쉽게 유대감을 증진시킬 수 있었지만, 지금과 같은 디지털 대면에는 긍정적 정서를 얻기 위해 긍정심리자본을 연료로 투척해야 한다. 긍휼감, 낙관주의, 회복탄력성, 자기효능감, 희망이 중요한 긍정자본으로 거론되어 왔다. 점증하는 불확실성에서 오는 심리적 고통 때문에 많은 사람들이 집단적으로 번아웃burnout을 경험하고 있다. 사회적 거리두기로 이 문제를 집단적으로 해결할 수 있는 에너지가 점점 고갈되어 결국 창의적으로 문제를 해결할 수 있는 능력이 점점 소진되어 가고 있다. 사회적 거리두기나 디지털 대면이 지속되는 상황에서 유대감을 복원할 수 있는 대안은 긍정심리자본밖에 없다.

부정적인 상황 속에서 긍정적인 해결책을 찾을 수 있다는 가능성의 끈을 놓지 않는 낙관, 어려운 상황에 처해도 쉽게 포기하지 않고 문제를 해결하기 위해 지속적이고 혁신적으로 노력하는 회복탄력성, 어려움을 극복할 수 있다는 자신감인 자기효능감, 문제를 실질적으로 해결할 수 있는 절차와 수단에 대한 희망의 메시지가 필요하다.

긍휼감, 낙관, 회복탄력성, 자기효능감, 희망이라는 긍정심리자본 중 가장 중요한 요소는 긍휼감이다. 긍휼감은 상대의 고통을 내 고통으로 내재화해 상대와 같이 손잡고 고통의 문제를 해결하는 행동적 성향을 의미한다. 지금의 코로나19 사태에서는 모든 구성원들이 고통 속에서 하루하루를 불안하게 살아가고 있다. 리더나 조직이 고통받는 구성원들의 아픔에 민감성을 보이고 이를 행동으로 해결해 주려는 성향을 보이지 못한다면 집단은 와해 수순을 밟게 된다. 리더 개인을 넘어서 구성원들이 집단적으로 상대의 고통을 내 고통으로 내재화해 같이 풀어 가려는 성향을 보이지 못한다면 집단의 유대감은 상실된다. 구성원들은 각자도생의 길을 찾아 나서게 된다. 결국 이기주의와 개인주의에 의해 조직이 무너진다.

긍정심리자본과 사명 지향적 전문가의 놀이터

지금과 같은 시기에 리더의 긍휼감이 특별한 덕목으로 거론되지만 사실 정상적인 경영 상황에서도 긍휼감이 없는 경영자는 훌륭한 경영자가 될 수 있는 가능성이 낮았다. 경영의 정의는 고객의 고통을 내 고통으로 내재화하고 이것을 기업이 가진 서비스와 제품을 통해 해결해 주는 것이다. 긍휼감이 없는 유사 경영자들에게 고객에 대한 사랑과 고객만족 이념은 연기에 불과한 셈이다. 지금처럼 어려운 시기에 복원된 긍휼의 감정은 코로나19 사태가 끝나도 경영 혁신의 원천으로 작용할 수 있다. 긍휼감은 상대의 고통을 내 고통으로 내재화하는 작업이므로 일에 대한 심리적 소유의식을 심화시켜 준다. 또한 긍휼은 고통을 완화시키기 위해 진통제 처방을 내리거나 반창고를 붙여 주는 등 결과에 대한 고식적 처방이 아니라 고통의 원인을 찾아서 근원적으로 문제 해결을 시도하는 과정이어서 혁신의 원천이 된다. 또한 긍휼은 사랑보다 더 고귀한 감정이다. 긍휼감이 있어야 사랑을 핑계로 고객을 봉으로 여기지 않고 진짜 주인공으로 내세워 고객의 입장에 서서 문제를 제대로 해결할 수 있다.

이런 긍정심리자본은 일터를 사명 지향적 전문가의 놀이터로 설계할 때 자동적으로 분출된다. 사명의 울타리를 통해 구성원이 심리적으로 안정을 느끼고 고객에게 사명이 개입된 가치를 열매로 제공하기 위해 다양한 실험이 수시로 일어난다. 목적과 사명의 울타리가 분명한 조직에서만 구성원들은 어둠 속에서 북극성을 보는 낙관을 경험한다. 사명과 목적이 분명한 조직은 어려운 상황을 반드시 이겨내야 하는 신성한 이유를 가지고 있고 이 이유가 회복탄력성의 근육을 만들어낸다. 사명과 목적의 울타리가 복원된 조직에서 사람들은 목적을 실현시켜 이에 대한 믿음을 형성하고 이 믿음을 기반으로 자기효능감을 살려 낸다. 마지막으로 사명의 울타리가 둘려진 회사만이 구성원들이 목적의 수준에서 최적화된 목표를 살려 내서 여기서 희망의 불씨를 발견한다.

이런 사명의 울타리를 가진 전문가의 놀이터는 기존의 펀 경영fun management에서 이야기하는 어린이들의 놀이터와는 다르다. 전문가의 놀이터에서 전문성이 신장되는 체험이 바로 긍휼, 낙관, 효능, 희망, 회복탄력성의 근육이 되고 이것을 긍정적으로 공유하는 체험이 유대감을 형성한다.

목적과 사명의 울타리가 코로나19 사태와 같은 변화에 대응하는 백신이라면 긍정심리자본은 유대감을 복원하는 치료제의 역할을 수행한다. 구성원들은 목적, 사명, 긍정심리자본이 제대로 제공되는 전문가들의 놀이터를 통해서만 기저질환이 없는 지속 가능한 건강한 조직을 만들어낼 수 있다.

코로나19 사태와 디지털 리더십

회사가 정한 일의 본질과 고객의 아픔을 다시 정의하고 지금 하고 있는 일을 원점에서 다시 구조조정해야 포스트코로나 시대에도 생존과 번성을 구가할 수 있다. 일의 본질과 상관없는 일이나 고객의 아픔을 해결하는 것과 관련이 없는 비만, 당뇨, 고혈압의 주범이 되는 일들을 찾아서 이번 기회에 구조조정을 해내지 못하는 회사들은 실제 DT$^{data\ transmission}$ 쓰나미가 덮칠 경우 가장 먼저 사라질 수 있는 경쟁력을 잃은 회사들이다.

이런 상황에서 진성 리더들은 회사가 정한 사명과 목적을 중심으로 조직을 사명지향적 역할 조직이라는 아주 단순화된 운동장으로 설계하고 구축하는 일을 한다. 사명 지향적 역할 조직은 따지고 보면 사명과 목적을 위해 조직을 최적으로 디지털화한 것이다. 이 운동장에서 전문가로 뛴 선수들은 당뇨도 없고, 비만도 없고, 고혈압도 있을 리 없다.

기저질환이 있어 보이는 회사에 다니는 한 구성원은 자신의 회사 상황을 어린이 놀이터와 어린이날에 비유했다. 그는 상사가 출장을 가서 혹은 아파서 회사에 출근하지 못한 날은 직원들이 어린이날이 왔다며 좋아한다고 고백했다. 이날은 상사 없이 어린이처럼 즐겁게 일할 수 있는 날이라는 뜻이다. 이 회사의 상사는 회사를 사명을 가지고 어른답게 전문가로서 일하는 전문가의 놀이터가 아니라 어린이 놀이터로 만든 것이다. 상사가 리더십의 본질을 놓쳐서 결국 회사를 기저질환이 있는 회사로 만든 것이다.

사회적 경제와 뉴노멀 시장

이무열

이윤을 앞에 놓고 계속되던 제로섬게임 Zero-sum game의 시장경쟁이 흔들리고 있다. 시장에서 제외되거나 통제 가능한 외부효과Externality 정도로 생각되던 자연생태계가 코로나19 팬데믹으로 전면에 나타나면서 신자유시장경제가 넘어 버린 지구위험한계 Planetary Boundary*를 실감나게 해 주고 있다. 이런 상황은 21세기 들어 물질문명의 한계 속에서 탈출구를 찾던 의식과 디지털 기술로 변화되어 가던 시장질서를 한순간에 혼란스럽게 만들면서 새로운 시장을 창조하고 있는 중이다.

사회적 경제의 역사도 이렇게 창조적인 혼란 속에서 시작되었다. '기아의 40년대' 방직 노동자들이 익숙한 불공정한 상황에서 공정한 임금과 일자리를 만들기 위해 1844년 설립한 영국 로치데일공정선구자협동조합의 조합원이나 담보 없이 가난한 사람들에게 적은 돈을 빌려주는 mircrocredit 방글라데시 그라민 은행 Grameen bank의 무함마드 유누스 Muhammad Yunus는 모두 창

---

* 지구위험한계(Planetary Boundary) : 요한 록스트룀(Johan Rockstrom) 팀의 지구의 안전한 운용 공간을 알아내기 위한 프로젝트 연구 결과로 기후변화, 성층권 오존층의 파괴, 생물다양성의 손실률, 화학물질에 의한 오염, 해양산성화, 담수 소비, 토지 이용의 변화, 질소 · 인에 의한 오염, 대기오염 아홉 가지 요소 한계 값을 수량화하여 원형으로 가이드레일을 세웠다.

조자이자 혁신가이다. 사회적 경제는 늘 불편하고 부당한 문제를 시장에서 공정하게 해결할 수 있는 새로운 답을 찾아 실천하였다.

방글라데시 그라민 은행
(출처: 위키피디아, CC BY-SA 2.5)

현실화된 사회적 경제의 가능성

기업에게 뉴노멀은 정의되는 게 아니라 달라진 생활방식에 따라 발명하는 것이다. 시장의 변화는 새로운 것을 만들어내는 혁신을 불러온다. 기업에게 변화는 생존을 위한 필요조건이지만 코로나19는 변화만으로 충분하지 않다. 코로나19는 이제까지 시장을 주도하고 경험했던 모든 것을 내려놓고 새로운 상상과 실험을 하는 전환을 필요로 한다. 혼란스럽고 낯설 수밖에 없지만 사회적 경제와 같이 대안을 실천하는 조직에게는 새로운 기준을 세울 수 있는 열린 가능성의 기회이기도 하다.

코로나19는 이제까지 생각만 하고 미루어 왔던 일들을 시장으로 불러들였다. 재난기금의 이름을 단 기본소득, 유목적 재택근무, 비대면 서비스, 생태적 소비, 홈루덴스Home Ludens, 랜선 경험 등이 일상생활이 되고 있다.

기본소득은 보편 복지 체계와 충돌, 증세, 국가에 대한 종속 심화, 노동 의

욕 저하 등의 논란 때문에 글로벌 자본가들의 요구에도 불구하고 실현 가능성이 불투명했던 정책이었다. 그런데 갑자기 멈춰 버린 시장에서 국민의 생계가 위협 받으면서 현금, 수표, 상품권 등을 직접 지급하는 방식으로 기본소득이 실현되고 있다. 사람들은 재난기금으로 자신과 타인을 위해 선물하고, 마을 안의 가게를 발견하면서 그들과의 관계를 기꺼이 즐기고 있다. 재난기금의 경험은 이후 기본소득 정책 결정에 중요한 역할을 할 것이다. 조사에 따르면 이번 코로나19 상황에서 직장인 41%가 재택근무를 경험했다. 독일은 재택근무 법안을 연말까지 추진하겠다는 계획을 발표했고, 칠레는 원격 및 재택근무에 관해 고용주의 의무를 규정했다. 외국계 소프트웨어기업 SAP코리아 임직원 조사에 의하면 20대는 100% 재택근무에 만족한다고 답했다. 반면 50대의 만족도는 54.5%, 전체 임직원 만족도는 89.5%로 나타났다. 재택근무의 효율성도 전체 연령대 모두 높게 나타났다.*

비대면 서비스로 생산과 판매 현장에서 사람 대신 기계에 의한 생산과 판매 자동화가 본격화되고 있다. 전통 산업의 일자리 감소 문제를 미래학자 제레미 리프킨Jeremy Rifkin은 그린 뉴딜Green New Deal로 임시적인 대안을 마련하고 이후 많은 사람들이 비영리 조직이나 사회적 경제 영역에서 일하게 될 것이라고 한다. 위기의 역설처럼 생태계 위기가 잊혀진 생태적 가치를 소환했다. 친환경적인 제품 구매를 고려하게 되었고 생태적 소비를 지향하

---

* 재택근무 임직원 371명을 대상으로 3월말 2주간 조사. 자료 SAP코리아.

기본소득, 유목적 재택근무, 비대면 서비스, 생태적 소비, 홈루덴스, 랜선 경험 등이 일상생활이 되고 있다

는 사람들이 늘면서 채식주의자가 아니어도 채식 선호자들이 늘어나고 있다. 외부 활동을 경계하면서 집으로 돌아간 사람들은 오락, 학습, 만남 등의 많은 활동을 집 안으로 끌어들이며 홈루덴스Home Ludens 경향을 재촉하고 있다. 온라인의 랜선 경험은 공연과 학습에 시간과 공간의 제한을 없애고 있다. 이제 언제, 어디서든 자신이 즐기고 싶고 배우고 싶은 것을 경험할 수 있다. 이 모든 것이 불가역적인 경향으로 일상의 모습이 되어 가고 있다.

가치와 혁신의 메타모델링

하지만 뉴노멀은 아직 완성되지 않았다. 사건에는 언제나 양면이 있고 진행 중이다. 작동하는 힘에 따라 뉴노멀의 앞으로의 방향이 드러날 것이다.

착취시장을 지키고자 하는 신자유시장경제 대 관계시장을 만들어 가려는 지향이 동시에 작동하고 대항하고 있다. 신자유시장경제는 혼란의 시기에 직면해 그동안 미뤄 두었던 규제 철폐를 달성하고 사회 공공재와 시스템을 조금 더 상품화하는 시장으로 가려고 한다. 생태 지향적인 담론으로 이들의 활동을 부정할 수 있지만 시장을 바꾸기는 어렵다. 그렇다면 사회적 경제는 뉴노멀이 될 어떤 기준을 세워야 할까? 사회적 경제가 어떻게 준비하는가에 따라 시장에서 새로운 기준이 만들어질 수도 있고 이전의 기준이 더 공고해질 수도 있다.

사회적 경제도 포스트코로나의 경향에 따라 새로운 활동을 계획해야 한다. 지금-여기 포스트코로나 시대에 사회적 경제로 왜-무엇을-어떻게 변화시킬 것인가? 마케팅 경향으로 말하면 새로운 시대를 만난 고객^{시민}들의 생활을 어떻게 매력적으로 제안할 수 있을까?

문제를 풀기 위해서는 두 개의 관점이 필요하고 두 개의 관점을 교차해서 새로운 생활을 발명해야 한다. 이 두 개의 관점 중 하나는 사회적 경제의 가치이고 나머지는 혁신이다. 새로운 사회적 경제의 가치는 근대 협동조합으로 대표되는 사회적 경제 정의와 호혜 경제 사상으로 연결되어야 한다. 늘 깨우쳐 세상을 변화시키는 재세이화在世理化*와 가진 사람과 못 가진 사람이

---

* 재세이화(在世理化): 우리 겨레의 얼로 '지금의 이치에 맞게 깨우쳐서 세상을 그러하게 변화시켜라' 라는 뜻.

서로 돕고 나누는 유무상자有無相資*의 전통적인 삶의 가치가 포스트코로나 시대에 사회적 경제의 가치로 다시 살아나야 한다. 혁신은 계속해서 변화되는 사회에서 끊임없이 발생하고 있는 욕구를 해결할 수 있는 방안을 발명하는 일이다. 가치와 혁신 이 둘의 교차가 포스트코로나 시대의 사회적 경제가 새로이 발명되는 메타모델링이다.**

포스트코로나 시대의 새로운 사회적 경제

가치와 혁신의 사회적 경제 메타모델링을 위해 '코로나19와 사회적 경제 연속 대담'***이라는 자리를 만들어 기업가들의 코로나19 시대의 경험을 들어보았다. 경험은 늘 습관적인 사고와 행동을 바꿀 수 있는 중요한 변곡점이 되기 때문에 현장의 경험을 모으는 것은 당장의 대응에서도, 가치를 실현할 앞으로의 방향과 실천 계획을 세우는 것에도 유용하다.

---

* 유무상자(有無相資): 가진 사람과 못 가진 사람이 서로 돕고 나누며 살아가는 전통적인 호혜 경제 정신을 복원해서 동학공동체의 핵심 원리로 사용하였다.
** 메타모델링(Meta Modeling): 끊임없이 움직이며 복잡한 관계 속에서 상호작용하며 생성되고 다음으로 진화하는 모델이 메타모델링이다. 메타모델링은 어느 하나에 고정되지 않는다. '초월한', '더 높은'이라는 메타의 사전적 의미와 여러 모델을 통합해서 만들어내는 메타모델링보다 지금까지의 모델들을 통합해서 새로운 모델을 발명하는 메타모델링의 설명이 더 적절하다.
*** 코로나19와 사회적 경제 연속 대담: 코로나19가 확산되면서 사회적 경제가 겪고 있는 어려움과 정부 지원 대책의 실효성, 사회적 경제의 전환을 모색하기 위해 총 5회에 걸쳐 진행된 마포 지역 사회적 경제 기업가들과의 대담.

사회적 경제 기업가들의 코로나19 팬데믹 경험 안에는 지금 어떤 사회적 경제를 하고 싶은지를 찾을 수 있는 성찰과 비전이 모두 담겨 있다. 포스트 코로나 시대의 새로운 사회적 경제가 발명되는 순간이었다.

◆ 지역에서, 마포구 내에서 나의 일을 활성화시키는 방법을 좀 찾아야겠다는 생각이 최근에 들었습니다. 좀 더 가까운 공동체들끼리 어떻게 살아가야 할지에 대한 고민을 많이 하는 계기가 될 것 같습니다. …

◆ 사회복지사 방문을 두 달 정도 안 하고 있었는데, 지금은 좀 두려움을 극복하려 하고 있습니다. 두려움을 극복하고 다시 찾아뵙고 만나고 위기 상황의 매뉴얼이라도 더 많이 숙지하고 그러면서 좀 더 자신감을 갖고 돌봄의 현장에서 뒤로 물러나지 않고 해야 할 역할을 해 나가 보자고 구성원들 간에 이야기합니다. …

◆ 공동체의 연결이 잘 되어 있을수록 국가적 재난 상황에서도 건강과 안전 문제를 지역에서, 민간에서 잘 해결할 수 있다고 생각합니다. …

◆ 코로나19 사태에 비추어 볼 때 공동체의 유대 강화가 제일 중요합니다. 그래야 서로 살필 수 있고, 가서 돌볼 수 있지요. 빈 구석이 없게 하는 것은 누구의 몫일까요? 관계와 참여 그리고 민주주의, 이러한 것들을 사회적 경제에서 화두로 삼아야 합니다. 그리고 우리가 변화한다면 이것들을 더 가능하게 하는 방식으로 나아가야 합니다. …

◆ 호혜의 법칙이라는 게 있습니다. 먼저 관심을 보여야 다시 나에게 관심을 보인다는 건데, 이렇게 사회적 경제가 먼저 지역 안에서 함께 살아가는 주민

들에게 할 수 있는 일을 찾아 하는 게 중요한 것 같습니다.

〈마포 지역 코로나19와 사회적 경제 대담집〉 중에서

사회적 경제가 지역을 기반으로 관계 경제로 공동체를 구축하는 일이 사회적 방역과 사회적 면역력의 원천이 되고 위기의 시대에 사회적 경제가 맡아야 할 역할임을 밝히고 있다. 사회적 경제가 시대의 역할을 할 수 있는 구체적 방안을 찾으려면 시민들의 욕구 변화도 파악해야 한다.

대면과 비대면을 혼합한 블렌디드서비스

코로나19를 지나며 시민들은 노동과 일, 비대면과 대면, 안심과 안전, 생태와 가성비, 자아와 공동체 등 다섯 가지의 복합적인 욕구 경향을 보여주고 있다.

인공지능과 IoT'Internet of Things, 사물인터넷 기술에 의한 사람 없는 생산과 판매라는 노동의 변화와 함께 생명 전환의 관점에서 노동을 바라본다면 노동은 개인의 정체성과 생활, 가족과 분리된 경제활동이다. 그래서 시장에서 노동력을 팔고 임금을 받아 생활한다. 이렇게 노동은 자본주의가 돌아가는 원리가 된다. 전환은 코로나19 팬데믹과 같은 위기를 만들어내는 자본주의와는 다른 시스템을 구성하는 일이다. 노동은 이제 자신의 정체성 및 생활과 분리되지 않은 일이 되어야 한다. 코로나19 팬데믹으로 우리는 노동과 분리된 자신을 잠시나마 경험해 보았다. 이 시간 동안 자신을 경험한 사람들은 이제 자신과 분리된 노동보다는 자신의 일을 찾고 싶은 욕망이 커질 수밖에 없다. 사실 이러한 흐름은 몇 년 전부터 꾸준히 이어지고 있다. 자신을 이루는 일의 시대에 사회적 경제의 해고 없는 직장은 대응이 될 수 있지만 새로운 사회에 맞는 방안은 될 수 없다. 사회적 경제는 사람들이 자존감을 갖고 일할 수 있게 해 주어야 한다.

비대면 서비스가 여행, 공연, 컨퍼런스, 돌봄, 체험 교육 등 비대면이 낯선 곳까지 적용되면서 일상화되고 있다. 어느새 사람들은 시간과 공간에 제한 받지 않으면서 위계질서에서 오는 불공정함과 피로감에서 벗어날 수 있는 비대면 서비스의 편리함에 익숙해지고 있다. 인간적이지 않다는 말로 비대면 서비스를 거스를 수 있을까? 그렇다면 지금까지 사회는 충분히 인간적이었을까? 기술이나 상황이 사람들의 인간애에 영향을 주는 것은 분명하지만 오랜 인간애의 욕구는 사회관계 속에서 비대면 생활과 상호작용할 수밖에 없다. 대면과 비대면을 혼합한 블렌디드서비스 Blended Service가 일반화되고 있다.

안전은 물리적이고 가시적이지만 안심은 마음의 영역에 가깝다. 물론 안전과 안심은 연결되어 있다. 구분하자면 안전은 엄격한 관리 시스템을 통해 확보되는 데 비해 안심은 관계를 통해서 확보된다. 그래서 글로벌화된 규모의 시장에서 안심할 수 있는 관계가 있기는 어렵다. 안심할 수 없을 때 사람들은 시장에서 판매되는 안전에 더 매달리게 된다. 관계시장과 지역공동체를 회복해야 사람들은 안심할 수 있다. 코로나19 팬데믹으로 앞으로 불특정 다수가 참석하는 집행 행사가 개최되기 어렵지만 안심할 수 있는 사람들과의 커뮤니티는 더욱 활성화될 수 있고 지인과 취향의 작은 모임들이 다시 만들어지고 있다.

채굴 자본주의로 인하여 일어난 생태계 혼란과 기후변화가 야기한 생태계의 역습은 코로나19로 끝나지 않고 앞으로 계속될 위기라는 것이 공통의 인식이다. 그래서 본능적으로 자신의 생활을 돌아보고 바꿔 가려는 의지가 나타나기 시작했다. 생태적인 생활을 찾아가려고 한다. 지금 이렇게 발생된 욕구를 해소할 수 있게 해 주어야 한다. 소비도, 생활도 이전의 습관으로 돌아가려는 회귀본능이 있기 때문에 해소되지 않으면 다시 이전의 습관화된 소비와 생활로 돌아갈 수 있다. 어려운 경제를 이유로 더욱 가성비*에 끌릴 수도 있다. 생태적인 소비는 감소와 축소의 비소비도 함께한다. 적당한 생산과 소비가 필요하다.

취향은 몇 해 전부터 가장 중요한 사회 경향 중 하나였다. 자신을 중심으로 N개의 세상을 구성하는 모습은 온전한 삶을 살아가는 길이었다. 획일화되고 물질화된 삶에 지친 사람들이 다시 자신을 찾고 있다. 시장에서 자신을 찾을 수 있는 경험을 제안해 주어야 한다. 자신의 정체성으로 사회와 연결될 수 있게 해 주어야 한다. 자아소비**와 연결의 플랫폼이다. 시장에서는

---

* 가성비: 가격 대비 성능의 비율이라는 말로 품질의 차이가 없는 시장에서 가장 낮은 가격의 제품을 구매하려는 경향을 말한다.
** 자아소비: 필립 코틀러의 『마켓3.0』에서 의미를 중요시하는 소비 경향에서 발전된 내용으로 자신의 정체성을 표현하는 시장에서의 소비 방식이다.

플랫폼 독점 문제가 심각하게 제기되고 있지만, 플랫폼은 개인조직과 개인조직의 수요와 공급이 만나는 중요한 시장이 된다. 플랫폼은 기업에 의해 독점되고 관리되는 문제를 넘어 N개의 개인과 N개의 조직이 수평적으로 연결된 열린 공간으로 끊임없이 모이고 모으며 새로움을 발명하고 연결하는 역할을 한다.

다섯 가지의 복합적 욕구 경향을 사회적 경제는 어떻게 시장에서 제안할 수 있을까? 분명 사회적 경제의 제안은 사회적 경제가 지향하는 가치에 의해 코로나19를 불러온 자본주의 경제의 제안과는 달라야 한다.

이것이 사회적 경제가 완성해가야 할 뉴노멀 시장이다.

전환의 시대에 새삼스럽게 사회적 경제가 중요한 역할을 맡게 되었다.

세상은 변할 수 있을까

신 태 섭

나는 전문적으로 글을 생산하는 사람이 아니며, 노동자를 대표하는 사람도 아니며, 단지 오랫동안 자동차 생산 공장에서 일하는 노동자로서 이런 생각을 하고 있었다는 점을 글로 옮기는 것으로 만족하려고 하니 부족한 점은 가려서 읽어 주었으면 한다는 점을 미리 밝혀 둔다.

코로나19의 발생 자체를 들여다보면 현재 인류가 안고 있는 모순된 상황을 모두 함축하고 있다고 해도 과언이 아니다.

빈곤의 탈출이 지상 과제였던 상황에서는 타인과 타국에 대한 수탈과 지구 자연에 대한 무제한의 약탈이나 인권과 환경의 문제는 부차적인 것으로 치부되어 왔다. 특히 자본주의가 지구의 보편적인 경제생활의 원리로 자리를 잡은 이후로는 절제와 검소라는 윤리는 완전히 시대착오적인 것으로 전락하고 말았다. 인간성의 회복이나 자연생태계의 복원이 얼마나 소중한가 하는 생각은 현실에서는 부차적인 것으로 치부되고 마음 한구석에 남아 있는 양심 정도, 혹은 진보를 외치는 녹색당의 정치적 지위처럼 현실 저편에 찌그러져 있는 상황이다. 혹자는 코로나19 이후로 세상은 변할 것이라는 낙관론을 펴고 있지만, 나는 그렇게 호락호락한 상황이 아니라는 점을 심각하게 느끼며 이 글을 쓰고 있다.

희망과 절망의 경계에 서다

자본주의가 급속도로 확대되면서 생산과 소비는 글로벌 네트워크 속에서 이뤄지게 되었다. 이제는 '글로벌 밸류체인'이라는 용어도 라디오 시사 프로그램에서 하도 들어서 익숙해졌다. 내가 일하고 있는 자동차 공장이야말로 글로벌 가치사슬에 가장 적나라하게 연결된 고리의 하나라는 점은 분명하다.

석유 자원으로 대표되는 에너지와 원료는 특정 지역에서 생산되며, 지구의 공장이라고 불리는 중국 등 생산기지를 담당하고 있는 국가들과 미국과 유럽으로 대표되는 선진국들은 소비의 절대다수를 누리는 구조가 된 지도 오래되었다. 이러한 구조에서 소외된 지역인 아프리카와 남미 지역의 정치·경제적 상황은 거론할 필요도 없이 끔찍한 고통의 연속이라고 할 수 있다. 코로나19 사태에서도 가진 자와 못 가진 자, 선진국과 후진국의 격차가 더 크게 드러나고 있다.

코로나19는 언뜻 모든 인류에게 무차별적으로 퍼져 평등하게 고통을 안겨 줄 것으로 여겨졌지만, 국가별 대처 능력에 따라, 개인들의 소득 수준과 문화의 차이에 따라 판이한 결과를 안겨 주고 있음이 드러나고 있다.

인도에서는 경찰이 몽둥이로 때리고, 프랑스에서는 젊은이들이 축제를 벌이고, 미국에서는 총을 매고 나와서 시위를 하는 등 각 나라와 사회마다 다양하게 행동하는 모습이 정말로 희극적이라는 생각이 든다. 이것이 민도의 차이가 아닐까 생각해 보았다. 일본의 아소 다로 부총리가 "일본 국민의 민도가 높아서 당신 나라보다 코로나19 사망자가 적다."라고 말해서 이 말의 본래 의미가 좀 우스워졌지만, 국민들의 정치의식과 시민의식의 수준이 그 나라의 대응을 결정짓는 것은 분명하다.

매스컴에서는 단지 국가별 코로나19의 확진자 수와 사망자 수를 날마다 발표하고 그 순위를 놓고 경쟁하듯이 보도하고 있다. 그러나 어느 보고에 의하면, 건강보험을 갖고 있지 않은 빈곤층과 부랑자, 인종적인 소수자들이나 유민들의 경우는 통계에서 빠지며 그렇게 사라지고 있다고 한다. 어찌보면 잔혹하게도 코로나19는 우생학적인 선택적 살인의 도구로 사용되고 있는 것 같다.

코로나19 사태로 인해 미국과 중국 사이에는 이미 그 전부터 만들어지던 적대적인 대결의 마당이 드넓게 펼쳐지고, 미국 내에서는 인종차별과 민주주의의 문제들이 본격적으로 분출되는 중이다. 앞으로 어떻게 진행될지는 예단할 수 없는 상황이지만, 거대한 자본주의의 종주국인 미국의 규모에 걸맞은 상당한 규모의 민중 의지가 결집되어야 실효성 있는 변화가 있을 것이다. 트럼프 미국 대통령의 헛발질과 주정부, 상하원 의원들의 정치 무능력이 맞물려 대혼란이 야기될 수 있어서 앞으로 코로나19 이후의 위기가 어떻게 번져 나갈지 예측하기 어렵다.

코로나19가 다양하게 인류의 문명에 보내 준 충격은 코로나19라는 바이러스의 문제가 아니다. 바이러스 자체는 아무런 죄가 없고, 자연 그대로의 것으로서 본연의 특성을 가졌을 뿐이지만, 인간을 매개로 번지는 순간 현대인류에게 커다란 위협이 되고 현대 문명 시스템의 모순을 적나라하게 드러냈다는 것은 분명해 보인다.

그래도 생산은 멈추지 않았다

노동은 재화를 생산하여 인간이 경제생활을 누릴 수 있도록 하는 목적을 갖는 운동이다. 21세기의 노동은 대부분 또는 중요한 부분은 글로벌 네트워크 속에서 이뤄지고 있다. 나는 생산직 노동자로서 오랫동안 생활하여 생산과 노동을 구분하기 어렵다. 혼용하여 사용하는 점도 없지 않을 것이다.

경기도 화성시에 있는 화성 공장에는 200만 평의 대지 위에 완성차 라인 시간당 44대 생산 3개와 연간 100만 대를 생산하는 엔진 공장이 있다. 2만 명에 가까운 노동자들이 주야로 생산을 하고 있다. 이곳의 퇴근장에는 강남 버스 터미널보다 더 많은 관광버스가 일시에 인근 지역으로 출퇴근시킬 준비를 하고 있다. 그보다 더 많은 협력 업체가 수도권, 충청권에서 1차 2차 부품을 생산하여 물류망을 통해 공장에 납품하고 있다.

그런데도 6월 1일 현재까지 코로나19 확진자가 발생하지 않은 신기록을 세우고 있다. 같은 회사 소하리, 광주 공장의 경우는 수출과 부품 수급 등으로 인해 간헐적으로 유급 휴무가 진행되고 있으나 최근 신차 출시의 반응이 좋아서인지 화성 공장의 3개 완성차 라인은 휴무하지 않고 계속해서 생산 물량을 내놓고 있다.

모두가 알다시피 자동차 공장은 어느 생산 현장보다 일관 생산 체계가 잘

짜여진 공장이다. 앞서 잠깐 언급한 수많은 협력 업체와 그 속에서 종사하는 수십만의 노동자들까지도 이미 IMF 구조조정 이후에 완비된 전사적자원관리ERP, Enterprise Resource Planning 속에서 정확히 통제되고 있고, 완성차 라인의 경우는 헨리 포드가 1910년경에 창안한 컨베이어시스템에 의해 대량생산체제가 거의 그대로 유지되고 있다.

생산 현장에서 단순화·표준화가 너무나 가혹하게 진행되었다. 일본의 저널리스트가 도요타 공장에 투신하여 낸 책의 이름이 '절망공장'이었다는 점이 이를 상징적으로 보여준다. 도요타가 '마른 수건도 쥐어짠다.'라는 카이젠개선 슬로건으로 세계 자동차 시장을 제패했던 것도 꽤 오래된 얘기인데 기억을 상기해 볼 필요가 있다.

한국의 자동차산업은 1987년 이후로 노동조합의 태동기를 거쳐 1990년대 중후반의 현장투쟁기를 거쳐 2000년대 구조조정기를 거쳐 왔다. 기아와 현대그룹으로의 합병 이후 유사 차종의 플랫폼 통합, 디젤, 가솔린 엔진의 공유 및 연구소 통합 등으로 시너지 효과를 극대화하며 글로벌 5대 생산 기업으로 재편된 것도 벌써 십여 년 전의 이야기이다. 반면 대우자동차와 쌍용자동차의 경우는 지속적인 경영 불안정으로 노동자의 삶이 파편화되고 말았다. 쌍용자동차 공장노동자들의 점거 투쟁과 대우 군산 공장의 폐업 등 극단적인 모습도 어느덧 우리 일상의 한 부분이 되어 있다.

국내 공장 생산의 70%가 이상이 해외로 수출되는 물량이고, 북미·유럽·중국·인도·러시아 등 주요 소비 지역에는 해외 생산기지가 존재하여 국내 생산보다 더 많은 물량을 현지에서 생산하여 판매하고 있다. 점증하는 보호

무역과 관련된 정치적 이슈가 제기될 때마다, 현지 생산을 늘리는 것은 불가피한 측면이 있다. 코로나19 이후로 어느 정도 리쇼어링Reshoring, 국내로의 공장 회귀이 어느 정도 필요한 상황이 되었다. 다만 한국에서 리쇼어링을 적극적으로 얘기한다는 것은 이미 세계 생산에서 차지하는 규모로 볼 때 정치적인 수사에 불과하고, 식량주권의 경우처럼 국민 생활에 필수적인 부분에 대해서 자급할 수 있는 조건을 갖추는 것은 어느 나라든 필요한 일이다.

금융이 세계화되어 초 단위로 수조 달러가 이동하는 시대에 시장의 동력을 뛰어넘는 국가의 통제는 거의 불가능하다. 마찬가지로 주요 생산 품목에 대한 글로벌 체제는 코로나19가 만들어낸 파괴력 정도로는 쉽게 무너지지 않을 것이다.

글로벌 밸류체인 대체할 수 있는가

지금까지 얘기한 것으로 자동차를 만들고 유통하고 소비하는 시스템의 윤곽이 대충 잡힐 것이다. 비단 자동차뿐 아니라 산업 생산품 대부분이 나름의 전 세계적인 생태계를 형성하면서 유지되고 있다. 초반에 말했듯이 인간은 먹고사는 문제 해결을 위해 자연과 끊임없이 투쟁해 왔고, 상당히 오랜 기간 그 투쟁의 본능을 세어할 자각을 갖기는 어려울 것으로 생각한다.

따라서 현 상태를 유지하기 위한 모든 정치·경제·사회 시스템은 자동으로 코로나19에 대한 미시적인 처방인 치료제와 백신의 문제로 국한해서 바라보며 일단 정리를 하려고 몰두할 것이다.

이러한 위기 극복의 노력은 공식적인 것이며, 대담하게 돈을 풀어서 진행되고 있다. 한국 정부에서 3차 추경을 편성하여 약 35조 원의 예산을 풀지만, 대부분 그린 뉴딜, 디지털 뉴딜이라는 표현을 쓰면서 과거 정부의 녹색 성장, 창조경제 때 써먹은 내용을 표지 갈이를 해서 내놓고 있다. 사실 별로 변한 게 없다.

이러한 정부의 정책이 성공적으로 실행된다면 꽤 괜찮은 결과가 나올 수 있다. 비단 미국 루스벨트 시대의 뉴딜만이 아니라, 2008년 미국 서브프라임 모기지 사태 이후 금융대란을 정리하며 FRB^{Federal Reserve Board of Governors,} 연방준비제도이사회가 발행한 막대한 달러를 미국의 셰일오일에 투자하여 미국을 원유 순수입국에서 세계 1위의 원유 생산국으로 바꿔 낸 사례도 있다. 정부의 정책적인 방향 설정이 상당한 결과의 차이를 낼 수 있음을 보여준 사례라고 할 수 있다.

전기차라는 대안

자동차산업이 때마침, 내연기관의 퇴장 예정과 전동화^{전기차}라는 내적인 변화의 시기와 맞물려 있다. 내연기관의 핵심은 한마디로 말해 엔진과 변속기다. 19세기와 20세기를 풍미하던 동력기관이며, 자동차뿐만이 아니라 항공기 선박 등에서 핵심 동력 그 자체이다. 이것은 한 기계 장치의 엔진이라

내연기관은 20세기 근대 산업문명을 성장시켜 온 동력원이었지만
이제는 전기차를 중심으로 관련 산업이 재편될 상황이다.

기보다, 20세기 근대 산업문명을 성장시켜 온 동력원인 셈이다.

그런데 이것이 전기차로 바뀔 예정이라는 것이다. 전기차는 기존의 자동차보다 냉장고에 더 가깝다고 말한다. 부품의 소요가 획기적으로 줄어들고 전장부품電裝部品*들로 대체된다. 완성차만이 아니라 관련 기계와 부품 산업이 완전히 재편될 상황이다. 전기모터가 엔진보다 힘이 없다는 것은 옛말이다. 시속 100킬로미터까지 도달하는 시간을 말하는 제로백zero 百이 3초 정도로 슈퍼카와 비슷하거나 더 우수하다. 최근에는 픽업트럭에도 EVelectric vehicle, 전기자동차가 출시될 예정이다.

전기차로 전환되면서 발생하게 될 노동과 산업 문제는 잠시 접어 두고,

---

* 자동차에 쓰이는 전기 장치 · 시스템 따위를 설계 · 제작하여 만든 부품.

친환경일 것이라고 막연히 생각하는 문제를 보자. 아직은 '탄소발자국'이라는 측면에서 전기차는 친환경차가 아니라고 한다. 그렇지만 기술적인 문제는 점차 해결될 것이라고 기대한다. 탄소발자국이라는 것은 제품의 생산과 소비 과정 그리고 폐기까지 일련의 총체적인 과정 속에서 발생하는 탄소의 양을 측정하는 것이다. 전기차의 경우 전기를 생산하는 과정과 배터리 등 전장부품을 생산하는 데 많은 탄소발자국이 집중되고 소비 과정에서는 거의 탄소를 배출하지 않는다. 현대 사회의 모습이 도시를 중심으로 밀집되어 있으니 전기차를 사용하면 도시의 공해 문제를 탈피할 수 있는 수단이 될 것이다. 그러나 이것도 또한 선택적이라는 점은 분명하다.

주요 선진국의 경우 전기차와 관련된 인프라를 구축할 수 있는 자본이 있고 소비할 수 있는 계층이 존재하고, 생산은 어디서 하든 신경 쓸 필요가 없다. 후진국의 경우에는 꿈도 못 꿀 일이다. 2020년 1월 24일 기아차가 발표한 중장기 미래 전략인 플랜S에서는 2025년까지 전기차 생산을 대폭적으로 확대하면서도 내연기관 자동차도 더 많이 생산해서 팔 것을 계획하고 있다. 아프리카, 중동, 남미 등에서는 내연기관 자동차 수요가 끊길 일이 없다. 친환경 소비가 '노블레스 오블리주'적인 소비는 아닌지 생각해 볼 일이다.

팬데믹은 패닉으로 ─ 다시 원점으로

앞서 말했던 정부가 디지털 뉴딜, 그린 뉴딜 등에 돈을 쓰면서 자본의 확대재생산으로 방향을 설정해 정부의 재정투자와 자본의 투자가 선순환으로 귀결된다고 하더라도 문제는 아무것도 해결되지 않는다는 점을 얘기하고 싶다.

과학과 기술의 발달이 더 좋은 발명품을 내놓고 인류에게 희망이 될 것이라는 말을 나는 철저하게 부정한다. 지금도 충분히 풍요롭고 평화롭게 나눌 수 있지만, 그렇게 하지 못하는 것을 개탄한다. 세상은 약자에게 모질고, 그들의 것을 거리낌 없이 빼앗는 것이 다반사임을 부인할 수 없다. 그러므로 그 대책으로 '착하게 살자'라고 말하지 않는 것이다.

위기를 기회로 여기는 사람들이 많다. 청년들까지 값이 떨어진 주식을 사겠다고 가세한 '동학개미'의 이야기만이 아니다. 반복되는 경제위기의 양상을 경험했던 사람들은 잘 알고 있다. 위기는 기회라고. 정부 정책도 그린 뉴딜, 디지털 뉴딜을 외치며, 35조 규모의 3차 추경에 이어 추가적인제4차 추경까지 고려하고 있다. 과거의 토건식 뉴딜과의 차별화를 얘기하며, 경제 활황을 꿈꾸며 투자를 하고 있다. 국가 차원에서 코로나19 이후의 대박을 꿈꾸면서 말이다.

이런 식으로 대박을 꿈꾸는 사람들이 다수인 사회는 아직 미성숙된 사회이다. 다른 세상으로 넘어가는 단계에 못 미치는 상태라는 것이다. 언젠가는 원점으로 돌아가겠지만, 바이오산업으로, 디지털 세상으로, 제4차 산업으로 변화된 것 자체가 아니라 변화된 세상의 문제가 더 심각해지는 세상이 올 것이지만, '변하지 하지 않으면 안 될 것이라는 확신'은 커질 수 있다.

경제 민주화와 노동자의 권리

촛불혁명 시기에 시민들은 주권 의식을 얘기했다. "이게 나라냐?"라는 분노에서 출발하여 "대한민국은 민주공화국이다."라는 헌법적 가치를 들고 일어났고, 최종적으로 "우리가 대한민국이다."라는 점을 두 번의 선거 속에서 실천하고 실현하였다.

우리가 자각해야 할 다음 과제는 경제민주화 속에 있다. 현재 경제활동의 3대 주체 중에서 가장 중요한 주체는 기업이다. 정부와 가계는 부차화되어 있다. 현대의 기업은 주식회사이다. 기업의 주인은 주주라고 되어 있지만, 먼저 찜한 놈이 임자로 되어 있다. 현행법상 재벌의 승계는 적법한 방식으로는 가능하지 않다. 기업은 이미 사회적 기업으로서, 사회적으로 노동하고, 사회가 소유하고 있는데, 먼저 찜한 놈인 재벌 총수들이 손아귀에 꼭 쥐고 안 놓는 것이다. 엘리엇 펀드 등 외국의 자본은 한국 재벌의 취약성을 공략하여 과도한 배당금을 챙기거나 M&A 후 먹튀를 자행하는 등 국부 유출을 자행하고 있다. 독일 같은 경우는 노사공동결정제도 속에서 노동 이사가 반을 차지하면서 견실한 우량기업으로 거듭나고 있다. 정치, 언론, 학자들은 무얼 하고 있는 것인가? 사회적 기업은 사회적 소유로 전환해야 하며 그것이 경제민주화인 것이다.

인프라를 구축해 주는 정부, 소비해 주는 소비자, 노동하는 노동자, 경영하는 경영자_{노동자이지만 아직은 끼워 주자}, 투자한 자본가, 이들이 원탁에서 함께 논의할 날은 분명히 올 것이다. 물론 지금 생각하는 구도가 아닐지라도 이해

관계자를 모두 소집해서 깨끗하게 정산할 날은 필요할 것이다. 이 원탁회의는 5G 화상회의일지라도 마음만은 신성한 고대 추장 회의 같지 않을까?

코로나19의 경제 대책은 겉으로는 복지와 분배 또는 고용 문제에 집중하고, 대중의 관심에서 멀어진 곳에서는 기업의 이윤 획득을 위해 집중하고 있다. 인프라 구축과 관련된 문제는 그렇다고 해도 노동과 관련된 법률 개정까지도 자본 위주로 진행되고 있고, 주목받지 못하고 있다. 노동 문제는 단순히 보호의 문제가 아니라 권리의 문제이다. 노동조합의 권리가 보장되는 것은 시민사회에서 가장 중요한 문제이고, 이제 더 나아가 노동자의 경영 참가 문제도 제기할 때가 되었다. 노동법원, 노동이사제, 노사공동결정제도 등과 같은 노동의 권리에 대해 철저하게 무지한 시민으로 남아 있는 한 경제민주화는 불가능하다. 시민의 노동에 대한 주권자 의식이 절실한 때이다.

노동하는 사람이 불행할 때 사회가 불행하고, 노동하는 사람이 기업의 주인이 될 때 시민이 사회의 주인이 될 수 있다. 그럴 때라야만이 약탈적인 사회가 멈출 수 있고, 인류가 지구에서 생존할 수 있다.

거대 담론이 쉽게 사그라들 것이라는 비관론으로 시작해서 나름의 희망을 쓰고 말았다. 또한 물질에 대한 탐욕이 그치지 않으리라는 것을 말하면서도 통제하는 방법을 찾으려고 애썼다. 사람은 끊임없이 노력하고 도전하는 존재다. 모든 것은 사람에게 달렸다.

생명정치학의 권위 있는 철학자 아감벤이 인류에게 질문을 던지고 있는
코로나19의 특이성을 제대로 사유하지 못하고 있는 것은 고대부터 현대까지
인간의 범주에 한정되어 온 서구적 생명 개념의 한계를 드러낸다. 더욱
정확하게 생명-정치의 문제를 사유하기 위해서, 우리는 동학의 사유와 같이
비인간과 인간 사이의 역동적인 상호작용에 토대를 둔 생명 개념을 모색할
필요가 있다.

제3부

생명의 회복

우리의 질병

성민교

비위: 타자를 받아들이는 몸의 역량

우리는 역겨운 것을 보면 비위가 상한다고 말한다. 비위가 무엇이기에 역겨움과 관련될까? 비위란 비장^{지라}과 위를 일컫는 한의학 용어에서 온 말로 일상 속에 자리잡았다. 한의서에서 위는 음식물을 받아들여 소화를 시키는 곳이고, 비장脾胃은 위가 음식물을 받아들이도록 도와 소화를 주관하는 곳으로 설명된다. 이때의 비장이 혈액에서 수명이 다한 혈구와 세균을 제거하는 순환과 면역 관련 기관인 비장^{spleen}이냐, 소화효소와 호르몬을 분비하는 췌장^{pancreas}이냐에 대해서는 논란이 많지만 이 글에서는 중요치 않다. 그것이 동물적 신체의 내장이며 소화를 담당하는 내장으로 여겨져 왔다는 점만이 중요하다. 비장이 무엇인지는 정확히 알지 못해도 이런 점에서 우리는 비위의 의미를 잘 알고 있다. 비위는 외부에서 몸속으로 들어온 음식물을 받아들이는 소화기관처럼, 무언가를 받아들일 수 있는 역량을 의미한다. 영어문화권에서 stomach^위 역시 무언가를 견뎌 낼 수 있는지 없는지, 무언가를 봐도 속이 뒤틀리는지 아닌지를 나타낼 때 비위와 유사하게 쓰인다. 이렇듯 우리가 외부의 무언가, 즉 타자를 받아들이는 것은 몸과 밀접한 관련이 있어 보인다. 역겨운 것, 더럽고 비위생적인 것, 혐오스러운 것을 보면 비위가 상하고 구역질이 나며 몸이 먼저 반응한다. 그런데 혹시 상한 비위가 역겨움을 만들어내는 것은 아닐까? 우리의 비위가 이미 병들어 있는 것이 아닐까?

위생과 도덕의 만남: 혐오의 형성

비위는 나의 위생관이 허용하는 문턱, 말하자면 위생의 역치閾値, threshold value라고 할 수 있다. 역치란 어떤 반응을 일으킬 수 있는 최소한의 자극의 세기를 나타내는 수치이다. 우리는, 그리고 우리 몸을 이루는 세포들은 역치 미만의 자극에 대해서는 반응하지 않고 역치 이상의 자극에 대해서 비로소 반응하기 시작한다. 예를 들어 어떤 냄새가 나는 물질의 농도가 특정 농도 미만일 경우 우리는 그 냄새를 맡지 못하는데, 이는 우리 후각의 역치 미만인 자극이기 때문이라 할 수 있다. '우리'라고 표현하긴 했지만 역치는 개별적인 몸마다 다르다. 강아지와 인간의 역치가 다르고, 당신과 나의 역치가 다르다. 인간이 못 맡는 냄새를 강아지는 맡으며 내가 못 맡는 냄새를 당신이 맡기도 한다. 영화 〈기생충〉2019에서 동익은 기택이 숨어 있는 테이블 옆 소파 위에서 '선을 넘는' 기택의 냄새를 말하고 기택은 자신의 옷을 들어 냄새를 맡아 본다. 기택의 냄새는 동익의 비위의 역치를 넘는 불쾌한 냄새이다. 그러나 동익은 온 집안을 뒤덮었을 기택과 가족들의 냄새를 알아차리지도 못한 채 그 위에서 연교와 애무를 나눈다. 이는 역치를 구성하는 데 있어 심리적 조건이 매우 강력하다는 것을 보여준다. 내가 사는 이 깨끗하고 풍요로운 집에서는 하층계급의 역겨운 냄새가 날 리 없다는 심리적이고 도덕적인 믿음이 냄새의 감각을 무시하게 한 것이다. 이렇듯 위생은, 권력의 문제까지도 포함한다. 기택의 위생과 동익의 위생의 차이는 권력으로부터 오고, 권력은 각자의 냄새를 풍긴다.

깨끗함과 더러움, 위생과 비위생을 가르는 데 몸이 먼저 반응한다고 할 때 이 '몸이 먼저'라는 말은 많은 맥락적 의미를 담고 있다. '역겨움'이라는 우리의 감각은 원초적이다. 원시시대부터 부패한 음식물이나 대소변 같은 오염원의 냄새에 대한 생리적 반응으로서의 역겨움과 혐오, 회피는 질병의 위험에서 몸을 보호하고 살아남기 위해 필요한 감각적 반응이었다. 그러나 어린아이들은 똥 이야기를 가장 좋아하지 않든가? 영유아가 대변에 대해 가치판단이 없어 보이는 것은 영유아 역시 대변의 고약한 냄새에 대해 얼굴을 찡그리는 등 불쾌한 자극으로 느끼지만, 호기심이라는 다른 기제가 더 강력하기에 그 역겨움을 이기고 대변에 매력을 느낄 수 있기 때문이다. 즉 어린아이는 대변에 대해 생리적인 쾌·불쾌 기제에 따라 역겨움을 느끼긴 하지만 어른이 대변에 대해 느끼는 그것보다 훨씬 강도가 적다. 나이가 들수록 역겨움이 강해지는 것—그리고 호기심이 약해지는 것—은 학습의 효과이다. 학습과정에서 대변의 불쾌한 냄새는 양육자의 찡그린 표정과 "에잇, 지지, 더러운 거야. 만지면 안 돼."라는 일상적 교육, 대소변 가리기 교육을 통해 점차 강력한 역겨움과 혐오의 감정으로 발전한다. 이처럼 역겨움은 원초적 감각일 뿐 아니라, 학습을 통해 강화되고 구성되는 사회적 감정이자 문화이다.

사회적인 도덕 관념은 내 몸의 쾌·불쾌, 즉 위생관에 영향을 미친다. 심

각하게 비도덕적이고 폭력적인 사안을 마주했을 때 속이 울렁거리고 구역
질이 나는 신체 반응이 있는 것은 이 때문이다. 우리는 정상적인 도덕을 벗
어나는 것에 역겨움을 느낀다. 이로써 우리는 법을 만들고 범죄자를 처벌하
여 사회를 안전하게 보호할 수 있다. 그러나 한 사회의 도덕은 언제나 '정상
적'인가? 도덕 관념에 의해 완전히 구성되는 상상적 역겨움이 있다. 특정 집
단, 특히나 약자와 소수자들에게 덧칠되는 비위생적 이미지와 질병의 이미
지가 그것으로부터 온다. 정상적인 사랑의 형태, 정상적인 가족의 형태, 정
상적인 주거의 형태, 정상적인 노동의 형태, 정상적인 옷의 형태, 정상적인
몸의 형태를 학습해 온 사람들은 그 규격을 벗어난 이들에게 더러움을 투사
하고 역겨움을 느끼며, 그 감정이 자연스러운 것이라고 믿는다. 그러나 이
는 혐오의 대상이 비위생적이고 자연적으로 역겹기 때문에 혐오하는 것이
기보다, 그들이 신봉하고 있는 정상 도덕을 벗어난 대상에 대한 도덕적 적
개심이 만들어낸 혐오다. 도덕에 의해 일반화되고 표준화된 위생관이 타자
에 대한 혐오의 원리가 되는 것이다. 타자를 배제하느냐 포함하느냐 하는
문제는 위생의 문제다. 그가 실제로 더러운지, 냄새가 나는지는 상관이 없
다. 나의 위생관은 사회적으로 설계되며, 실제로 그렇게 반응하게 되고, 내
몸의 반응을 믿으며 혐오를 정당화한다. 몸에서 그렇게 알레르기 반응이 나
기 때문에 어쩔 수 없다고, 역겨운 건 어쩔 수 없다고. 그러나 나의 혐오는
정말 나의 것인가? 나의 역겨움은 자연스러운 것이고 타자의 존재는 자연
을 거스르는 것인가?

우리의 질병: 타자에 대한 소화불량

코로나19보다 무서운 질병은 혐오일 수 있다. 앞서 비위는 타자를 받아들이는 몸의 역량, 즉 타자에 대한 소화 능력이라고 말했다. 그렇다면 혐오는 타자에 대한 소화불량이라는 질병이다. 혐오의 역치는 공감의 역치, 소화의 역치와 반비례한다. 혐오하는 자는 혐오의 대상을 꼭꼭 씹어 소화하고 해석할 수 없기에 혐오한다. 자신의 비위에 거슬리는 것을 이해하고 해석하려 하지 않고, 역겨움을 근거 삼아 경계선 밖으로 내팽개쳐 버리는 것이다. 영화 〈방랑자〉 1985는 논두렁에서 신분증도 없이 발견되어, 목격자들의 진술을 토대로 경찰에 의해 자연사로 결론지어지는 모나의 시체를 보여주면서 시작되고, 그가 죽기 직전 몇 주의 삶을 보여준다. 모나는 비서 일이 싫고 모여 사는 게 싫으며 길에서 마시는 와인이 좋아서 '지붕도 법도 없이' Sans Toit Ni Loi 떠돌아다니는, 길에서 사는 자이다. 모나를 만났던 이들은 자기 나름의 소화 능력대로 모나를 해석한다. 눈빛이 공허한 방랑자, 예쁘긴 했던 히치하이커 아가씨, 방갈로가 철거되는 줄도 모르고 천사처럼 자던 사람, 냄새나고 꾀죄죄한 더러운 여자, 자기가 가고 싶은 곳에 가는 자유로운 사람, 약쟁이, 캠핑객, 노숙자, 일하기 싫은 게으름뱅이, 도둑, 보기와 다르게 고등교육을 받고 영어를 할 줄 아는 아이, 완전한 자유를 택했지만 완벽하게 외로운 사람, 엉덩이가 죽여주는 여자, 남자에게 진정한 사랑을 받는 부러운 여자, 섹스만 밝히는 헤픈 여자, 애초에 존재하지 않는 것… 모나는 아무 흔적도 남기지 않고 자연사한 것으로 공식 처리됐다. 멋대로 떠돌아다니다가 돌부리에 걸려

넘어져 그대로 얼어 죽은 모나의 죽음은 자연사, 자연스러운 죽음일까?

그러나 그는 그를 만난 사람들에게 흔적을 남겼다. 사람들은 자신의 역치를 벗어난 모나에 대해 이해할 수 없고 이해하고 싶지도 않은 무언가로, 인간의 외부로 차치한다. 공동체의 범주에 정착할 수 없는, 우리의 건강한 경계를 침입해서는 안 되는, 그저 외부자이자 방랑자로. 그러나 그 존재를 알아 버린 이상 삶은 불편해진다. 계속해서 그의 더럽고 환한 얼굴이 떠오른다. 아무리 바깥으로 밀쳐내려 해도, 그 존재를 알기 이전으로 돌아갈 수는 없다. 그는 끊임없이 내 머릿속과 마음속을 침범하며 휘젓고 돌아다닌다. 방랑자로서의 삶의 방식 그대로. 우리는 스스로 소화할 수 없는 음식물을 그저 뱉어 버린다. 그리고 더러움을 없애려, 역겨움의 흔적을 지우려 입을 헹군다. 그러나 입속과 혀에 닿았던 그 맛과 냄새는 절대로 잊히지 않는다.

코로나19 확진자들을 방랑자라고 할 수 있을까? '개념' 없이 돌아다니다 병에 걸리고 사회에 병을 전파한 확진자들에 대한 '정당한' 비판으로 포장되는 혐오는 공동체의 소화 능력 바깥으로 내던져진 사람들을 숨게 만든다. 혐오의 폐해는 여기에 있는데, 혐오는 혐오당하는 자들뿐만 아니라 혐오하는 자들에게도 피해를 주며 공동체의 체중滯症을 나날이 악화시킨다. 혐오의 유일한 긍정성은 그것의 배설이 주는 비이성적 쾌락뿐이다. 뇌과학에서의 한 연구에 따르면 혐오를 느끼는 뇌의 부분이 강해지면 이성적 판단을 하는 부분인 전두엽은 활동성이 떨어진다고 한다. 혐오가 강해질수록, 우리의 합리성은 마비되는 것이다. 확진자의 직업, 거주지, 나이, 성별, 인종, 국적, 성적 지향, 종교 등의 정보에 대한 집착과 혐오는 공개 처형에 대한 두려움을 더욱 강하게 하고 방역 공동체 안으로 쉽게 들어오지 못하게 한다. '떳떳하면 뭐가 무섭냐', '그러게 떳떳하게 살아라'라는 식의 반응이 왜 우리 공동체를 코로나19의 위험에 더 취약하게 만드는지 이해할 수 있을 것이다. 타자는 본래적으로 내가 어떻게 할 수 없는 자이다. 그는 나의 어찌할 수 없는 무능력을 적나라하게 보여주기에 불편하다. 그러나 내 무능력을 투사한 혐오는 내 안을 맴도는 타자의 냄새가 진해질수록 나의 지성을 무력하게 하고, 견고한 듯 보이는 사회의 안전벽은 정상성의 경계 안팎을 방랑하는 유령들과 그 유령을 쫓는 비이성적 몸뚱이들로 인해 금이 가기 시작한다. 이 균열의 틈바구니로 온갖 바이러스들이 들락거린다.

생태적 위생: 우리의 몸은 무엇을 할 수 있는가?

따라서 위생은 내 몸 하나의 문제가 아니다. 나의 몸과 타자의 몸 사이, 나의 도덕과 타자의 도덕 사이, 나의 생명과 타자의 생명 사이의 관계와 해석의 역량 문제다. 전염병은 우리의 취약한 이 관계와 해석력을 공격한다. 인간이 관계 맺기 없이 살 수 있는 동물이었다면—그런 동물은 없다—전염병은 아무런 문제도 되지 않을 것이다. 이제 우리는 그동안 우리가 맺고 있던 관계들을 다시 생각해야 하고 새로운 관계 맺음을 통해 코로나19가 내뿜는 연기들을 해독해내야 한다.

우리는 그동안 내 몸을 깨끗하게 하기 위해 타자의 몸을 더럽히는 삶을 살아왔다. 야생에 대한 인간의 침입, 공장식으로 사육되고 도축되어 문앞까지 배송되는 고기들, 탄소와 폐기물을 내뿜는 각종 기계, 썩지 않고 타지도 않는 일회용품과 쓰레기, 머리카락부터 발톱까지 씻는 온갖 세제, 땀에 젖은 배송 기사들과 옴짝달싹하지 못하는 콜센터 직원들… 오늘날 우리가 맞닥뜨린 신종 코로나바이러스 감염증이라는 질병은 우리가 품거나 배제하고 있던 가치들의 비자연성과 비위생성을 낱낱이 보여준다. 전문가들은 전염병이 유행하는 주기가 점차 짧아지고, 피해 범위는 점점 넓어지고 있다고 지적한다. 이는 우리가 편리하게 누려 왔던 라이프스타일 덕분이다. 바이러스의 전염 속도와 범위는 인간과 상품의 이동 속도와 범위에 비례한다. 서식지를 빼앗긴 야생동물로부터 왔을 코로나19는 우리가 간편하고 빠르고 이기적으로 맺었던 값싼 관계를 타고 퍼져나갔다.

임시 휴업을 하게 된 인류로 인해 자연이 제 모습을 찾아가고 있다는 뉴스를 다들 보았을 것이다. 대기오염이 가장 심각한 인도에서 30년 만에 히말라야를 눈으로 볼 수 있게 됐고, 베네치아 운하가 맑아져 바닥에서 헤엄치는 물고기가 보이게 됐다. 행복한 일이다. 그러나 미국 해양대기청은 대기 중 이산화탄소 평균 농도 관측 결과 올해 5월이 인류 역사상 가장 높았다고 발표했다. 중국 북부의 이산화질소 배출량이 유례없이 줄었음에도 불구하고 초미세먼지 농도는 오히려 높아졌다는 연구도 있다. 우리가 지금껏 더럽혀 온 섯늘이 고작 몇 달 만에 깨끗해질 수는 없는 것이다. 이제 우리는 삶의 꼴生態 자체를 바꿔야 한다. 타자를 착취하지 않는 생산과 소비, 생명 간의 공존을 위해 진화하는 기술, 공동체의 소화 능력을 높이기 위해 대화하는 정치로 나아가야 한다. 이것이 바로 혐오의 위생에서 생태적 위생으로의 전환이다. 우리의 비위를 건강하게 하고 해석의 역량을 높이는 생명력 강화로서의 위생, 이는 결국 인간의 자기인식과 연결되어 있다. 인도의 물리학자이자 생태주의자인 반다나 시바는 소비자가 됨으로써 우리의 몸이 작아졌다고 말한다. 텃밭을 일굴 수 있고, 바느질을 할 수 있고, 집을 지을 수 있는 우리의 손은 상품을 주문하는 용도로만 사용된다. 몸의 역량이 축소될수록 세계를 소화하고 해석하는 우리의 비위 역시 왜소해진다.

우리는 늘 맡는 냄새와 늘 먹는 맛, 늘 보는 몸을 느끼며 살아가고 그것을 벗어난 대상에 대해 혐오를 느낀다. 사회적 도덕 관념에 따라 개인의 위생관은 일반화되고 감각은 획일화된다. 몸은 정직하다고들 하지만 사실 몸은 많은 비밀을 숨기고 있다. 내 몸이 온전히 나만의 것인 것 같고 가장 사적인 것 같지만, 나의 몸은 사회 안에서 구성되는 구조물이다. 내 몸의 반응이 과학적으로 관측될 수 있는 객관적이고 합리적인 실재 같지만, 그 관측된 반응이 발생하기 위해서는 주관적이고 사회적이며 정치적인 수많은 요소들이 개입한다. 그런데 몸은 이처럼 모든 구성의 결과이기도 하지만, 모든 생성의 원천이기도 하다. 내 몸을 구조가 생산하는 온갖 찌꺼기들을 처리하는 처리장으로 만들 것인가? 혹은 계속해서 시작되고 새로워지는 창조와 살림의 장으로 만들 것인가? 코로나N은 이 물음에 달할 수 있는 생명과 함께 진화할 것이다.

아감벤은 왜 생명을 잘못 보았나

홍승진

현실성 시험

코로나19를 '심판의 날'이라는 용어로 부를 수 있다면, '기존의 사유를' 심판할 수 있는 절호의 계기라는 의미로서 그 용어를 받아들이고 싶다. 조르조 아감벤, 장 뤽 낭시, 주디스 버틀러, 카트린 말라부, 브뤼노 라투르, 알랭 바디우, 슬라보예 지젝 등 한국에서도 관심을 받고 있는 서구 철학자들이 코로나19라는 문제에 뛰어들어 자신의 입장을 개진하였다.* 그러므로 코로나19는 철학이 구체적인 현실과 괴리되어 있지 않고 얼마나 잘 맞아떨어지는지를 검증할 수 있는 소중한 기회이기도 하다. 이들 가운데 아감벤은 자신이 그동안 전개해 온 철학의 핵심에 근거하여 팬데믹을 분석한 글로 주목을 끌었다. 이 글에서는 아감벤이 코로나19에 관하여 쓴 두 편의 텍스트 「유행병의 발명」과 「해명」을 중심으로 논의하고자 한다.

---

* 코로나19에 대한 서구 인문사회과학계의 논의들을 계속 업데이트하여 정리하고 있는 다음의 웹페이지에서 많은 도움을 받을 수 있다. ⟨https://progressivegeographies.com/resources/geographers-sociologists-philosophers-etc-on-covid-19/⟩. 이 웹페이지는 철학뿐만 아니라 지리학, 사회학 등의 학계에서 이루어진 코로나19 논의를 정리하고 있다.

아감벤이 스스로 발언하고자 나서지 않았더라도, 많은 이들이 그에게 현 상황에 대해 발언을 요청했을지 모른다. 그는 살아 있는 철학자 중에서 생명과 정치의 관계를 심도 깊게 천착해 온 자이기 때문이다. 문제는 팬데믹에 대한 그의 첫 번째 발언이 적지 않은 논란을 일으켰다는 점이다. 그는 코로나19가 "매년 일어나는 일반 독감과 크게 다르지 않다."고 주장하였다.* 이에 대해 철학자 장 뤽 낭시는 「바이러스성 예외」라는 반론을 통하여, '심장 이식을 받지 말라는 아감벤의 조언을 따랐다면 금방 죽고 말았을 것'이라며 아감벤의 흐릿한 판단력을 위트 있게 꼬집었다.** 그 밖에도 몇몇 서구 이론가들이 팬데믹의 특수성을 간과하는 아감벤의 논의를 비판하였다. 하지만 이 글의 목적은 그의 부족한 현실 감각이나 상식의 결핍을 비웃으려는 것이 아니다. 현 사태에 대한 아감벤의 성찰을 들여다봄으로써, 그의 철학에 담긴 서구적 사유의 한계, 특히 서구적 생명 개념의 한계를 더욱 근본적이고 또렷하게 짚어 낼 수 있다는 것이 이 글의 착안점이다. 아감벤의 생명정치학이 코로나19를 올바로 사유하지 못하고 있는 것은 그가 토대를 두

---

* Giorgio Agamben, "The Invention of an Epidemic," Published in Italian on Quodlibet, 2020, 2, 26, English translation available from the European Journal of Psychoanalysis, 〈http://www.journal-psychoanalysis.eu/coronavirus-and-philosophers/〉 이하 이 글을 인용할 때에는 별도의 각주 없이 괄호 안에 「유행병의 발명」이라는 글 제목만 표기함. 또한 이하 보는 한국어로의 번역은 인용자의 것.

** Jean-Luc Nancy, "Viral Exception," Published in Italian on "Antinomie," 2020. 2. 27, English translation available from the European Journal of Psychoanalysis, 〈http://www.journal-psychoanalysis.eu/coronavirus-and-philosophers/〉.

고 있는 서구적 생명 개념의 한계를 여실히 보여주는 것이 아닐까? 서구적 사유의 한계가 중국의 코로나19 발생을 야기한 것은 아니지만, 인류가 이와 같은 사건을 올바르게 이해하고 대처하며 예방하도록 도움을 줄 수 있는 사유가 무엇인지는 따져 보아야 하지 않을까?

"코로나19는 일반 독감과 크게 다르지 않다."

'예외 상태'state of exception와 '벌거벗은 삶/생명'bare life은 아감벤 철학의 두 가지 핵심 개념이다. 그는 이 개념들을 통해서 코로나19 사태를 분석한다. 두 개념 가운데 전자는 한국인이 역사적으로 쉽게 이해할 수 있는 것이다. 예컨대 군사독재정권의 긴급조치나 계엄령처럼, 국가가 비상사태를 선포하고 주권의 안전을 보장하기 위하여 헌법을 일시 정지시키고 인간의 기본권을 무제한으로 침해하는 것이 예외적으로 허용되는 상태를 예외 상태라 할 수 있다. 이는 나치 법학자 칼 슈미트의 정치신학에서 처음으로 제시되었으며 유대인 철학자 발터 벤야민이 재해석한 개념을 아감벤이 정교화한 것으로서, 국가의 필수 요소인 주권sovereignty을 설명하는 서구의 주요 이론 가운데 하나라고 할 수 있다.

후자는 미셸 푸코의 생명정치biopolitics 분석을 발전시킨 개념으로서, 예외 상태하에서 삶의 가능성과 잠재성을 박탈당한 채 오직 생물학적 사실로 환원될 뿐인 생명을 의미한다. '벌거벗은 삶/생명' 개념은 오늘날 유럽 언어

에서 단순히 'life'로만 일컬어지는 단어가 고대 그리스에서는 두 가지로 구
분되어 있었다는 아감벤의 통찰에 근거한다. 하나는 '삶의 특정한 양태', '삶
을 살아가는 방식 또는 형식', '자격 있는 삶'을 뜻하는 'bios'이며, 다른 하나
는 '생명의 생물학적 사실'만을 뜻하는 'zoê'이다. 현대에 와서 두 단어의 구
분이 사라졌다는 것은 현대 국가의 주권 권력이 인간의 'life'를 오직 생물학
적 차원^{zoê}으로만 취급하고 있으며, '살아가는 방법'과 같은 삶의 질적 측면
bios을 도외시하고 있음을 보여준다는 것이 아감벤의 주장이다. 나치의 홀
로코스트나 미국의 관타나모 수용소에 수감된 사람들은 벌거벗은 삶/생명
을 대표하는 사례다. 예외 상태가 서구 정치철학의 핵심을 건드리고 있다
면, 벌거벗은 삶/생명은 고대 그리스로부터 현대에까지 걸친 서구적 생명
개념의 계보를 압축하고 있는 것이다. 이처럼 코로나19에 대한 아감벤의 논
의는 아감벤 철학의 근본 주제를 담고 있을 뿐만 아니라, 생명에 대한 서구
적 사유의 근본 특성을 보여주기도 한다.

아감벤은 예년의 일반 독감과 다르지 않은 코로나19를 통해서 국가가
예외 상태를 작동시키고 있다고 보았다. 국가가 사람들의 공포를 이용하
여 초헌법적 권력을 작동시키고 있다는 것이다「유행병의 발명」. 그의 분석에
따르면 국가는 문화 활동, 종교 활동, 정치 활동, 교육 활동 등과 같은 인간
의 기본권을 제한하고 자신의 지배 권력을 강화하는 예외 상태의 일종으
로서 이번 팬데믹 사태를 악용하고 있다. 이는 혼란스러운 사태 속에서도
국가권력에 대한 비판의 시각을 환기시켜 준다는 점에서 의의가 있다고
볼 수 있다.

그러나 그의 주장이 논란을 일으키자, 아감벤은 「해명」이라는 글을 통하여 독감과 코로나19가 다르지 않다는 자신의 발언을 해명하고자 하였다. 자신이 문제 삼고자 하는 점은 질병의 중대성 자체가 아니라 그 질병의 윤리적·정치적 결과라는 것이다.* 그 자신이 정치철학자이기 때문에 질병 자체보다는 질병이 불러온 정치적 영향을 더 중요시한다는 점은 어느 정도 수긍이 간다. 이러한 해명 뒤에 아감벤은 질병의 윤리적·정치적 결과를 크게 두 가지로 설명하였다. 첫 번째 결과는 "우리 사회가 벌거벗은 삶/생명 이외에는 더 이상 아무것도 신뢰하지 않게 되었다."는 점이다. 오늘날의 사회가 '생존 이외에는 아무런 가치도 남아 있지 않은 사회'라는 것을 코로나19 사태 속에서 목격할 수 있다는 것이다. 두 번째는 국가가 예외 상태를 상례화하고 있다는 점이다. 그에 따르면, "사실상 우리는 이른바 '안정이라는 대의'를 위하여 자유를 희생시키고, 결과적으로는 영속적인 공포와 불안정의 상태 속에서 살아가도록 만드는 사회 속에서 살고 있다."고 한다「해명」.

국가권력의 지배와 통제 방식을 언제나 경계하고 인간의 기본권에 대한 모든 종류의 침해를 용납하지 않으려는 아감벤의 비판 정신은 새겨들을 만하다. 또한 팬데믹에 대한 그의 분석은 근대 이후의 국가가 예외 상태라는

---

* Giorgio Agamben, "Clarifications," Published in Italian on Quodlibet, 2020. 3. 17, Trans. Adam Kotsko at An und für sich. 〈https://itself.blog/2020/03/17/giorgio-agamben-clarifications/〉 이하 이 글을 인용할 때에는 별도의 각주 없이 괄호 안에 「해명」이라는 글 제목만 표기함.

장치를 통하여 인간을 벌거벗은 삶/생명으로 환원시키고 있다는 자신의 철학과도 잘 부합한다. 하지만 코로나19라는 질병의 특성과 그것의 윤리적·정치적 영향을 분리하여 사유하는 것이 과연 올바른가 하는 의문은 그의 논의 속에서 충분히 해소되지 않는다. 백신이 있는 여타 질병과 달리, 코로나19는 아직 백신이 없다. 또한 코로나19는 여타 질병에 비해 다소 높은 전염성을 보이고 있다. 질병 자체가 독특한 만큼, 그 질병이 초래하는 윤리적·정치적 결과도 독특할 수밖에 없을 것이다. 코로나19가 촉발시키고 있는 새로운 생명-정치를 새롭지 않은 예외 상태 개념으로 치부하기 힘든 까닭이 여기에 있다. 기존의 생명정치학으로 새로운 생명-정치의 특이성을 올바로 통찰하지 못하는 것은 사유의 안일함에 기인한다고 볼 수 있다.

비인간을 배제하는 서구적 삶/생명 개념

코로나19가 인류에게 유례없는 충격으로 다가오는 이유를 국가의 계략이나 만연해 있는 공포 심리 때문이라고 보기는 어렵다계략과 공포는 정도의 차이만 있을 뿐 언제나 존재해 온 것이 아닌가?. 코로나19는 인간과 비인간이 얼마나 밀접하게 연결되어 있는지를 몸으로 느끼게 했다는 점에서 인류에게 깊은 충격을 안겨 주었다. 어떤 동물인지를 아직 확정할 수는 없다고 하더라도, 동물을 인간이 마구잡이로 살육하고 섭취한 것이 코로나19의 대유행에 결정적 영향을 미쳤다는 사실만큼은 부인하기 어려울 것이다.* 코로나19뿐만 아니라 사스^{사향고양이}, 메르스^{낙타}, 에볼라 바이러스^{아프리카원숭이} 등 인류를 공포에 몰아넣은 바이러스는 모두 비인간 생명체와 인간 생명체의 교섭 과정에서 터져 나온 것이다. 그중에서도 코로나19가 충격적인 이유는 여타의 바이러스보다 더 빠르게, 전 지구적인 차원에서 비인간과 인간의 관계성을 드러내주고 있기 때문이다. 인류가 지금까지 살아온 방식을 근본적으로 전환하지 않는다면, 바이러스성 감염병은 매번 그 이전보다 더 크게 되돌아올 것이다. 2003년 사스^{20여 개국 774명 사망}는 2012년부터 불거진 메르스^{27개 국 2,494명 감염 858명 사망}로 되돌아왔으며, 2020년 코로나19는 이 글을 쓰고 있는 시점까지 7,995,877명의 감염자와 435,598명의 사망자가 나왔다.**

이번 사태는 종種과 지역의 경계를 넘어 모든 생명체가 하나로 엮여 있음을 전 인류가 몸으로 느낀 역사상 최초의 사건이라 할 수 있다. 아감벤의 생명정치학에서 말하는 생명 개념은 이러한 사태를 충분히 담아 내지 못했다. 서

---

* 5월 8일 세계보건기구(WHO)는 우한 시장이 코로나19의 원인 또는 '증폭시키는 환경'의 역할을 했다고 발표하였다. "Wuhan market had role in virus outbreak, but more research needed - WHO," Reuters, 2020. 5. 8, 〈https:// uk.reuters.com/article/uk-health-coronavirus-who-origin/wuhan-market-had-role-in-virus-outbreak-but-more-research-needed-who-idUKKBN22K1E0〉 (검색일: 2020. 6. 16.).

** 사스 세계 통계는 「신종 코로나바이러스 사망자 수가 사스 사망자 수를 앞질렀다」, 《BBC NEWS 코리아》, 2020. 2. 9, 〈https://www.bbc.com/korean/international-51432011〉; 메르스 세계 통계는 WHO의 다음 페이지 〈https://www.who.int/emergencies/mers-cov/en/〉 (검색 일자: 2020. 6. 15.); 코로나19 세계 통계는 〈https://www.worldometers.info/coronavirus/?〉 (검색 일자: 2020. 6. 15.).

구 근대의 삶/생명 개념은 bios와 zoê라는 고대 그리스의 두 가지 단어 가운데 후자의 의미만 남아 있는 반쪽짜리일 뿐이라고 아감벤은 지적하였다. 그러나 bios이든 zoê이든, 고대부터 현대까지의 서구적 삶/생명 개념은 인간과 비인간이라는 두 가지 생명의 범주 중에 전자만을 뜻하는 반쪽짜리에 그친 것이다.

인간의 범주에 한정된 서구적 삶/생명 개념과 근본적으로 다른 삶/생명 개념은 동학東學의 사유 속에서 찾을 수 있다. 동학은 유교나 도교와 같은 중국 철학과 달리, 창조와 변화의 생명 원리를 모든 생명체의 동등한 속성으로 확장시킨 사유라 할 수 있다. 유교에서 인의예지仁義禮智나 효孝와 같은 윤리적 덕목을 강조하는 근거 가운데 하나는 그것이 동물과 구분되는 인간만의 덕목이라는 데 있다. 또한 도교에서는 생명체의 활동을 무위無爲와 유위有爲의 두 가지로 철저히 나누어 사유한다. 유교가 인간적 생명 활동을 우위에 둔다면, 도교는 비인간적 생명 활동을 우위에 둔다고 할 수 있다. 양자는 모두 인간의 생명 활동과 비인간의 생명 활동에 대한 이분법적 사고를 기초로 하고 있다.*

반면에 동학은 혁명적 '하늘'天 또는 '하늘님'天主 개념에 근거하여 인간과 비인간의 경계를 넘어서는 새로운 생명 개념을 창출하였다. 기독교의 신God은 지상의 세계와 철저하게 단절되어 있으며 영원불변한 초월적 유일자로서의 인격신이다. 이와 반대로 동학의 하늘님은 전 우주, 전 정신, 전 생명

---

* 불교의 경우에는, 모든 생명체에 대한 자비심을 강조하지만, 생명 활동 자체를 고통으로 여기는 경향이 다분하다. 해탈을 통해 윤회로부터 벗어나 다시 태어나지 않는 것이 불교의 궁극 목표 가운데 하나이기 때문이다.

에 동일하게 내재하며 생명체로 하여금 끊임없이 약동하게^{躍動不息} 하는 '근원적인 힘'extreme energy, 지기, 至氣을 뜻한다. 하늘을 하늘님이라고 부르는 것은, 생명체에 내재해 있는 근원적 힘을 기독교의 절대자처럼 섬겨야 한다는 의미를 담고 있다. 베르그송이나 들뢰즈 등의 서구 생기론에서도 모든 생명에 내재해 있으며 끊임없는 약동과 생성을 가능케 하는 잠재성을 말한 바 있다. 그 잠재성을 종교적 외경의 위상으로 사유한 것은 동학의 고유한 특징이다. 동학은 생명과 단절된 기독교의 수직적 신을 생명에 내재해 있는 수평적 신으로 전환시켰으며, 우주의 창조자인 서학의 유일신을 모든 생명체를 생성하는 힘으로 확장시켰다.

유교에서 인간이 자신을 낳고 기른 부모에게 공경해야 한다는 효를 말하듯이, 동학에서는 생명의 근원적 힘^{하늘님}을 품고 있는 생명을 부모처럼 공경해야 한다고 말한다. 도교에서는 인위를 버리고 자연스러운 무위의 삶을 추구한다. 동학에서는 감각하고 인지하는 것, 감정이나 생각이 떠오르는 것, 생명 유지 활동을 하는 것 등과 같은 생명체의 모든 활동이 인위적이기 이전에 무위적^{자연적}인 것이라고 보았다. 불교에서 모든 생명체에 대한 자비를 말하듯이 동학에서는 생명이 곧 하늘이며 바로 그 점을 인류가 진정으로 자각할 때에야 사회와 문명의 근본적인 변혁이 가능하다고 보았다. 동학의 사유를 흔히 유교·불교·도교의 종합이라고 일컫는 까닭도 여기에 있다.

동학의 관점으로 보면, 모든 생명체가 창조와 변화의 거점^{造化定}이므로, 모든 생명체에게는 절대적으로 고귀하고 근원적으로 동일한 생성의 힘^{하늘}이 내재해 있다^{侍天主}고 할 수 있다. 따라서 생명체의 행위와 존재가 곧 하늘事事天 物物天인 것이다. 이를테면, 생명체가 서로를 먹고 먹이는 생명 활동은 하늘로써 하늘을 먹이는 과정以天食天과 같다. 도살된 야생동물을 식자재로 거래하던 시장이 코로나19 확산의 기폭제가 되었다는 사실은 우연이 아닐 것이다. 문명이 시장 논리에 따라 야생을 무분별하게 먹어 치우고자 했기에, 바이러스와 같은 야생이 문명을 잡아먹기에 이른 것이라고 보면 어떨까? 인간이 윤리적·정치적 의식 없이 동물을 함부로 도살하는 과정에서 확산된 코로나19는 거꾸로 비인간의 생명이 인간의 생명을 도살하는 되-먹임 feed-back이라고 보면 어떨까?

이 글의 아감벤 비판에 대해 혹자는 다음과 같이 따질지도 모른다. "아감벤은 정치철학의 문제를 주로 성찰하고 있으므로, 비인간의 문제를 고려하지 않았다고 그를 비판하는 것은 정당하지 못하다. 그것은 마치 유화를 전문으로 그리는 화가에게 조각은 왜 다루지 않느냐고 비판하는 오류와 같다."고. 하지만 아감벤이 코로나19를 일반 독감과 다르지 않다고 보고 이번 팬데믹을 예외 상태와 벌거벗은 삶/생명으로만 설명한 것은 "조각은 예술에서 중요하지 않으며 유화만이 예술의 중요한 문제"라고 주장하는 것과 같다. 그가 생명정치의 철학자라면, 이번 사건은 더 이상 인간의 범주에 한정된 생명 개념으로는 생명정치를 정확하게 사유하기 어렵다는 것을 검증해 주고 있다. 이와 비슷한 맥락에서 메릴린 스트래선, 도나 해러웨이, 애나 칭, 제인 베넷 등은 비인간 역시 역사/정치/법 지금까지 인간만의 활동 분야라고 간주되어 온의 중요한 행위자이며, 그러므로 그에 합당한 비인간의 권리를 인정해야 한다고 입을 모으고 있다.

서구적 생명 개념의 한계

생명정치학의 권위 있는 철학자 아감벤이 인류에게 질문을 던지고 있는 코로나19의 특이성을 제대로 사유하지 못하고 있는 것은 고대부터 현대까지 인간의 범주에 한정되어 온 서구적 생명 개념의 한계를 드러낸다. 더욱 정확하게 생명-정치의 문제를 사유하기 위해서, 우리는 동학의 사유와 같이 비인간과 인간 사이의 역동적인 상호작용에 토대를 둔 생명 개념을 모색할 필요가 있다. 물론 체제와 권력에 의해 인간다움을 박탈당하는 인간적 생명의 문제에 대한 고민도 놓쳐서는 안 되겠지만, 그것만으로는 불충분하다. 코로나19는 비인간과 인간의 관계성에 대한 문제가 존재론의 문제일 뿐만 아니라 윤리학과 정치학의 문제이기도 하다는 것을 말하고 있지 않은가. 모든 생명체에 동일한 하늘이 내재해 있다는 동학 특유의 존재론은 신을 공경하는 것 敬天과 인간을 공경하는 것敬人과 비인간을 공경하는 것敬物이 동등해야 한다는 윤리적·정치적 사유를 제시한다. "성지우성誠之又誠 공경恭敬해서 하늘님만 생각하소… 아동방我東方 연년괴질年年怪疾 인물상해人物傷害 아닐런가."*

---

* 　최제우, 「권학가」, 『용담유사』.

사회적 거리두기와 생태적 거리회복

전 희 식

전염병이 심각해지면 정부는 국경을 폐쇄하고 병자들을 강제로 격리할 것이고, 공공시설이나 대학을 임시 병원 또는 시체 안치소로 개조할 것이다. 대중 집회나 스포츠 경기가 금지되고 대중들은 집 안에서 노심초사하며 기도를 올리거나, 티브이 채널을 돌리다 죽어 갈 것이다. 감염자가 발생한 집 대문은 빨간 페인트칠로 표시되어 접근이 차단된다.

이 글은 지금 얘기가 아니다. 최근의 '코로나19' 감염병 사태를 보며 오래전에 읽었던 책을 펼쳐 보니 393쪽에 있는 내용이다. 9년 전에 나온 『대혼란 ― 유전자 스와핑과 바이러스 섹스』^{앤드류 니키포룩, 이희수 역, 알마, 2010}라는 책이다. 오늘의 풍경을 그대로 담고 있어서 소름이 돋았다.

코로나19를 어떻게 볼 것인가

'코로나19'로 인해 많은 논점과 정보가 나타났다. 동물과 인간에게 함께 걸쳐 살아가는 인수공통감염 바이러스의 속성과 감염 경로를 알게 되었고, 몸의 방어 체계인 면역계의 중요성도 알게 되었다. 선별진료소, 드라이브스루, 지역 봉쇄, 자가격리 등의 단어들도 익숙해졌다.

방역 활동의 대응 방식과 국가적 시스템, 그리고 개인 위생에 관한 계몽적 홍보물도 많이 접한다. 지식인들의 인류 사회에 대한 새로운 진단과 예측도 눈길을 끈다. 그중에는 이스라엘 히브리대 교수인 유발 하라리와 이화여대 석좌교수 최재천의 주장이 주목할 만했다. 그러나 유발 하라리는 대자연계의 생태 순환적 관점이 없고 최재천은 내가 쓴 글과 같은 맥락의 주장을 하고 있어 반갑기는 하나, 2000년대 초반 어느 기업 강연에서 두바이의 사막에서 스키를 타고 따뜻한 벽난로를 쬐는 예를 들면서 상상력을 강조했던 기억이 있어 생태통섭학자로서의 그의 명성에도 불구하고 신뢰가 안 간다. 당시에 라디오를 통해 실시간으로 강연을 들으면서 경악했던 기억이 있다.

또 다른 움직임은 아전인수 격의 종교적 종말론의 대두다. 「요한계시록」은 물론 구한말 민족종교들의 경전과 예언서의 구절을 인용하며 오늘의 현실을 해석해 보려는 시도들이다. 자세한 거론은 하지 않겠고 딱 한 가지 예만 보자. '소두무족'小頭無足이라는 『정감록』의 언급이 바로 코로나19 바이러스를 지칭하는 것이라는 주장이다. 머리가 작고 발이 없는 것이 바이러스라니 그럴듯하나 전혀 다르게 해석되던 이 구절을 이현령비현령식으로 끌어온다는 느낌이 든다.

코로나19가 바꿔 놓는 일상들

코로나19는 가치의 기준과 삶의 우선순위를 맹렬하게 바꿔 가고 있다. 어느 나라가 믿음직한지 그 순위도 새로 매겨지고 있다. 군사력이나 경제력, 천연자원의 보유가 강대국의 기준인 줄만 알았는데 방역과 치료 분야의 공공시스템도 새로운 기준으로 떠오르면서 한국이 주목받고 있다. 바이러스를 향해 미사일을 쏠 수도 없고 달러로 바이러스를 매수할 수도 없다 보니 재난이 일상화된 시대에 걸맞은 기준이라 하겠다.

코로나19는 우리 일상에 대한 성찰과 자각도 불러왔고 코로나19 사태라는 폭풍이 지나간 자리에 어떤 세상이 등장할지 생각해 봐야 하는 과제를 던졌다. 또 인류가 국경을 넘어 협력하지 않으면 안 된다는 것을 일깨웠다. 일부 국가나 지역의 바이러스가 진정되지 않는다면 언제든 전 세계로 퍼질 수 있기 때문이다.

나는 인류의 자각 항목에 '생태적 거리 회복'을 추가하고자 한다. 최근에 나타났던 에볼라나 메르스, 사스, 코로나19 등의 괴질들은 무분별한 자연 파괴로 인간의 일상이 자연과 단절된 데 따른 것이다. 생태계의 회복력이 붕괴되어 자연 순환의 고리가 잘린 바로 그곳에 문명의 꽃이 피었고 역설적이게도 그 후과들이 밀어닥치고 있다. 감염병의 창궐은 인류 문명이 주는 달갑잖은 선물이기도 하고 자연생태계의 보복이기도 하다. 발전, 개발, 성장, 세계화의 부산물들이 재앙으로 인류 사회를 덮치기 때문이다.

언젠가 이 사태가 진정되고 나서 코로나19의 감염을 막는 방책이었던 '사

과다한 여행과 국제 교역, 세계화와 도시화는 전염병을 순식간에 '세계화'한다

회적 거리두기'라는 자리 옆에 '생태적 거리 회복'을 놓고자 하는 것은 인간과 자연의 유기적인 관계를 복원하자는 것이다.

과다한 여행과 국제 교역, 세계화와 도시화는 전염병을 순식간에 '세계화'한다. 14세기의 흑사병은 유럽을 휩쓰는 데 3~4년이 걸렸으나, 코로나19는 2~3개월 만에 전 세계에 퍼졌다. 코로나19가 주는 교훈을 잊고 함부로 비행기를 다시 띄워 옆집에 마실가듯이 해외 유람을 다니고, 모임마다 사람 수만큼의 자가용이 즐비하며, 승객 4~5명을 태운 고속버스가 2~30분 단위로 출발하고, 500원이나 1,000원이면 무제한으로 운행하는 농촌 지역의 '행복택시'도 부지런히 다닌다. 모두 거품이다. 삶의 거품.

'생태적 거리 회복'의 필요성

이런 마구잡이 개발과 마구잡이 생산, 마구잡이 소비, 마구잡이 복지나 마구잡이 신상품 출시 등도 따지고 보면 삶의 거품이다. 코로나19 때문에 우리가 지금 겪는 고통과 불편함은 인류가 흥청망청 살아온 거품이 꺼지는 현상 중 하나라고 보면 될 것이다. 쓸데없는 물건을 내 소유로 만드는 데에 귀중한 시간을 다 허비하고, 내 삶에서 별로 중요하지 않은 정보를 가지고 논쟁을 벌였으며, 진리 탐구보다는 유희 탐닉에 시간을 더 썼다. 동물은 물론 식물 생명체를 가지고 시시덕거리며 오락거리로 삼았다.

한국의 곡물 자급률이 23%인데도 일 년에 발생하는 음식 쓰레기가 14조 원어치나 된다는 현실을 정상이라고 볼 것인가? 어머니 가슴이 시커멓게 타들어 가는 것도 모른 채 망나니짓을 하는 불효자식에 빗댈 수 있겠다.

신자유주의와 '글로벌 경제'라는 세계 질서는 사실 나라끼리, 인간끼리, 자연 생명체와 무생물에 대한 약탈과 착취를 발판 삼고 진행하는 무한경쟁이다. 미국을 위시하여 한국에 이르기까지 제국주의를 지향하는 국가들은 제조업에서 중화학공업으로, 중화학공업에서 부가가치 높은 정보생명통신 산업으로, 다시 서비스업을 중심으로 지적재산권 등 3차 산업으로 앞서가면서 후발국을 약탈해 왔다.

약탈 경제가 얼마나 취약하고 자립 경제가 얼마나 소중한지는 전 세계 인구의 1/20도 안 되는 인구가 전 세계 자원의 1/4을 쓰는 미국을 보면 알 수 있다. 한국도 예외가 아니다. 식량이나 에너지나 금융을 과도하게 해외에 의존하는 경제가 얼마나 위험한지 갈수록 뼈저리게 느낄 것이다.

이는 개인도 마찬가지다. 돈 많이 벌어서 건강은 병원에, 먹거리는 마트에, 잠은 남이 지어 준 아파트나 전월세 집에서, 정서와 감정은 오락과 향락에, 정보와 삶의 가치는 유튜브에서 공급받는 개인들 말이다.

이런 면에서 북한은 특별한 분석 대상이다. 코로나19가 장기화되면 방역 체계나 의료 시스템의 완벽함 못지않게 무역·정보·군사·인적 교류·식량 등의 대외 의존도에 따라 국가 안위가 좌우되기 때문인데, 70여 년간 자의 반 타의 반으로 자력갱생한 북한은 자급과 자주, 자립의 새로운 질서가 구축되면 주목받는 국가가 될 가능성도 있다. 이런 기준으로 따지면 한국은 북한보다 취약하다.

국력을 재는 기준이 달라지면 평가도 달라지게 된다. 가난한 나라 쿠바가 주요 7개국 정상회의[G7] 회원국인 이탈리아에 의료진을 파견하는 모습이 본보기가 되듯이, 코로나19를 겪으면서 세계 질서가 달라질 것이라는 예상을 해 볼 수 있다. 아직은 북한과 쿠바 경제를 주목하는 견해가 없는데 조만간 관심의 대상이 되리라 본다.

얼마 전 재난지원금이 전 국민에게 지급되었고, 2차 지급 논의도 진행되고 있다. 일시적으로는 효과가 있는 것으로 나타나지만, 그게 몇 번이나 가능하다고 보는가? 그야말로 임시방편이다. 900만 원이 넘는 코로나19 치료비에 대해 본인 부담금이 4만 원밖에 안 되는 한국 소식에 세계가 감탄한다. 의심환자 전수조사도 감탄 대상이다. 그러나 이게 몇 년이나 지속 가능하겠는가 말이다. 확진자가 10만 명 단위가 되면 의료 체계의 붕괴로 지금 우리나라에서 하는 방식의 코로나19 대응은 불가능해진다. 명백한 사실이다. 냉동차에 시신을 보관하고 대학과 경기장이 임시 시체 안치소가 되는 『대혼란』의 내용이나 지금 다른 나라의 사례가 남의 일이 아니게 된다.

위기가 끝나면 하루 1,000만 장 이상 나오는 일회용 마스크 쓰레기, 하루

수천 수만 벌이나 나오는 방역복 쓰레기, 전 국토에 뿌려대는 소독약^{생태계에}
^{부담을 줄 수 있는 약품들} 같은, 그동안의 성공적인 방책을 위한 노력의 부산물들은
고스란히 환경에 새로운 부담으로 등장할 것이다. 그래서 근본 대책을 고민
하지 않을 수 없다. 당장 필요한 임시 대응을 하면서도 중장기적으로 준비
해야 하는 대책 말이다. 그것이 '생태적 거리 회복^{유지}'이다.

지금부터 '생태 회복'이라는 장기 대책 준비해야

'생태적 거리 회복'이야말로 지금부터 설계해야 하는 우리의 미래라고 본
다. 지속 가능한 생활 방식을 찾아서 새로운 인류의 삶을 설계하는 일이다.
선거를 앞둔 정치권과 일부 기술 만능주의에 빠진 전문가들의 생산 회복과
소비 촉진 전략은 언 발에 오줌 누기식으로 우리를 더 무서운 바이러스에
직면하게 할 뿐이다.

코로나19를 극복했을 때, 전 세계가 앞다투어 다시 여행객을 실어 나를
비행기를 띄우고, 신상품 선전관을 열고, 공장 가동률은 코로나19 이전으로
복구하고, 관광지에는 쓰레기가 쌓이고, 도시건 시골이건 불야성을 이루면
서 흥청대기 시작한다면… 끔찍하다. 과거로 돌아가서는 안 된다.

코로나19가 박쥐에게서 왔다는 말은 맞다. 알다시피 에볼라는 원숭이, 메
르스는 낙타, 사스는 사향고양이에게서 왔다. 그러나 이렇게만 보면 한계가
있다. 야콥병이 광우병 걸린 소에게서 온 것이 맞지만 그 소가 광우병에 걸

리게 된 것은 사람의 공장식 축산 때문이었다. 그런 면에서 유행성 변종바이러스가 동물에게서 인간으로 옮겨왔다는 말은 반쪽 진실이다. 인간이 먼저 동물에게 그런 바이러스가 생기게^{활성화되게} 했고, 그것이 인간에게로 왔다고 해야 할 것이다. 바로 생태계를 파괴한 장본인인 인간 말이다. 자연 순환 질서와 너무도 동떨어져 살고 있는 인간 말이다.

생태적 거리를 회복하자는 것은 자연의 섭리를 소중히 여기고 함부로 침범하지 말자는 것이다. 뭇 존재의 신성성을 잊지 말자는 말이다. 인류의 삶을 사람과, 세상 만물과 공존하는 지속 가능한 관계로 재구성해 보자는 시도이다.

코로나19 때문에 비행기가 취소되고 공장이 멈추고 길거리가 텅텅 비자 미세먼지가 사라지고 공기가 맑아졌다. 세계적으로 공기 오염이 극심한 인도 뉴델리 시민들은 도시 봉쇄령 이후에야 하늘이 원래 파란색이었다는 걸 기억해 냈다. 뜻하지 않은 사고도 생긴다. 집 안에 갇히다시피 살고 온라인 쇼핑이 늘자 택배 노동자는 과중한 업무를 견디지 못하고 빌라 계단을 오르다 숨졌다. 이처럼 지구는 이웃도 자연도 무생물도 나와 하나의 유기체 관계라는 걸 말하고 있다. 생태적 거리 회복 운동은 유기체적 하나됨을 일상 속에서 조직하자는 주장이다.

코로나19로 인해 기존 방식의 세계경제가 큰 타격을 입을 수밖에 없는 것은, 기저질환이 있는 고령자의 치명률이 높게 나오는 것과 유사하다. 세계 자본주의 경제는 2008년의 금융위기 이후로도 여전히, 꾸준히 새로운 위기를 축적해 왔다. 2023년 위기설, 2025년 위기설이 나돌던 중에 코로나19 사태를 맞았을 뿐이다.

우리 인류가 너무도 자연과 동떨어져 살고 있기에 비극이 배태되었다고 할 것이다. 손끝에 흙 한 톨 안 묻히고 하루를 산다. 기계장치와 인공물에 둘러싸여 산다. 온몸을 화학제품으로 둘둘 말아서 살고 있다.

생태적 거리 확보라는 것은 자립적 삶을 기본에 둔다. 자립적 삶이란 먹거리, 입을 거리, 잠자는 곳, 문화, 건강, 지식, 놀이 등을 개인 차원에서, 소집단 차원에서, 지역공동체 차원에서 자급률을 높이는 삶이다. 또한 인근 공동체와의 호혜적 교환 시스템을 복구하는 것이다. 돈을 축적의 수단이 아니라 교환의 수단으로 돌려놓자는 것이며, 지구인 총소비를 현격히 줄이는 방안을 찾자는 것이다.

소비를 줄이는 것이 자원 낭비를 줄이고 온실가스를 줄이고 기후위기를 막는 근본 대책이다. 자가격리자가 거리를 쏘다니면 제재하듯이, 앞으로 소비 조장 행위를 하면 엄벌해야 한다. 소비 조장 광고도 막아야 한다. 절약과 검소한 생활을 통해 정신적영적 풍족함을 누린다는 연구 성과물이 나와야 한다. 소유보다도 존재성이 중요한 행복 요소라는 체험을 공교육 과정에 포함해야 한다.

생태적 거리 확보는 몸 노동의 증가를 말한다. 몸으로 직접 움직여서 하루 일용할 재화를 얻는 비율을 높이는 것이다. 현대 문명의 시스템 속에서 번 돈으로 몸 노동의 결과로 생산된 재화를 시장에서 사서 살아가는 지금의 방식을 탈피하자는 것이다. 이제 그럴 수 있는 환경이 되었다고 본다. 인공지능, 4차 산업혁명에 의한 직업의 종말이 공공연히 거론되고 있는 시대다.

이런 요망에도 불구하고 인류가 어느 방향으로 나아갈지 걱정이다. 매 순간 우리의 선택이 모여서 인류의 미래를 만들어 가리라고 본다. 세상이 어떻게 달라질지는 정해져 있지 않다. 박근혜 대통령 시절에 카카오톡을 탈퇴하고 텔레그램에 가입한 적이 있다. 압수수색영장도 없이 카카오톡에서 이용자 정보를 수사기관에 갖다 바치는 것을 보고서다.

보안성이 높다는 그 텔레그램에서 'n번방의 성착취'가 일어났다. 요즘 이 사건에 대해 항의 표시로 텔레그램 탈퇴 운동이 벌어진다고 하는데 참으로 기막힌 역설이다. 이렇게 세상은 선형적으로 진행되지 않는다.

피해 여성에게 머리카락 한 올 손대지 않고 이루어진 n번방의 성착취. 사이버는 더 이상 사이버가 아니다. 현실과 사이버의 경계가 무너졌다기보다 우리 현실 자체가 상상과 이미지의 산물이라는 생각이 든다. 우리의 상상과 세밀한 이미지가 새로운 세상을 열어 갈 수 있을 것이라는 꿈도 꾼다.

시대 변화에 맞는 공유의 삶, 공동체의 삶으로

온라인 강의와 온라인 회의가 붐을 이루고 있다. 베를린 필하모니와 뉴욕 메트로폴리탄 오페라 공연을 온라인에서 무료로 서비스하고 있다. 최근에 내가 속한 한 온라인 커뮤니티에서는 '방구석 댄스'를 했다. 영성 춤꾼 최보결님과 '가이아TV' 윤덕현 님이 공동 기획한 행사였는데 자가격리 생활로 인해 위축된 마음을 신나는 춤으로 떨쳐내는 시간이었다. 공동체의 삶은 시대 변화에 맞게 구축해 갈 수 있다. 온라인은 현대 인류의 소중한 영역이 되었다.

새로 등장하는 공유의 삶은 현대인의 소외와 사회적 속성을 잘 조화시키고 있는 것으로 보인다. 서울 도봉구의 '은혜공동체', 인수동과 강원도 홍천에 있는 '밝은누리'가 대표적이라 하겠다. 경기도의 '없이 있는 마을'도 그렇다. 삶의 생태적 관계가 잘 설정되어 있다. 공유 경제, 사회적 경제, 선물 경제, 호혜 경제로 불리는 새로운 경제구조는 코로나 이후 공유의 삶에 주요한 축이 되어야 할 것이다.

자율주행 자동차와 공유 자동차가 시행되면 대한민국의 좁은 땅 위에 자동차 수는 1/10로 줄어들 것이라고 한다. 공유 주택^{코하우징}과 공유 생활 운동은 과도한 소비와 과도한 벌이, 과도한 생태 파괴를 동시에 줄일 수 있을 것이다. '간헐적 가족'이라 불리는 양서류적, 유목민적 삶이 "혼자는 외롭고 함께는 괴로운" 현대인들을 위해 새로운 삶의 방식으로 떠오르고 있다. 서울 은평구의 '전환 마을', 마포구의 '성미산 마을' 그리고 충북 보은과 전남 고흥에 있는 '선애빌', 충주에 있는 '스페이스 선'도 생태적 관계 회복의 모범을 만들어 가고 있는 것으로 보인다.

새로운 상상이라는 것이 열대의 사막에 폐쇄된 공간을 만들어 엄청난 에너지를 소모해서 인공 눈을 뿌려 가며 스키를 타는 게 아니라, 자연과 한몸 의식으로 서로가 서로를 존중하고 존재의 신성성을 북돋는 그런 상상이라면, 코로나19에 제대로 대응하는 최고의 백신이 되리라 본다.

'호모마스쿠스 시대'를 살아가는 지혜

박길수

호모마스쿠스, 마스크를 쓴 인류

6개월 전쯤에 "세계는 왜 한국에 주목하는가?"라는 물음을 우리^{한국인} 스스로에게 던질 때, 우리는 우리들 세포나 DNA에 잠재된 한국인의 심성의 저력이 터져 나오는 것을 만끽하고 있었다. 'K-방역'의 성공적인 출발은 진단키트로부터 시작되었다. 통상적인 승인 절차와 기한을 획기적으로 앞당긴 승부수가 빛나는 한 수가 되어 그 이후의 선순환 흐름을 낳았다. 그러나 그것은 의료 현장에서, 감염 의심자에 한정되어 소용되는 것이고, 그보다 더 보편적인 것은 사실 마스크였다. 마스크나 방호복의 생산량은 역시 중국이 압도적이었지만 그 성능이나 신뢰성 때문에 세계 각국에서 열화와 같은 호응^{공급요청}을 얻은 것은 한국에서 만든 마스크와 독보적인 진단키트였다.

돌이켜보면, 대한민국이 코로나19에 대한 초기의 혼란^{31번 확진자·신천지 이후}을 수습하고, 극적으로 상황을 반전시키기 시작한 것은 '마스크 대란'으로 불리던 공급 부족 및 수급 불균형을 해결하던 시점부터라고 할 수 있다. 마스크 공급이 안정을 찾자 시민들은 급속도로 안정감을 되찾아갔고, 방역 당국에 대한 신뢰감도 급상승하기에 이른다.

마스크가 감염병으로부터 인간을 지키는 수호자로 떠오른 것은 1세기가 훨씬 넘지만, '마스크데믹'의 전개 또는 '호모마스쿠스'^{마스크를 쓴 인간}의 출현은 바로 올해부터의 일이다. 대한민국이 호모마스쿠스 시대의 선도자가 되어 가는 동안 미국이나 유럽 일부 국가에서는 극렬하게 호모마스쿠스의 도래에 저항하는 움직임이 있었다. 그들은 '마스크를 쓴 인간'을 '자유로운 인간'에 대한 모욕이자 도전이라고 생각한 듯하다. 근대 서구 중심의 역사에서 볼 때 그런 인식은 충분히 근거도 있고 일리도 있다.

그러나 수많은 변수들이 수많은 조합을 이루면서 조형된 근대-이후 오늘의 세계와 인류, 지구생명공동체가 직면한 코로나19 팬데믹과 기후위기 등의 상황에서, 호모마스쿠스는 돌이킬 수 없는 대세가 되었다. 나무 위에서 살던 유인원이 땅으로 내려와 직립보행을 하게 된 수백만 년 전 어느 시기처럼, 인류는 이제 '마스크와 더불어 살아가는' 시대로 진입하고 있다. 오늘 이후 세계는 '마스크의 일상화, 세계화, 미래화'의 세계라고 이야기할 수 있다. 가시적이고 물리적인 '마스크'는 머지않아 벗게 될 수도 있겠지만, 상징적인 의미의 '마스크'는 이제 인간 신체와 심리의 일부분으로 항구적으로 자리매김할 것이다.

그렇다면, 마스크가 우리에게 가르치는 것들은 무엇인가? 이제 인류의 필수품이 된 마스크의 철학은 무엇인가? 몇 개의 장면을 통해서, 호모마스쿠스 시대의 징후들을 엿보기로 한다.

서세동점 西勢東漸에서 동세서점 東勢西漸으로

우리가 오늘날 사용하는 물건 가운데 100여 년 전에도 유용하게, 그리고 지금과 같은 정도의 중요성을 가지고 사용했던, 그러면서도 현재와 그 구조나 외형이 거의 차이가 없는 물건은 얼마나 될까? 1900년 전후로 활용되기 시작한 무선전신을 오늘날 제4차 산업혁명 시대를 상징하는 이어러마크era-mark로서의 스마트폰의 출발점이라고 본다면, 그 둘 사이의 가치의 간격은 몇 배는 될 터이다.* 그러나 100년 전 스페인독감이 유행하던 당시의 마스크와 2020년 코로나19 팬데믹에서 인류의 수호자가 되고 있는 마스크는 그 기능과 외형이 거의 차이가 나지 않는다. 'KF' Korea Filter라는 과학적 수치로 이를 표준화했지만 그 외형과 본질적인 기능이 크게 달라진 것은 아니다.

코로나19 초기에 유럽 사람들은 한국인을 비롯해 마스크를 쓰는 동아시아 사람들을 미개시하는 분위기가 역력했다. 개인적인 차원이 아니라 국가적으로영국, 프랑스도 '마스크가 효과가 없다'는 식으로 얼버무렸다. 코로나19 바이러스의 동향에 대해서 무지해서이기도 하고, 다른 한편으로는 전 국민이 마스크 쓰도록 할 경우, 현실적으로 마스크 수량을 공급할 수 없는 이유도 있었다. 마스크 생산 시설이 없거나 태부족하였기 때문이다.

---

* 그 차이가 몇십 배, 몇백 배까지는 아닐 것이다. 무선통신의 발명은 근본적인 측면에서는 스마트폰의 발명보다 더 큰 충격을 인류 사회에 주었다고 본다. 스마트폰은 그 무선통신에 기계적 계산력(컴퓨터)이 결합된 통신 기기로서 "거인(무선통신)의 어깨 위에 올려진 망원경"의 의미일 것이다.

전통적으로 마스크를 잘 사용하지 않는 문화 풍토 때문에 생산 시설이 많지 않은 것은 당연한 일이었고, 그 상황을 '마스크 쓸 필요 없다'는 말로 모면하려고 한 것은 현명하지 못한, 정직하지 못한, 진실과 정면으로 마주하지 못하는 용감하지 못한 대응이었다. 게다가 마스크를 쓰는 한국인과 동아시아 사람들을 비아냥거리기까지 한 것은, 그러다가 사태가 걷잡을 수 없이 악화된 이후에야 마스크 쓰기를 독려하고 나선 것은 "누구나 그럴싸한 계획은 있다. 처 맞을 때까지는."마이크 타이슨이라는 말을 떠올리기에 충분하였다.

이것은 어떤 극적인 전환을 상징적으로 보여준다. '서세동점西勢東漸 시대의 퇴락/종말의 확인'과 '동세서점東勢西漸 시대의 가시화'라는 전환 말이다. 이제 미국이든 유럽 각국이든 마스크를 쓰는 것에 대해 이의를 제기하는 사람은 공식적으로는 거의 없다고 해도 틀린 말이 아닐 것이다. 서세동점은 한 손에는 총칼을, 다른 한 손에는 성경을 들고 실질적인 폭력의 형태로 전개되었다. 동세서점은 받은 것을 그대로 돌려주는 것이 아니라, 죽음을 생명으로, 폭력을 평화로, 증오를 사랑으로 베풀어 준다.

또한 '서세'로 일컬어지는 근대 서구의 사상철학은 '개인사유재산의 신성화'라는 말로 갈음할 수도 있을 만큼 개개인의 자유를 강조하는 분위기가 역력했다. 그 개인들의 생존경쟁을 위한 각개약진 그리고 개인들의 계약적인 연대공동체적 연대와 다른가 발휘할 수 있는 공능功能에 의해 근현대 산업-물질 문명의 성장이 이루어졌다. 그러나 그 성장은 제 살을 깎아서 세운 바벨탑에 지나지 않았음이, 기후위기—불타오르는 시베리아, 만년설의 실종, 생물종의 극감—등으로 가시화되고 있다.

여기서 호모마스쿠스는 소프트 파워로서, 무엇보다 공동체적 연대감^{나를}
^{지키고 남을 지키고 우리를 지킴}으로부터 나의 행동 방식을 결정하는 그 심성이, 내가
착한 마음으로 남을 대하면, 저 악한 마음이 언젠가는 선^善으로 돌아올 것이
라는 순진한 믿음이, 근대 시기에 스스로를 패망으로 몰아갔던 그 순박하고
소박한 마음이 나를 살리고 너를 살리고 우리를 살리는 마음으로 재발견되
는 시대가 돌아오고 있는 것이다.

그리고, 그것은 '동세서점'의 기세로 전 세계를 '마스크를 쓴 세계'로 만들
었다. 이제, 무슨 일이 일어날지 지켜보는 시간이 흐르고 있다.

자타불이 ^{自他不二}와 물아일체 ^{物我一體}

한국인^{동아시아인}들이 마스크를 큰 거부감이 없이 쓰는 까닭은 우선적으로
는 코로나19 바이러스로부터 나 자신을 지키기 위해서이지만, 좀더 근본적
으로는 나로부터 타인을 보호하기 위한 것이기도 하다. 이것은 전통적으로
동아시아에 보편적인 자타불이^{自他不二}의 관념으로부터 자연스럽게 유래한
행태이다. 나와 남이 둘이 아니라는 생각이다. 특히 한국인이 '우리'라는 말
을 널리 쓰는 것 또한 이러한 동아시아적 관념과도 관련이 있다.

다른 말로 하면 '나는 너와 이어져 있다'는 것이다. 이른바 초연결을 기본
으로 하는 제4차 산업혁명이 도래하기 훨씬 전부터 한국인을 비롯한 동아
시아인들은 나와 너, 인간과 자연은 분리된 것이 아니라 서로 이어져 있으

며, 본질적으로 동일한 본원으로부터 유래하는 존재라는 인식을 공유/공감해 왔다. 그것이 이번 사태의 경우, 내가 안전하려면 네가 안전해야 하고, 네가 안전해야만 나도 안전할 수 있다는 선험적인 인식을 낳았고, 나를 위해서, 곧 너를 위해서 불편함을 감수하면서 마스크 쓰기를 주저하지 않았다.

완전한 통제를 실시하지 않았던 한국의 코로나19 대응 방식에 의해, 불가피하게 대중교통이나 엘리베이터 등에서 '사회적 거리 두기'를 침해하는 경우 마스크를 쓰지 않은 사람에게 혐오적 시선이 가해지는 경우도 적지 않았다. 또 스스로 그러한 경우를 염두에 둔 자기 검열 때문에 마스크를 쓰지 않을 수 없다는 고백도 SNS에 넘쳐났다.

한국인의 혐오 감정에는 두 가지 뿌리가 존재하는데, 하나는 전통적인 마을공동체에서 외지인에게 드러내보이던 적대적 혐오감이 그것이다. 소위 텃세라는 것은 그 혐오감을 조금은 완화해서 부르던 이름이다. 또 다른 뿌리는 '너 또한 나'라는 극단적인 동일체 의식으로부터 나온 혐오감이다. 역시 전통적인 마을공동체에서 이웃집의 숟가락이 몇 개인지까지 알면서 지내던 / 이웃집 굴뚝에 연기가 나는지 안 나는지 모르는 것을 죄악시하던 / '너 뉘집 자식이냐?'를 입에 달고 지내던 마을공동체 단위의 삶의 방식으로부터 조형된 인간성으로부터 나온 것이다. 이것이 현대사회에 들어오면서 간섭이라는 이름으로 악화, 오염된 윤리 행태가 되었고, 오늘날 '꼰대 수칙' 제1조인 간섭을 넘어 혐오로 변질된 채 유행하고 있는 것이다. 일부 한국인들이 남이 어떻게 하고 지내는가^{마스크를 쓰지 않는 것}에 대해 오지랖 넓게 간섭하는 것은, '너 뉘집 자식이냐?'를 묻던 버릇의 현재형인 셈이다.

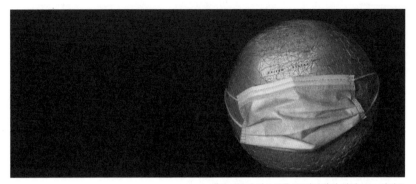

한국인들이 마스크를 큰 거부감이 없이 쓰는 까닭은
코로나19 바이러스로부터 나 자신을 지키기 위해서이지만,
좀더 근본적으로는 나로부터 타인을 보호하기 위한 것이기도 하다.

그러나 그 경우를 포함하더라도 마스크는 나로부터 너를, 너로부터 나를
서로 격리하고 구별하기 위한 장치가 아니라, 최소한의 안전장치를 매개로
너로부터 결코 떨어질 수 없음을 호소하는 행위였고, 나로부터 완전히 멀어
지지는 말라고 애원하는 신호였다. 그렇게 우리는 우리임을 확인하며, 서로
무언의 몸짓으로 무형의 어깨걸기를 한 셈이다.

이렇게, 코로나19에 즈음하여 우리는 선험적으로 무의식적으로 알고 있던 '자
타불이'의 상황을 현실적으로, 체험적으로 재확인하고, 재인식하고, 재각성
하였다. '자타불이'는 단지 인간과 인간 간의 가치일 뿐만 아니라 인간과 자
연환경과의 관계까지를 포함한다.* 이번 코로나19 사태 발생의 직접적인 원

---

* 이것을 일찍이 구체적으로 일러준 가르침이 해월 최시형의 경천(敬天)-경인
(敬人)-경물(敬物)의 삼경(三敬) 사상이다.

인이, 인간이 인간사회 영역을 지나치게 자연의 깊숙한 곳까지 확장하는 데
서 비롯된 것이라는 분석이 나오고 있다는 측면에서 보면, 마스크가 우리에
게 가르치고, 그래서 우리가 실행에 옮겨야 하는 가르침은 이제 코로나19가 인
간사회에서 잠잠해지기 시작하는 때부터 본격적으로, 자타불이의 철학과 사상이 제도
적/관습적으로 우리 생활에 정착되어야 한다는 것을 알 수 있다.

우리 조상들 또는 서구의 신사숙녀들이 적절한 의상으로 스스로를 제어
하고 예법의 출발점으로 삼았던 것처럼, 오늘날 복식에 관한 한 개인 결정
권을 절대시하는 것과 다르게, 마스크는 스스로를 자제하고 제어하는, 적절
한 거리 두기를 실천하겠다는 의지의 표상이기도 한 것이다.

민족적 상상력의 실존實存 - 너에게 나를 보낸다

한국 정부의 조치들이 세계적으로 주목을 끌게 된 것은 정부의 실력과 신
뢰가 뒷받침된 덕분이다. 그러나 좀더 깊은 원인을 찾아가 보자면, 그러한
정부의 신뢰와 실력을 가능하게 한 것은 한국 국민들의 끊임없는 참여 덕
분이다. 때로는 참견이기도 하고 때로는 간섭이기도 하며, 때로는 감시이기
도 하고, 때로는 혁명이기도 한 이러한 우리나라 인민/시민/국민/민중들의
참여 정신은 가깝게는 "촛불혁명"2017-18 —"민주주의 최후의 보루는 깨어 있
는 시민들의 조직된 힘입니다."노무현 대통령의 유훈, 2007 —"민주화투쟁"1987과 "광
주항쟁"1980이지만, 멀게는 "1894년의 동학혁명"과 "기미년1919 3·1운동"으

로까지 거슬러 올라간다. 1894년의 '해방구'집강소의 경험과 3·1운동에서의 '자주민'으로서의 경험과 흘린 피로부터 면면히 이어져 온 것이 한국인들의 '참여정신'이다.

다른 한편, 오늘의 '참여하는 시민'들은 여전히 세월호의 자장 안에 있다. 정부는 무능해서는 안 된다는 각오와 요구가 서슬 퍼렇게 살아서 시퍼런 눈을 뜨고 정부를 지켜보고 있다. 문재인 정부가 어찌 감히 한시라도, 한 치라도 소홀할 수가 있겠는가. 문재인 정부의 성공적인 방역을 한 꺼풀만 벗겨보면 바로 이러한 참여하는 시민인민들이 도사리고 있다. 이러한 참여하는 시민 정신이 현실적으로는 정부의 방역 대책을 믿고 적극적으로 동참하는 행태로 나타났다. 이런 맥락에서는 국민정서법, 냄비근성 등의 사태도 모두 '온 국민의 오지라퍼화'를 보여주는 것이고, 이때의 오지랖은 긍정과 부정을 떠나서 오늘날 참여하는 시민으로 귀결되는 선순환 구조 위에 놓여 있음을 확인하게 된다.* 참여하는 시민의 이러한 역사적동학혁명 이래의 맥락을 알지 못하는 서양인들의 눈에는 한국 정부의 전체주의적인 통치가 시민들의 인권을 억압함으로써 한국사회의 코로나19 대응이 가능했다고 엉뚱한 진단을 내놓기도 한다.

그러나 대한민국 정부의 실력은 단지 국민들의 참여감시에 의해서만 발휘된 것은 아니다. 여전히 정부외교부에서는 노골적으로 드러내기를 주저하

---

* 최근의 부동산 파동은 오지랖형 국민성의 부정적인 측면이 극단적으로 노출되는 경우라고 본다.

는 분위기인 듯한데, 한국 정부에서는 해외 거주 한인들은 물론이고, ^{한국 국}적이 아닌 입양아들, 그리고 6·25당시 참전용사들에게까지 일정량의 마스크를 공급하는 시책을 시행하였다. 이 놀랍고도 감동적이며, 기적적인 정책은 어떤 시민단체도 앞장서서 제안하지 못했던 것으로 알려지고 있다. 시민단체에서는 오히려 정부의 이번 시책^{입양아에게 마스크 보내기}이 정부의 놀라운 창조적 상상력, 정의로움과 사랑이 없으면 나올 수 없는 마음씀의 절정이라고 부러움 섞인 평가^{시민단체의 질투를 받는 정부라니!!}를 내놓았다. 한국의 마스크는 단순히 방역을 위한 소모품이 아니라 이처럼 전 세계로 퍼져 나가는 살아 있는 사랑의 생생한 실존實尊으로 자리매김하였다.

입양아는 오랫동안 한국의 아픈 손가락이었다. 지금도 여전히 그러하다. 우리는 때때로 TV에 등장하여 "저를 입양 보낸 것을 원망하지 않아요. 부모님을 찾고 싶어요."라고 호소하는 입양인들을 접하곤 하지만, 그렇게 진정으로 호소하는 수많은 입양인들만큼이나 수많은 버려진 자아를 아파하며, 또 정체성의 혼돈 속에 고통스러움을 겪으며 성장한 입양인들을 쉽사리 상상할 수 있다. 마스크는 그들과도 느꺼이 만날 수 있는 통로를 만들어 주고 있다. 그리고 한국사회가, 생기지 않을 수 있는 해외 입양아를 생기지 않도록 하는 사회로 진전될 수 있다는 희망을 싹틔워주고 있다.

해외 참전용사의 경우도 마찬가지다. 그동안에도 소소한 지원들이 없지 않았으나, '도움 받는 나라에서 도움 주는 나라로' 탈바꿈한 지 얼마 되지 않는 한국이 누구보다 먼저 참전용사들을 기억하고, 찾아뵙게 되었다는 것은 기나긴 '서구 근대에 찌들린' 시기를 벗어나서 콩 한쪽도 나눠먹는 고유한,

고요한, 고결한 한반도인의 심성의 귀환을 상징하는 것으로까지 여겨진다.

경제란 무엇인가 - 살리는 것이 경제다 미래의 산업구조에 대한 생각

마스크 때문에 서양의 소위 선진국들이 겪는, 사람 목숨이 좌우되기까지 하는 곤혹스러운 상황을 보며, 우리는 '경제란 무엇인가'를 다시금 반성적으로 고찰할 수 있는 계기를 얻었다.

초창기에, 그리고 지금까지도 선진국으로 불리는 많은 서구 국가들이 마스크 부족 사태에 시달렸던 것은 생산력생산공장·기계이 부족했기 때문이다. 핵폭탄을 만들고, 우주선을 인터스텔라星間宇宙로까지 날려 보낼 수 있는 첨단 기술을 보유한 많은 국가들이 마스크를 만들 생산 기반이 부족하다는 것은, 그러한 모든 시스템을 포괄하는 용어로서의 경제란 과연 무엇인지를 되짚어보게 하였다는 말이다.

현재 인류 사회는 이른바 제4차 산업혁명으로 사람과 사람은 물론 사람과 사물, 나아가 사물과 사물까지도 모조리 연결되고, 인공지능으로 '초인간'의 등장을 눈앞에 두고 있는데, '겨우!' 천 쪼가리 하나를 국민들이 필요한 만큼 공급하지 못하는 경제체제를 유지해 왔다는 것은 무언가 잘못돼도 한참 잘못된 것이다.

이것은 이른바 선진제국들이 제조업 중심에서 정보산업 중심으로, 노동집약적 저부가가치산업에서 첨단 고부가가치산업으로 경제 활동의 무게중심을 옮겨 가고, 전통적인 제조업^{돈 안되는 노동집약적} 류類를 제2, 제3세계에 전가한 데서부터 비롯된 사태이다. 다시 말해 이러한 산업구조는 지난 200~300년 이래로 계속되어 온 제국주의-신자유주의의 세계 경제 질서의 반영이다. 그러므로 이번 마스크 부족 사태야말로 제국주의-신자유주의의 적폐를 생생히 고발하는 현장이기도 하다. 이제 그 역전을 보여주는 시점에서, 우리는 이번의 경험이 사장死藏되지 않도록 해야 한다는 점을 염념불망하며 다음 장면으로 넘어가야 한다. 물론 오늘날 서구 제국주의 국가는 이러한 산업구조 기형을 순식간에 만회할 위력을 갖추고 있다. 그러나 단기간의 만회는 가능할지언정 근본적인 만회는 불가능하고, 결국 동세서점 체제로 귀순하지 않을 수 없게 될 것이라고 생각한다.

한국은 한편으로 IT 산업의 세계 일류국가이면서도 전통적인 의미의 제조업 역시 비교적 온존시켜 온 덕분에 이번 코로나19 사태에 능동적으로 대응할 수 있었다. 물론 여기에는 미세먼지로 인하여 마스크 생산력을 충분히 유지하지 않을 수 없는 동아시아의 현실이 또한 개재해 있다. 이런 현실은 그야말로 새옹지마塞翁之馬의 고사를 떠올리게 하는 우연적인 사건인 것처럼 보이지만, 그보다는 "경제가 사람^{국민, 시민}들을 살리는 데에 복무하도록 짜이고 유지되지 않는다면 무슨 소용인가?"라는 근본적인 물음의 끈을 놓치지 않고 있었음을 자평하는 계기로 삼는 것이 옳다.

이것은 특히 미국에서^{현재도 여전히 진행 중인} 코로나19로 인한 확진자와 사망자가 이례적으로 폭증하여 세계 다른 국가를 압도하기에 이른 이유가 '자본주의에 의한 자본주의를 위한 자본주의의' 의료 시스템 탓이라는 점과 함께 생각해 보면 그 의미가 더욱 뚜렷이 드러난다.

이런 사태 때문에, 코로나 이후 각국은 마스크와 같은 필수품을 생산하는 제조업 규모를 일정량 이상으로 유지하는 정책을 펼 것으로 예상된다. 코로나19 - 마스크 부족 사태가, 인류의 경제사 전체에 충격과 변곡을 가져다주고, 가져오게 되는 것이다.

자본주의 이후 사회주의? - 마스크 배급제 막전막후

이번 팬데믹 상황은 일찍이 경험해 보지 못한* 위기를 가져다 주고 있다. 그러나 그 위기 속에서 우리는 몇 가지 희망의 씨앗도 발견할 수 있었다.

그중 하나는 '마스크 보급제'제한 판매를 통한 사회주의 시스템의 도입이다. 이미 오늘날 우리 사회는 순純 자유주의 체제가 아니라, 원형적 자유주의에 수많은 사회주의적인 요소들이 결합된 체제이기는 하지만, 보급제는 그중에서도 극단적으로 사회주의 체제의 방법론으로서 이것이 팬데믹 국면을 넘어서는 중요한 지렛대로 기능했다는 것은 매우 소중한 경험이다. 보급제를 시행하는 행정적 경험과 사회적 시스템약국 등 점검이 이루어졌고, 보급제

---

*   1차 세계대전 당시의 스페인 독감의 위력-피해는 현재까지의 코로나19팬데믹보다 더 컸던 것 같지만, 그때는 '세계대전'이라는 상황과 맞물리며 위기가 과잉증폭된 감이 있다.

에 대한 국민적 반감反感에도 백신이 주사된 셈이다. 사태가 진정되면서 보급제는 곧 풀렸지만, 그 물리적·심리적 경험자산은 묵직한 가치를 지닌 채 국가와 사회, 그리고 우리들 자신 안에 비축되었다.

이와 연관해서 살펴볼 것은 '재난지원금'의 지급이다. 이번 팬데믹 사태가 있기 전에도 '기본소득' 문제는 매우 뜨거운 이슈였다. 그러나 사회적으로 반대 여론이 만만치 않아, 대세적으로는 실시하게 될 것이라는 여론이 우세하지만, 그 시기는 상당한 정도의 먼 미래일 것/이어야 한다는 현실론이 깊이 자리 잡고 있었다. 그런데, 팬데믹 상황에서 모든 경제활동이 심각한 타격을 입으면서 기본소득 지급과 유사한 재난 지원금 지급은 급물살을 타고 일사천리로 진행되었다. 이 재난지원금 지급에서 한국사회가 가진 인프라의 위력은 또다시 일본 사회와 비교되면서 전 세계적인 주목을 받기도 했다. 보급제에 대해서와 마찬가지로, 재난지원금은 기본소득에 대해서도 백신 효과를 일으키며, 국민들에게 좋은 인상을 심어주었다. 이 또한 팬데믹 이후, 코로나 이후 시대를 준비하는 데 소중한 경험 자산이 되어 줄 것이다.

이제는 까마득한 기억이 되어 버렸지만, 국내 코로나19의 1차 대유행新天地發을 전후하여 마스크 사재기 소동이 일었던 적이 있다. 당국의 강력한 제재 조치와 충분한 공급 체제 구축으로 그 사태는 곧 진정되었지만, 그 사태에 스음하여 우리 안에 여전히 욕망의 DNA 또한 아무 손상 입지 않고 잘 살아 있음을 확인할 수 있었다. 보편적인 수준과 범위에서 인간의 욕망을 제어制御한다는 것은 어쩌면 망상일지도 모르고, 욕망의 제거는 자칫 인간의 본성마저 거세하는 결과로 이어질 수 있으므로 신중에 신중을 기해야 할 문제이다. 그러나 분명한 것은 인간이 욕망을 자제하거나 통제받지 않고서는 인류가 직면한 문제를 해결하는 길은 없다는 점이다.

그런 점에서, 이번 팬데믹 사태에 직면하여 '마스크를 쓴 지구'의 모습은 여러 모로 상징하는 바가 많다. 이 사태가 전 지구적 규모로 벌어지고 있다는 의미도 되지만, 마스크를 쓴 지구에서 우리는 이 팬데믹 사태가 근본적으로 지구 자체의 면역력 저하로부터 유래한 것임을 읽어야 한다. 이미 많은 사람들이 그렇게 하고 있지만. 그러므로 마스크를 쓴 지구에 사는 우리가 할 일은, 이 코로나19 사태를 근본적으로 종식시키기 위해서라도, 지구의 생태적 건강성을 회복하는 일이다. 이것은 앞서 말한 '인류 욕망의 제어'로부터 출발한다. 최소한 그것이 위험도의 상승곡선을 하강곡선으로 전환하는 변곡점이 될 것이다.

한 인간에서부터 지구 전체에 이르기까지, 우리는 '마스크와 더불어 하는 삶, 마스크를 쓴 존재'로서 살아가는 시대에 접어들었다. 마스크를 나를 가두는 감옥, 나를 감추는 가면, 나를 고립시키는 장막으로 쓸 것인가, 그게 아니라 다시는 옛날처럼 방만하고 욕심껏 살지 않겠다는 참회의 기구祈求, 너에게 다가가고 싶다는 신호, 우리 모두를 위하는 축제의 깃발로 쓸 것이냐는 각자의 의지와 심보에 달려 있다. 지금-여기, 우리는 모두 '호모마스쿠스'임이 분명하다.

함께 만들어 가는 새로운 이야기

주요섭

전환은 이미 시작되었다

'이후'가 아니다. 이미 전환은 시작되었다. 현재진행형이다. 포스트코로나19 얘기다. 신체적 거리두기, 마스크 쓰기, 비대면 소통이 이미 생활의 일부가 되었다. 공원을 걷는 사람들이 늘어나고, 집 안의 반려동물과 더욱 친해졌다. 그리고 하늘이 맑아졌다. 재택근무와 온라인 강의가 노동 형식과 교육 형식을 바꾸고 있다. 실업과 폐업이 늘어나며 서민들이 경제적 고통에 빠지고 있는 한편, 기본소득이나 탈성장도 낯설지 않은 단어가 되었다.

이뿐만 아니다. 대전환을 예고하는 경고와 예언이 넘쳐난다. 말 그대로 '이구동성', 입은 다른데 목소리는 하나다. "코로나 이전으로 돌아갈 수 없다.", "코로나 발생 이전의 세상은 이제 다시 오지 않는다.", "세계 질서를 영원히 바꿔 놓을 것이다.", "우리가 알던 세상은 끝났다.", "인류의 역사는 코로나 이전Before Corona과 코로나 이후After Corona로 나누어질 것이다." 등등.

이르게 온 새로운 삶과 사회, 그리고 새로운 인간과 문명을 이야기하기도 한다. '코로나 뉴노멀'이란 말도 낯설지 않다. '코로나19, 신인류 시대'를 논하는 국내 미디어의 대담 시리즈가 방송되기도 했다. 1920~1930년대의 대공황 때보다 더욱 치명적인 경제·사회적 붕괴가 예고되는 가운데, 발 빠르

지구촌 모든 사람들이 TV 등 전통적인 매체와 유튜브와 페이스북 등
뉴미디어를 통해 '실시간으로' 지구적 변화를 목격하고 느끼며
생각을 거듭하고 있다

게 디지털 경제로의 전환을 촉구하기도 한다. '패러다임의 전환'은 오히려
한가한 말로 느껴질 정도다.

요컨대, 코로나19 사태는 사람들의 마음과 생활의 측면에서도, 의료·교
육·경제 등 국가 시스템 및 글로벌 시스템 측면에서도 근본적인 변화를 만
들어내고 있다. 디지털-인공지능 시대와 연동해 대전환의 양상은 더욱 증
폭될 것으로 보인다. 가히 '문명 전환'을 말하기에 부족함이 없다. 더욱이 지
구촌 모든 사람들이 TV 등 전통적인 매체와 유튜브와 페이스북 등 뉴미디
어를 통해 '실시간으로' 지구적 변화를 목격하고 느끼며 생각을 거듭하고 있
다. 우리는 이미 현재진행형인 문명 전환의 관찰자이면서 경험자이고, 동시
에 참여자인 것이다.

그런데 이러한 불연속적 변화의 결정적 현장은 그 무엇보다 '마음'이다.

초유의 낯선 현실이 사람들의 마음에 커다란 파장을 일으키고 있다. 코로나 19 사태의 한복판에서 마음 상태와 마음의 패턴과 마음의 구조가 흔들리고 또 재구성되고 있다. 공포와 불안감은 생존 본능을 자극하기도 하지만, 또 다른 순간 돌아보기를 강제하기도 한다. 자기와 타자를 성찰케 한다. 코로나19의 충격은 문득 하나의 깨달음으로 다가오기도 한다. 바이러스와 인터넷이라는 전혀 다른 성질의 두 매개체를 통해 '지구적 삶'을 몸으로 느낀다. 거기에서 '관계성'을 깨닫는다. 이윽고 자신의 변화를 알아차리면서 마음의 전환을 실감한다. 변화된 자기에 대한 자각이다.

개인도 그렇지만 사회적으로도 그러하다. "우리나라가 이런 나라였어?", "역시 가족뿐인가?", "진정한 종교 생활은 뭐지?" 식으로 스스로 묻고 답하게 된다. 그리고 미디어와 지식인들과 종교가, 그리고 정부가 멈춤과 돌아보기를 이야기하기 시작한다. 이를테면 사회의 자기 성찰이다. 사회적 전환의 시작이다.

안정의 역설과 위기의 역설

전환과 이행은 이미 현실이지만, 이에 대응하는 모습은 제각각이다. 어지럽고 혼란스럽다. 그러나 이 속에서 어떤 패턴이 발견되기도 한다. 그 키워드 중 하나가 '역설'이다. '안정의 역설'이란 이미지도 떠오르고, 예의 '위기의 역설'이라는 말도 생각난다.

첫째, 안정의 역설이다. 같은 코로나19 사태를 겪으면서 왜 미국과 유럽은 대혼란에 빠지고, 물론 아직 끝을 알 수는 없지만 한국은 모범국이 되었을까? 그에 대한 대답 중 하나는, 이를테면 '태평성대의 역설'이다. 제2차 세계대전 이후 유럽과 미국은 75년 동안 그야말로 태평성대였다. 여기엔 일찍이 탈아입구脫亞入歐를 선언했고, 또 서구의 일원임을 자부하고 있는 일본도 포함된다. 이들 이른바 '선진국'들은 제2차 세계대전이 끝난 1945년 이후 지난 75년 동안, 정치·사회·경제·문화 모든 면에서 전반적으로 안정적이었다. 68혁명, 석유위기, 베를린 장벽 붕괴 등 고비는 있었지만, 체제를 위협할 만한 결정적인 외부의 도전은 없었다. 역사적으로 유례가 없는 태평성대였다. 그러나 세상엔 '공짜가 없다'. 지나친 안정의 결과는 치명적인 불안정을 낳는다. 과도한 균형의 결과는 파괴적 불균형일 수밖에 없다.

반면 한국사회는 150여 년 전 조선 말 서구 열강의 침략과 전염병의 창궐, '일상화된 굶주림'의 3대 생명 위기' 이후 일제 식민지와 6·25 한국전쟁을 겪으며, 20세기 말에는 IMF 경제위기를 겪으며, 그리고 최근 메르스와 사스의 공포와 세월호의 참혹한 죽음과 맞서며 혹독한 생존 투쟁을 벌여 왔다. 산업화와 민주화도 생명의 관점에서 보면, 배고픔과 신체적 억압에서 벗어나기 위한 일종의 생존 투쟁이었다. 생물학적 생명만이 아니다. 사회적 생명을 지키고 또 확장하기 위한 투쟁의 연속이었다. 그야말로 살아남기 위해 할 수 있는 모든 것을 다했다. 19세기 말 성리학적 질서의 붕괴와 열강의 침략에 맞서 척사와 개화, 그리고 다시개벽의 길을 제시하며 치열하게 싸웠고, 일제하에서는 제각각 민족주의와 공산주의와 아나키즘 등의 전략으로,

한국전쟁 이후 남과 북의 극단적인 대립 속에서는 좌와 우, 보수와 진보로 나뉘어 치열하게 살길을 찾아왔다. 그렇다. 하나의 결론은 이것, 근현대 150 여 년간의 치열한 생존 투쟁과 극심한 내부 갈등이 역설적으로 오늘의 한국 모델을 만들었다는 것이다.

둘째, '위기의 역설'이다. 이미 다 아는 이야기다. 역사에서 확인하곤 했듯이, 역시 위기는 곧 기회다. 천지인 삼재론으로 말하면, 위기危機란 세 기틀의 위태로움이요, 기회機會란 세 기틀의 다시 모임, 즉 재구성이다. 코로나19 사태로 모두가 한 번쯤 들은 이야기들이다. 중세 유럽을 휩쓸었던 흑사병은 르네상스, 즉 근대 유럽의 계기가 되었고, 20세기 초 대공황이 오늘의 미국을 만들었으며, 제1, 2차 세계대전의 끔찍한 파괴와 죽음과 트라우마가 오늘의 유럽을 만들었다. 오늘 전 인류가 겪고 있는 초유의 경험은 또 어떤 '기회'를 만들어낼지 알 수 없는 일이다.

그렇다. 어느 복잡계 연구자의 말처럼, "혼돈의 가장자리에서 새로운 질서가 생겨난다." 우리는 속절없이 쓰러지는 이웃들과 사회 시스템의 붕괴 속에서 지구적 혼돈을 실시간으로 경험하고 있다. 그리고 동시에 '비대면 소통'과 같은 새로운 질서의 자기조직화를 체감하고 있다. 코로나19의 충격은 우리로 하여금 삶을 성찰하게 한다. 사회와 문명을 질문하게 한다. 또한 전혀 예상치 못한 이슈들을 우리 곁으로 불러들이기도 한다. 기후변화와 불평등에 대한 재인식도 그중 하나이다. 코로나의 역설이다. 의식적으로든 무의식적으로든 우리는 이미 새로운 질서를 만들어 가고 있다.

코로나19 사태로 경험하고 있듯이, 우리가 살고 있는 이 세계는 생명의 측면에서도 사회적 측면에서도 상상을 불허하는 초복잡계다. 하나의 모델로 모든 것을 대체할 수 없다. 서구형 모델의 실패와 동양적 모델의 성공으로 단순화할 수 없다. 모델이 있더라도 일시적일 뿐이다. 생명에는 '대안' alternative 모델이 없다. '양자택일'로 보일 수도 하지만, 실제로는 '또 다른' 삶이 있을 뿐이다. 그런 점에서 더 이상 한국이 따라갈 모델이 없다는 말은 진실에 가까운 것으로 보인다. 이제 우리 스스로 모델을 만들어 가야 한다. 스스로 선택해야 한다. 물론 이 점은 온 세계가 마찬가지일 것이다. 글로벌 연대와 협력은 반드시 필요하지만, 각 나라와 대륙이 자기의 방식으로 헤쳐나갈 수밖에 없다는 말이다. 그런 점에서 '오리엔탈리즘의 종말'이라는 진단도 일리는 있지만, '이제 동양이 대안'이라고 말하는 것은 위험해 보인다. 흔히 하는 말로 '정답은 없다'.

　다시, 역시 결론은 역설이다. 새로운 삶과 사회, 그리고 새로운 문명의 역설적 자기조직화. 근대화 모델이든 서구 모델이든, 모델 자체가 무용지물이 되는 현실에서 역설적으로 새로운 질서를 만들어 가지 않을 수 없게 되었다. 옛 질서의 붕괴 속에서 가치관과 세계관, 삶의 양식, 문명을 이야기하지 않을 수 없게 되었다는 것이다. 한국사회만이 아니다. 유럽도, 미국도, 일본도 지금까지와는 전혀 다른 길을 탐색하지 않을 수 없을 것이다. 물론 중국도 예외가 될 수는 없을 것이다

이 이야기의 작가는 누구일까?

우리에겐 가끔 특별한 느낌이 일어날 때가 있다. 어느 날 아침 문득 새로운 기분과 새로운 느낌이 일어나고, 새로운 세계로 이끌리는 극적인 체험을 하기도 한다. 그리고 이전의 삶을 포함해 인생 전체 이야기를 새롭게 쓰게 된다. 이후 '나'의 삶은 새로운 삶의 트랙으로 도약한다. 자기 인생의 새로운 시대가 열린다.

코로나19를 겪으며, 또 다른 특별한 느낌이 올라온다. 불안감과 공포감은 물론이거니와, 뭐라 말로 표현할 수 없는 미묘한 기분이 든다. 전혀 새로운 감각이다. 그리고 적지 않은 사람들이 이런 느낌을 고백하고 또 공유한다. 공감이라도 해도 좋고 공명이라고 해도 좋다. 6년 전 우리가 세월호 이전과 이후를 경험했듯이, 만약 인류사 혹은 지구의 역사가 코로나 이전과 이후로 나누어진다면 우리는 어떤 세계를 살게 될까? 어떤 느낌과 생각으로 살아가게 될까? 어떤 이야기가 만들어지고 또 전개될까?

지난 역사를 돌아보면, 새로운 이야기가 만들어진다는 것은 새로운 주인공이 등장한다는 것이었다. 그 주인공이 군주였던 때도 있었고, 국가와 민족이었던 경우도 있었고, 민중 혹은 계급이이었던 경우도 있었다. 그리고 오늘날 다양한 모습의 '나'들로 확장되고 다채로워졌다. 그리고 21세기 빅히스토리의 시대, 인간/비인간, 생명/비생명의 모든 존재가 주인공으로 출연하고 있다. 이렇듯 이야기의 주인공은 바뀌어 왔고 그것을 역사의 진보라고 믿기도 했다. 그런데 한 가지 의문이 일어난다. 그 수많은 이야기의 작가는 누구일까? 스토리텔러는 누구일까? 코로나 이후, 새로운 문명 이야기는 누가 만들고 변주하게 될까?

어떤 사태를 해석하고, 정의하고, 규정하는 것은 '내'가 아니었다. '우리'가 아니었다. 새로운 개념, 새로운 이론, 새로운 이야기story는 극소수의 위대한 성인이나 절대 권력자의 몫이었다. 넓게 말하면 엘리트들의 몫이었다. 그것을 그냥 역사history라고 말하든, 혹은 인간의 역사human-story라고 말하든 마찬가지다. 새로운 방식의 이야기 쓰기라고 할 수 있는 탈가부장적 역사herstory나 생명 이야기lifestory, 그리고 지구 이야기earthstory와 우주 이야기universal story도 마찬가지다.

그렇다. 이것이 이 글의 핵심이다. 새로운 질서를 만드는 이는 누구일까? 새로운 문명의 주인공이 아니라 새로운 문명 이야기의 창작자를 묻는다. 새로운 감성으로 새로운 이야기를 만드는 작가, 혹은 '새로운 사회의 구성'을 꿈꾸는 사람들, 새로운 문명을 창조하는 사람들에 대해 생각해 본다. 새로운 질서도 역시 구성되는 것이라면, 그 질서 역시 하나의 세계관이거나 하나의 의미론이라면, 관건은 결국 누가 어떻게 그 이야기를 만들어 가느냐일 것이다. 더욱 중요한 것은 잠재적 작가로서 사람들의 느낌과 생각이 변화하고 있다는 사실이다. '나' 는 어제의 '나'가 아니다. 우리는 과거의 우리가 아니다. 물론 바이러스도 사회 시스템도 함께 바뀌고 있다. 동시생성이고, 동시전환이다. '우리가 이야기 쓰기의 작가'라는 자각도 생성과 전환의 증거 중 하나이다. 우리는 관찰자이면서 경험자이면서 참여자이며, 그리고 창작자이다. 우리는 무대 위의 배우가 아니다. 배우이면서, 조명기사이면서, 무대기술자이면서, 작가이면서, 감독이면서, 제작자다.

살아가면서 우리는 늘 다면적 자아를 경험한다. 생명 자아, 성적 자아, 가족적 자아, 직업적 자아를 비롯해 다양한 자아를 경험한다. 넷플릭스를 볼 때의 자아, 친구를 만날 때의 자아, 호텔에 들어갈 때의 자아, 막걸리를 마실 때의 자아가 다름을 경험한다. 포스트코로나 시대에는 또 다른 자아를 경험하게 될 것이다. 그리고 그중 하나가 스토리텔러로서의 자아일지도 모른다. 의미를 구성하고 가치를 생산하는 존재로서의 자기 말이다. 이 세계에 대한 은유를 만들고, 새로운 지각과 개념을 발명하는 자기 말이다.

촛불광장에서만 살아 있음을 느끼는 것은 아니다. 우리는 일상에서 작은 새로움을 만나고 또 창조하며 기쁨을 실감한다. 우리는 이미 크리에이터다. 유튜브에서만이 아니다. 90%든 10%든 1%든 상관없다. 신의 속성 중 하나가 조물주이고 인간이 신을 닮았다면 우리는 곧 창조자다. 우리는 이미 아즉천我卽天의 시대를 살고 있다. 우리는 만인성인의 시대, 만인진인의 시대, 만인작가의 시대를 살고 있다. 코로나19가 이를 활짝 열어 줄 수도 있다. 150년 일찍이 개벽 세상을 열망했던 동학의 2대 교조 해월 최시형은 이렇게 말했다. "사람은 하늘을 떠날 수 없고 동시에 하늘도 사람을 떠나서는 이룰 수 없다."

새로운 문명 시대엔 인간/비인간, 생명/비생명을 가릴 것 없이 모두가 주인공이며, 동시에 작가다. 물론 메인 작가는 이 시대를 호흡하는 인류다. 오늘의 삶과 세상을 자기 스스로 이야기하고 스스로 행한다. 자기와 사회와 문명을 재창조한다. 이것이 오늘의 한국사회의 출발점인 150년 동학혁명의 꿈, 다시개벽 아닐까? 포스트코로나 시대, 한국사회는 이미 새로운 이야기를 써 내려가고 있다.

새로운 이야기 다시 함께 만들기

새로운 이야기 만들기와 새로운 문명으로의 이행은 새로운 삶의 기준, 즉 새로운 세계관과 생활양식의 재창조 등으로 구체화된다. 원격교육은 새로운 사회적 관계를 만들고, 반려동물과 함께하는 자가격리로 인해 비인간생명과 함께 살기는 또 다른 단계로 진화한다. 코로나19 사태는 종일제 노동, 정규직 중심의 노동 양식에 근본적인 전환을 불러일으킬 것이다. 국민적 실업 사태와 기업활동 중단 사태는 GDP 중심의 성장경제 시스템을 근본적으로 변화시킬 것이다. 물론 정치 시스템도 변화를 피할 수 없을 것이다.

한국사회운동사에서 처음으로 문명 전환 이야기를 만들고 썼던 한살림은 30여 년 전 생명의 세계관 확립과 새로운 생활양식의 창조를 사회운동 과제로 제시했다. 생명의 세계관은 생태 환경 이슈를 사회적으로 확산시키는 것과 동시에, 사상적으로 실체적·존재적 사유에서 관계적·생성적 사유로의 전환을 촉진했다. 또한 한살림은 새로운 생활양식을 창조하기 위해, '매장/나눔터'라는 호혜-매매 융합의 새로운 교환양식을 발명하고, 살림 노동이라는 개념으로 새로운 노동 양식을 탐색했다.*

그러나 이때의 새로운 이야기 만들기에는 한계가 있었다. 소수의 지식인이 '선언'했다는 점이 지적되기도 하지만, 결정적인 한계로 여겨지는 것은 생명의 세계관도 '하나의' 세계관이라는 자각이 부족했다는 것이다. 생명살림도 '하나의' 의미론이라는 자각이 충분치 않았던 점이다. 객관주의 진리관 탓이다. '생명의 세계관'과 '생명의 생활양식'은 객관적 진리로 '발견'되고 '선언'되었던 것이다.

포스트코로나 시대의 새로운 이야기 만들기는 한마디로 '함께 다시 만들기'이다. 첫째, 새로운 이야기는 '만들기'이다. 이야기는 '구성'構成, construct된다. 누군가에 의해 제시되거나 숨겨진 보물처럼 발견되는 것이 아니다. '발명'되는 것이다. 둘째, 이야기는 '다시' 만들어진다. 시작도 끝도 없다. 이야기는 늘 '다시 또다시' 만들어졌고 만들어 왔다. 셋째, 이야기는 '함께' 만든다. 이때 '함께'는 이중적이다. 스토리텔러들의 공동 작업이기도 하지만, 동시에 바이러스를 비롯한 뭇 생명과 물질세계와의 공동 작업이기도 하다.

그런데 한 가지 확인해야 할 것이 있다. 이야기도 하나의 형식form이라는 점이다. 생명이 생명 되기 위해서는 나름의 운동 패턴과 구조와 경계가 있어야 한다. 이야기도 마찬가지다. 이야기 역시 구성 요소와 시점과 단계가 있는, '하나의 형식'이다. 형식이 없이는 작품이 될 수 없다. '포스트코로나

---

* 여기서 사용하는 '생활양식' 개념은 소비, 생산, 노동, 소유 양식 등을 포괄하는 넓은 의미에서의 인간의 생명 활동/생활 형식으로 정의된다.

시대의 문명'이라는 이야기에는 새로운 사유의 형식세계관, 새로운 삶의 형식생활양식, 새로운 주인공의 형식주체성이 요구된다. 새로운 느낌지각과 새로운 생각개념이 필요하다.

혼돈의 가장자리에서 자기조직화를 통해 새로운 질서가 만들어졌다고 하더라도, 질서를 재생산하는 구조화된 운동의 체계system가 없이는 새로움이 유지될 수 없다. 새로운 시스템을 만들지 않으면, 새로운 질서의 잠재력은 기존의 시스템에 의해 해체되거나 흡수되어 버린다. 물론 쉽지 않은 일이다. 그러나 결국 '자각하는 사회'의 자각적 에너지에 의해 새로운 이야기가 만들어져 왔고 또 만들어질 것이다.

이 또한 역설이다. 폼생폼사form生form死, 폼이 나면 살고 폼이 사라지면 죽는 게 생명이다네이버 국어사전. 형식이 없으면 존재도 없다. 그러나 형식은 우리를 구속한다. 생명 형식은 생명의 새로운 전개를 억압한다. 그런 점에서 형식은, 역설적으로 잠정적이다. 언제든지 바뀔 수 있다는 점에서 형식은 또한 가상적이다. 물론 지금은 폼form을 구성할 때이다. 새로운 이야기를 함께 다시 만들어야 할 때이다.

앞서 말했듯이 함께 다시 만들어 갈 새로운 이야기는 일단 세 가지이다. 첫째, 새로운 세계관, 둘째, 새로운 삶의 형식, 셋째, 새로운 주체성. 물론 정답은 없다. 다시 함께 만들어야 할 공동 과제일 뿐이다.

모든 길은 새 길이다

이런저런 이야기를 했지만, 알 수 없는 일이다. 확실한 건 아무것도 없다. 미래를 계획할 수도 있고 예측을 해 볼 수 있지만, 예단할 수는 없다. 우리는 지금 가 보지 않은 길을 가고 있다. 사실은 삶 자체가 그렇지만 코로나 이후는 더욱 그러하다. 이를테면 미지의 세계로 떠나는 여행이다. 코로나19에 대응하는 한국사회가 오늘 그러하듯이, 길을 만들며 길을 갈 수밖에 없다.

현재 우리는 바이러스라는, 정체를 알 수 없지만 치명적인 위협이 되는 어떤 존재와 함께 살고 있다. 다시 말하면, 보이지 않는 존재와 함께 살고 있다. 다르게 말하면 '불확실성과 함께 살기', '복잡성과 함께 살기', '예측 불가능성과 함께 살기'라고 말할 수 있다.

그렇다. 불확실성이 우리를 불안과 두려움으로 이끈다. 그런데 이를 자각하는 순간 우리는 이미 또 다른 삶의 트랙으로 들어선 셈이다. 불확실성을 자각하고 수용하는 것 자체가 전환의 도래인지도 모른다. 불확실성과 함께 살기를 다르게 말하면, 신비함과 함께 살기, 무궁함과 함께 살기라고 말할 수도 있을 것이다. 사실 새로운 이야기를 구성할 수 있는 근거도 여기에 있다. 미지의 세계, 불확실성, 신비함으로 인해서 우리는 새로운 이야기, 새로운 삶의 형식, 새로운 '나' 만들기를 시도해 볼 수 있는 것이다.

그런 맥락에서 지금 무엇보다 절실한 일은 '마음 나눔'이다. 두렵고 놀랍고 알 수 없는, 낯선 경험을 나누는 일이다. 지금 가장 필요한 것은 대화의 시간과, 공감과 공유를 위한 안전한 공간이다. 섣불리 코로나19 사태를 분석하거나 정의하기에는 이르다. 특정한 의미를 부여하거나 보편적 가치로 재단하는 것은 더욱 위험해 보인다. 자기와 타자의 마음을 알아차리는 일이 우선이다. 그리고 대면/비대면의 새로운 형식의 사회적 만남을 통해 서로 느낌과 생각을 나누고, 자신의 관찰과 경험을 나눌 수 있기를 기대한다. '마음 나누기'와 '경험 나누기'는 곧 '배움 나누기'이고 나름의 '깨달음 나누기'가 될 것이다. 물론 나름대로 사태를 정의하고, 새로운 이야기를 다시 함께 만드는 날이 머지않아 오겠지만.

미래는 열려 있다. 미결정의 유동 상태다. 나눔도 필요하지만, 다양한 관점에서의 기획도 필요하다. 오래전 어느 과학자는 '구조기획'에 대해 '과정기획'이라는 개념을 제안하기도 했다. '이야기 다시 함께 만들기'는 다시 말하면, 공동의 과정기획인 셈이다. 물론 필요하면 이와 관련된 새로운 조직 형식을 만들 수도 있을 것이다. 중요한 것은 그 '과정이 곧 결과'가 될 것이라는 점이다. 그렇다. 코로나 이후의 새 길은, 역시 길을 내면서 길을 가는 길이다. 전환은 이미 현재진행형이다.

※ 덧붙임: 물론, 이 모든 이야기의 전제는 코로나19로 인해 고통받는 인류의 안전과 건강이다. 사람들에게 안전한 공간과 기본적인 삶의 조건을 보장하는 일이다. 그리고 서로를 향한 연민의 마음이다. 무엇보다 코로나19로부터 자신과 가족을 보호할 수 있고, 불안한 마음과 허약한 몸을 돌볼 수 있으며, 기본적인 생활을 가능케 해야 할 것이다. 그리고 이는 전환의 출발점이 될 것이다.

영성의 문제는 특정 종교 신자들이나 전근대적 사람들만의 문제가 아니다. 자신의 마음에 나타나는 믿음의 방향을 성찰하지 못하는 한 가짜뉴스도 차별도 사라지지 않을 것이다. 이것이 영성적 면역력의 저하다. 그 영향력에 비해 영성에 대한 이해가 너무 적다. 다만 그렇다고 해서 비실재와 실재를 분별할 능력을 키워야 한다는 말이 아니다. 자신의 마음의 특징, 믿음의 기능을 알고서 조심해서 다뤄야 한다는 것이다.

제4부

종교의 역할

한국 기독교를 위한 신학적 백신은?

손 원 영

코로나19 팬데믹과 신학적 백신

코로나19는 한국사회뿐만 아니라 전 세계를 완전히 바꿔 놓고 있다. 마치 예수 그리스도를 중심으로 역사가 'BC' Before Christ와 'AD' Anno Domini로 나뉘듯이 말이다. 그래서 혹자는 코로나19를 중심으로 하여 역사를 다시 써야 한다면서, 코로나19 이전과 이후를 각각 새로운 BC Before Corona와 AD after Disease로 구분하고 있다. 재치 있는 구분이다. 이럴 때 우리는 역사의 획을 그으며 나타난 예수께서 천국 복음을 전하며 첫 음성으로 외친 말씀을 떠올리게 된다. "회개하라, 천국이 가까웠느니라." 마태복음 4:17 이처럼 코로나19는 한국 기독교의 현재 모습에 철저히 반성을 촉구하면서 새로운 시대를 맞이하도록 촉구하는 사랑의 매와 같은 하늘의 선물이 아닌가 싶다.

사실 돌이켜 보면, 최근 몇 년간 한국사회는 엄청난 변화를 겪었다. 부패의 상징이었던 두 명의 전직 대통령이 구속되었고, 새로운 정부는 소위 적폐청산이란 이름으로 적지 않은 변화를 꾀하여 왔다. 하지만 한국 교회는 어떤가? 한국 교회는 아쉽게도 오히려 시대적 흐름에 역행하면서 철저하게 왜곡된 전통을 지키려는 '수구'守舊의 상징으로 고착되고 있다. 그 대표적인 상징적 사건은 대형 교회의 세습 추인과 태극기 집회, 특히 코로나19가 온

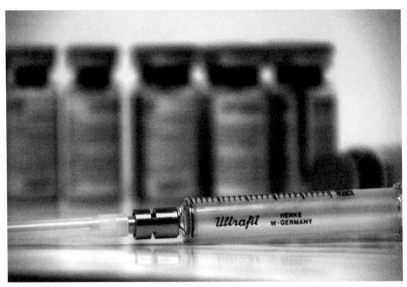

코로나19 이후의 기독교는 코로나19 팬데믹으로 상징되는 인류세와 자본세의 억압 구조로부터
인류를 치유하고 구원하기 위해 어떤 신학적 백신을 상상할 수 있을까?

세상에 엄습했을 때 예배를 핑계로 방역을 거부했던 모습 속에서 잘 드러난다. 사회는 새로운 방향으로 힘겹게 싸워 가며 나아가고 있는데, 기독교는 오히려 역방향으로 질주하다 보니 그것을 바라보는 이들은 마치 롤러코스터를 타는 느낌을 받는다.*

하지만 역사의 수레바퀴를 거스를 수는 없는 일이다. 교회가 아무리 그것을 거부한다고 할지라도 시대정신을 거부할 때에는 엄청난 퇴행과 견디기 힘든 고통이 수반될 뿐이다. 실제로 현재 코로나19 사태로 인하여 한국 교회는 그 어떤 사회적 구성체들보다 큰 고통을 겪고 있다. 교회당은 비어 가고, 신학교에서 매년 수천 명씩 배출되는 목회자들은 서야 할 자리가 없다. 심지어 목사들의 설교는 더 이상 사회에 울림이 되지 못한 채 시끄러운 꽹과리처럼 외면받고 있다. 그래서 설교는 세상 사람들에게 마스크 한 장만도 못한 처지가 된 것이다. 이런 상황에서 한국 기독교가 새롭게 변화되어 새로운 패러다임으로 변혁되지 않는다면, 그 결과는 너무나 자명하다. 따라서 한국 기독교는 코로나19 이후의 모습을 상상하면서 근본적인 질문과 함께 진지한 변화를 모색할 때이다. 이런 문제의식에서 여기에서는 코로나19 팬데믹 pandemic 이후, 한국 기독교가 나아가야 할 방향을 '신학적 백신'이란 측면에서 성찰하고자 한다. 여기서 신학적 백신이란 코로나19처럼 보이지 않게 한국 기독교에 숨어 있는 나쁜 바이러스와도 같은 문제점들을 극복하기

---

* 이 글은 광복절 광화문 '태극기 집회'가 있기 전에 쓴 글이지만, 그 사태 전에 진단한 이 단락의 내용에서 이미 예견되고 있다.

위한 신학적 처방전이라고 말할 수 있다.

신학적 백신1: 항바이러스 신학

코로나19 팬데믹은 우연히 발생한 사건이 아니다. 그것은 이미 오래전부터 예견된 일이었다. 왜냐하면 지난 100년 동안 인류는 인간의 탐욕에 대한 비판적 성찰을 소홀히 한 채, 오직 생산성만을 높이기 위한 무한경쟁 체제 속에서 모든 것을 재화를 창출하는 자본으로 간주하는 일종의 신자유주의 전략을 극대화시켜 왔기 때문이다. 그래서 인류는 지난 100년 사이에 상상할 수 없는 빠른 속도로 인간 탐욕의 욕망을 충족시켰지만, 그 반대로 지구 생태계를 파괴시키면서 핵과 플라스틱으로 특징지어지는 신인류 세계 곧 '인류세'anthropocene라는 새로운 이름을 얻기에 이르렀다. 또는 인류가 자본을 중심으로 탐욕적 신자유주의 경제 체제를 경영하는 과정에서 형성된 세계 지형이라는 점에서 '자본세'capitalocene로 불리기도 한다. 말하자면 코로나19 팬데믹은 인류세와 자본세 부부가 낳은 자녀인 셈이다. 물론 인류세와 자본세가 낳은 자식은 신종전염병으로 불리는 코로나19 팬데믹만은 아니다. 그것은 울리히 벡Ulich Beck이 말하는 '위험사회'에서 불가피하게 발생하는 산업재해나 후쿠시마 원전 사고 그리고 세월호 사건과 같은 인재까지를 모두 포함한다. 이 모두는 인류세를 규정하는 신자유주의가 낳은 인간 탐욕의 산물이다.

주지하듯이, 지난 수십 년 동안 각국 지도자들은 신자유주의의 문제들을 해결하기 위해 온갖 노력을 다했지만, 지난 다보스Davos 모임에서 보여준 것처럼, 기후 온난화 문제의 논의를 비롯하여 그 결과는 지지부진할 뿐이다. 이런 상황에서 벌어진 코로나19 팬데믹은 정말로 '위대한' 결과를 만들어내고 있다. 그것은 코로나19 팬데믹이 벌어진 단 몇 달 만에 지난 수백 년 동안 전 세계가 해결하려고 그렇게 애쓴 인간 탐욕의 문제를 한꺼번에 치유하기 위해 근본적인 변화를 모색하고 있기 때문이다. 수백만 명이 바이러스에 감염되고 수십만 명이 사망한 코로나19 팬데믹은 인류세와 자본세의 억압적 구조를 그대로 폭로시켰으며, 이제 우리는 인간을 억압하는 온갖 구조악으로부터 인간을 해방시킬 새로운 묘안을 찾고 있다.

이런 상황에서 코로나19 이후의 기독교는 코로나19 팬데믹으로 상징되는 인류세와 자본세의 억압 구조로부터 인류를 치유하고 구원하기 위해 어떤 신학적 백신을 상상할 수 있을까? 예수께서 외친 '회개의 요구'가 당시 새 시대를 여는 첫 신학적 백신이었다고 한다면, 코로나19의 상황에서 요청되는 신학적 백신 역시 인간 탐욕의 죄악을 반성한다는 의미에서 '회개의 신학'theology of repentance이 될 필요가 있다. 여기서 회개의 신학이란 다름 아닌 인류세와 자본세가 보여준 무한한 인간 욕망과 그 제도적 억압 구조를 철저하게 폭로하고 반성하는 의미에서의 회개이다. 이런 점에서 회개의 신학은 일종의 '새로운 해방신학'new theology of liberation이라고 불러도 좋을 것이다. 왜냐하면 해방신학은 원칙적으로 인류의 죄악, 특히 인간에 대한 사회구조적인 억압으로부터의 해방과 자유를 지향하는 신학적 작업이기 때문이다.

해방신학을 처음으로 주창한 구스타보 구티에레즈Gustavo Gutierrez는 해방신학의 연구방법론과 관련하여 의미 있는 설명을 제시한 바 있다. 그에 따르면, 해방신학이란 언제나 '두 번째 발자국' the second step이다. 두 번째 발자국이란 무슨 의미인가? 그것은 두 가지의 의미로 설명될 수 있다.

첫째로 그것은 두 번째 발자국인 신학보다 '첫 번째 발자국' the first step인 그 무엇이 더 중요하다는 의미이다. 이때 첫 번째 발자국은 다름 아닌 '인간의 실천적 삶'practice이다. 특히 여기서의 실천적 삶은 바로 지금 여기에서 힘겹게 살아가는 인간 고통의 현실과 그것을 극복하려는 노력을 의미한다. 말하자면 코로나19 때문에 온 인류가 신음하고 있는 현실, 그리고 그 코로나19의 고통 속에서 전염병과 투쟁하며 꿋꿋하게 살아 내는 사람들의 간절한 외침들이 신학 연구의 첫 번째 발자국이라는 의미이다. 이것을 앞서는 그 어떤 신학적 시도도 무의미하다. 그렇다면 코로나19 이후 진정한 교회는 어떤 교회인가? 그것은 코로나19와 같은 인간 고통의 현실을 결코 외면하지 않고, 오히려 고통당하는 사람에 대해 깊은 연민 의식을 갖고 그 고통의 현실에 마주하며, 먼저 용기 있게 자신의 첫 번째 발자국을 인간 고통의 현실 속으로 내딛는 공동체이다.

둘째로 두 번째 발자국이란 다름 아닌 첫 번째 발자국에 대한 '비판적 성찰' critical reflection이란 의미이다. 이것은 인간의 고난의 삶에 대하여 '비판적 기억'과 '비판적 현실 분석'을 토대로 새로운 시대를 향한 '비판적 상상'을 시도하는 것이다. 그래서 비판적 성찰의 결과로써 사람들로 하여금 고통의

코로나19 이후 진정한 교회는 인간 고통의 현실을 결코 외면하지 않고,
오히려 고통당하는 사람에 대해 깊은 연민 의식을 갖고
그 고통의 현실에 마주하며, 먼저 용기 있게 자신의 첫 번째 발자국을
인간 고통의 현실 속으로 내딛는 공동체이다.

현실로부터 벗어나도록 안내한다. 이런 점에서 신학은 언제나 사람들에게
희망을 주는 지적 활동이 되어야 하며, 두 번째 발자국으로서의 신학은 사
랑의 학문이라고 말할 수 있다. 따라서 첫 번째 발자국인 실천과 두 번째 발
자국인 비판적 성찰이 하나로 묶여졌을 때, 구티에레즈는 그것을 일컬어 '프
락시스' praxis: 실천라고 명명하였다. 결국 코로나19 팬데믹 속에서 우선적으
로 추구해야 할 신학적 백신은 다름 아닌 형이상학적 사유의 활동이 아니
라, 철저하게 삶의 고통의 문제로부터 출발하는 새로운 해방신학 곧 '프락시
스 신학' theology of praxis이어야 한다.

그렇다면 코로나19 팬데믹의 상황에서 신학적 백신으로서의 프락시스
신학은 일종의 '항바이러스 신학' anti-virus theology이라고 부를 수 있다. 왜냐

하면 2019년 말부터 지구에 불어닥친 최고의 고통은 코로나19 때문이거니와, 동시에 더 거슬러 올라가서 지난 100년 동안의 역사가 결국 인류세와 자본세로 불릴 만큼 이 세계를 반생명적으로 성장시키고 결국 인간에게 큰 고통을 안겨 준 것은 다름 아닌 탐욕이라는 바이러스이기 때문이다. 따라서 항바이러스 신학은 좁은 의미에서는 코로나19 전염병 배후의 인간 탐욕에 대한 신학적 백신이자, 더 나아가 이 시대의 '고통' suffering에 깊이 공감하며 씨름하는 다양한 신학들과 함께하는 연대의 신학이라고 말할 수 있다. 그래서 항바이러스 신학은 편견으로 고통을 겪고 있는 다양한 소수자들을 연구하는 소수자 신학, 인류의 죄악 때문에 고난에 합류하게 된 동물의 고통에 대한 성찰로서의 동물신학, 그리고 기후변화의 위기와 그 극복을 탐색하는 생태신학 등과 함께 신학적 백신으로 개발되어야 할 것이다.

신학적 백신2: 융합의 신학

코로나19 팬데믹 이후, 한국 기독교는 코로나19 이전의 기독교와 다를 수밖에 없다. 그것은 소위 '뉴노멀' new normal로 불리는 새로운 일상 속에서 과거와는 다른 새로운 형태의 신앙공동체를 형성할 수밖에 없기 때문이다. 예컨대, 한국 기독교가 코로나19 이전에는 '대면'의 공동체만을 절대화하였다면, 코로나19 이후에는 대면의 공동체뿐만 아니라 '비대면'의 공동체에 대한 중요성도 더욱 강조될 것이다. 그뿐만 아니라 삼위일체 하나님과 예수 그리스도에 대한 신앙고백을 비롯하여, 세례와 성만찬 같은 '성례전'이나 '교회'의 의미에 대한 이해도 뉴노멀의 상황에서 새롭게 해석될 수밖에 없다. 만약 실제로 그렇게 진행된다면, 그것은 일종의 제2 종교개혁으로서, 한국 교회에 엄청난 변화를 촉발시키게 될 것이다.

여기서 우리는 16세기 초 독일에서 종교개혁을 이끌었던 루터의 명제 즉 "교회는 개혁되어야 하되, 항상 개혁되어야 한다." ecclesia reformanda et semper reformanda라는 종교개혁의 모토에 주목하게 된다. 왜냐하면 그 명제는 루터 시대의 종교개혁을 위한 모토로서뿐만 아니라 코로나19 이후 새로운 뉴노멀의 시대에도 요구되는 신학적 백신을 위한 모토로도 충분히 활용될 수 있기 때문이다. 이것은 앞의 종교개혁 모토에서 '교회'의 자리에 '신학'이란 말을 대신 위치시켜도 크게 틀리지 않다는 의미이다. 즉 "신학은 개혁되어야 하되, 항상 개혁되어야 한다." theologia reformanda et semper reformanda 그렇다면, 21세기 오늘, 특히 코로나19 이후, 뉴노멀의 시대에 한국 기독교는 과거와는 근본적으로 다른 새로운 신학적 토대 위에 세워져야 마땅하다. 그것은 새로운 신학적 비전으로서, 또 다른 '신학적 백신'과 다름없다. 앞에서 언급한 회개와 항바이러스 신학이 바이러스로 생긴 고통을 치유하는 신학적 백신이었다면, 뉴노멀의 시대에 요구되는 신학적 백신은 새로운 신앙 공동체를 세우는 데 필요한 영양제가 풍부하게 담긴 신학적 처방전이라고 말할 수 있다.

그렇다면, 뉴노멀의 시대에 요청되는 신학적 백신은 무엇일까? 그것은 '융합의 신학' theology of fusion 이다. 서로 이질적이었던 것들을 통합하고 통섭하여 화학적으로 완전히 다른 제3의 처방전으로서의 융합의 신학이다. 여기서 융합의 신학은 예수의 가르침에 근거한다. 즉 예수께서는 하늘나라를 선포하면서 하늘나라를 위해 훈련받은 신학자는 옛것과 새것을 모두 중요하게 여길 것을 강조하였다. "그러므로 천국의 제자 된 서기관마다 마치 새것과 옛것을 그 곳간에서 내오는 집주인과 같으니라." 마태복음 13:52 여기서 새것이 새로운 환경과 새로운 신학 사조를 의미한다면, 낡은 것은 지금까지 당연한 것으로 여겨 온 전통을 의미한다. 즉 예수의 시대에 옛것이란 당연히 유대의 율법적 전통을 말하는 것이라면, 새것은 당시 희랍-로마의 사상과 문화, 더 나아가 예수 자신의 하나님 나라 사유를 의미한다고 볼 수 있다. 따라서 예수께서는 제자들에게 하늘나라를 온전히 전파하기 위해서 유대의 율법과 희랍-로마의 문화를 창조적으로 융합시켜 제3의 신학적 백신의 개발을 촉구하였다고 말할 수 있다.

실제로 이러한 예수의 정신은 시대마다 뉴노멀의 상황에서 새로운 신학적 백신의 개발 원리로서 적극적으로 활용되었다. 예컨대, 초대교회 당시 박해받던 기독교가 콘스탄틴 대제에 의해 공인되고 심지어 더 나아가서 로마의 국교로 정해졌을 때, 당시 기독교는 새로운 뉴노멀의 시대에 필요한 신학적 백신을 개발하였던 것이다. 그것은 어거스틴을 중심으로 진행되었다. 그는 옛것인 복음과 새것인 신플라톤 철학을 창조적으로 융합하여 신플라톤 신학인 교부신학을 완성하였던 것이다. 그리고 중세에 이르러서 기독교는 십자군운동으로 불리는 이슬람과의 대결 과정을 통해 새로운 뉴노멀의 시대를 맞이하게 되었다. 그때 이슬람교로부터 전해진 아리스토텔레스 철학의 영향력은 지대하였다. 따라서 새로운 뉴노멀의 시대에 아퀴나스는 옛것인 복음과 새것인 아리스토텔레스의 철학을 결합시켜 '토미즘'Thomism 신학이란 신학적 백신을 만들어냈다. 그뿐만 아니라 루터와 칼뱅 그리고 웨슬리도 마찬가지였다. 그들은 종교개혁이라는 전대미문의 종교혁명적 상황에서 옛것인 복음과 새것인 인문주의를 창조적으로 결합시켜 소위 루터 신학과 개혁신학 그리고 감리교 신학이란 새로운 신학적 백신을 만들어냈다. 그리고 종교개혁의 후예들은 17세기 이성주의의 발전과 18세기의 산업혁명을 거치면서, 새로운 뉴노멀의 시대에 부합하는 소위 역사비판 신학을 잉태시켰다. 이 일에 앞장선 대표적인 학자들은 슐라이어마허를 비롯한 라우셴부쉬, 불트만, 칼 바르트, 폴 틸리히 등을 들 수 있다.

이제 기독교는 21세기라는 새로운 뉴노멀의 시대를 맞이하였다. 특히 한국 기독교는 코로나19 이후라는 새로운 뉴노멀의 생태적 환경뿐만 아니라 전통적으로 세계적인 고등 종교들이 역동적으로 상호작용하는 다종교 상황에 직면해 있다. 더욱이 한국의 경우, 국민들의 심성 속에는 '유불선'儒佛仙으로 불리는 불교와 유교, 도교의 영향력이 지대하다. 그중에서도 19세기 중엽 이후 최제우와 최시형으로 시작된 동학과 또 그의 영향으로 탄생된 원불교 등과 같은 신종교들은 한국의 종교 상황에서 매우 강력한 새것으로 작용하고 있다. 그렇다면, 한국 기독교의 과제는 분명하다. 그것은 예수께서 율법학자는 하늘나라를 위해 옛것과 새것을 한 곳간에서 꺼내 와야 한다고 말씀하신 것처럼, 옛것인 복음과 새것인 한국의 철학 혹은 한국의 전통 종교를 창조적으로 융합시켜 제3의 신학적 백신을 만들어내는 일이다. 복음과 불교의 만남을 통해 불교적 신학을 만들어낼 수도 있고, 복음과 유교의 만남을 통해 유교적 신학을 만들어낼 수도 있다. 그리고 복음과 동학과의 만남을 통해 동학적 신학을 만드는 것도 가능하다. 만약 한국 기독교가 새로운 뉴노멀의 시대에 '융합의 신학'으로서 '유-불-선-동학적 신학'을 만들어낼 수만 있다면, 그것은 한국 기독교가 뉴노멀의 시대에 부합하는 종교로서 거듭나는 일이 될 것이고, 또 한국인의 종교로서 적어도 수백 년은 더 한국인들에게 희망을 줄 수 있을 것이다.

신학적 백신3: 수행신학

코로나19 이후, 기독교의 가장 큰 변화는 아마도 신자들이 '제도적 종교인'에서 '주체적 신앙인'으로 거듭나는 것에서 찾을 수 있을 것이다. 비록 제도적 기구로서 교회와 교단을 유지하기 위해 직업 종교인들은 여전히 필요하겠지만, 코로나19 이후의 종교적 대세는 조직보다 인간 개개인 내면의 변화에 초점을 맞춘 '영성'spirituality이 될 것이다. 이것은 벌써 미국에서 종교 인구 조사를 할 때, '종교가 아니라 영성'not religious but spiritual을 지향하는 사람들을 분류하기 시작한 것에서 잘 찾아볼 수 있다. 이것은 한국의 경우도 크게 다르지 않다. 2015년 종교 인구 통계 조사 보고에 따르면, 한국 국민이 56.1%가 종교를 갖고 있지 않은 무종교인으로 조사되었다. 이것은 한국 사회가 처음으로 종교 인구보다 비종교인의 숫자가 더 많아졌다는 것을 나타내는 것으로서, 제도적 종교 대신 영성에 관심을 가진 사람들이 늘어나고 있음을 의미한다. 이것은 최근 개신교를 중심으로 일어난 현상인 소위 교회에 안 나가는 신자 곧 '가나안 신자'가 폭발적으로 증가하는 현실과도 무관하지 않다. 한 조사에 의하면, 2017년 현재 한국 개신교 인구의 약 20%인 200만 명 정도가 가나안 신자로 추산되고 있다. 그렇다면, 코로나19 이후, '영성'spirituality에 대한 관심의 고조와 더불어 소위 '가나안 현상'의 확대는 불가피할 것으로 예상된다. 이런 상황에서 한국 기독교의 문제를 치료할 신학적 백신은 무엇일까? 그것은 기독교인으로 하여금 제도적 종교인이 아니라 주체적 신앙인이 될 수 있도록 돕는 것으로서, 한국 기독교의 과제는 일종의 '수행신학적 백신'을 개발하는 것이라고 말할 수 있다.

사실 기독교는 역사적으로 볼 때 지금까지 인간 구원의 문제에서 하나님의 '은총'grace을 지나치게 강조한 나머지 인간 수행의 측면을 많이 간과하였다. 그런데 이제 코로나19 이후 비대면이 일상화되고, 거리두기로서의 실존적 고독solitude이 권장되는 뉴노멀의 라이프스타일 상황에서, 기독교를 수행종교로 새롭게 이해하려는 것은 영성의 발달을 위해 매우 중요한 일이다. 그런데 기독교 신학에서 강조하는 수행의 핵심은 하나님과의 바른 관계맺음을 통해 자신을 사랑의 존재로 변화시키는 데 있다. 하지만 앞서 언급한 것처럼, 기독교 신학은 과거에 수행신학을 제대로 발전시키지 못한 채 부차적인 것으로 취급해 왔다. 왜냐하면 수행은 인간 공덕의 측면이 강하다 보니, 자칫 인간 교만의 활동으로 오해될 여지가 많았던 것이다. 특히 인간의 절대적 타락을 강조하는 개신교 신학의 전통은 신의 은총을 강조하는 만큼 인간의 죄성을 강조하면서 수행을 인간 교만의 활동으로 경계하며 그 의미를 축소시켰던 것이다. 하지만 20세기 중엽 제2차 바티칸공의회 이후 개신교와 가톨릭교회가 적극적으로 만나 대화하면서 기독교 신학은 이제 '영성신학'이란 이름으로 수행신학에 더욱 진전된 관심을 보이고 있다. 특히 초대교회의 사막수도자로부터 시작하여 중세 수도원의 여러 영성 수련 전통들보나벤투라, 토마스 아 켐피스, 십자가의 성 요한과 익명의 저자가 쓴 것으로 알려진 『무지의 구름』과 같은 작품, 그리고 로욜라 이냐시오로 시작된 예수회의 영신靈神수련, 루터와 칼뱅 그리고 웨슬리로 이어지는 칭의稱義와 성화聖化의 영성수련 등은 하나의 수행신학으로서 코로나19 이후에도 한국 교회에서 소중하게 실천되어야 할 영성수행법들이다.

하지만 서구의 영성신학이 과연 얼마나 한국인들의 영성수행에 기여할 수 있을까? 설사 그것이 어느 정도 가능하더라도 한국적 영성의 발전을 위해서 한국의 전통적 영성수행법과 균형과 보조를 맞춘다면 더 의미가 클 것이다. 그렇다면 한국적 영성수행으로 주목되는 것은 무엇이 있을까? 여기서 나는 두 가지를 제시하고자 한다. 하나는 보조국사 지눌의 『수심결』修心訣에서 강조하는 '돈오점수행'頓悟漸修行이고, 또 하나는 동학의 '주문'呪文 수행법이다. 우선 지눌의 돈오점수행에 따르면, 초월적 자아인 참나혹은 불성를 발견하는 것은 단박에 깨닫는 돈오의 은총으로서 기독교적으로 이해하면 '칭의'justification의 체험에 상응한다. 그리고 점수는 현상계에 사는 존재로서 우리 인간이 끊임없이 성숙을 향해 노력해야 하는 '성화'sanctification의 측면과 상응한다. 말하자면 칭의는 우리가 구원받은 하나님의 자녀로 인식되는 것으로서 그것이 전적인 신의 은총이라면, 성화는 구원을 완성하고

자 끊임없이 노력하는 인간 수고의 측면이라고 말할 수 있다. 이 둘은 결코 분리될 수 없을 뿐만 아니라 또 모순되지도 않는다. 이런 점에서 보면, 한 국 교회는 지금까지 자신이 하나님의 자녀라는 깨달음^{칭의의 체험}에 머문 나 머지, 성화를 충분히 강조하지 못한 문제점이 있었다. 그 결과 최근 한국 교 회는 소위 '개독교'로 불릴 만큼 다양한 사회적 물의를 일으키고 있다. 그렇 다면, 이 문제를 어떻게 극복할 수 있을까? 그것은 돈오점수행을 통해 가능 하다. 기독교적 용어로 설명한다면, '칭의성화행'^{稱義聖化行}과 다름없다. 특히 지눌이 점수행으로서 대승불교의 '육바라밀'^{六波羅蜜: 보시, 지계, 인욕, 정진, 선정, 반야} ^{바라밀}을 강조하였던 것처럼, 기독교는 육바라밀 대신에 예수께서 하늘나라 의 윤리로서 제시한 '팔복수행'^{마태복음 5장}을 적극적으로 고려해 볼 수 있을 것이다.

한편, 동학의 주문 수행법은 동학의 창시자 최제우가 제시한 21자 주문을 외우는 마음공부 수행법이다. 최제우는 하느님을 체험한 뒤 제자들에게 21 자로 된 주문을 수행의 방법으로 알려 주었다. 그것은 "지기금지원위대강 시천주조화정 영세불망만사지"^{至氣今至願爲大降 侍天主造化定 永世不忘萬事知} 이다. 이 주문은 하느님을 위하는 글로서 동학사상의 근본 핵심과 강령을 담아 내 고 있다. 이 21자 주문의 뜻은 "우주에 가득한 하느님의 지극한 기운이 지금 이르렀으니, 하느님의 지극한 기운이 내리기를 청하여 빕니다. 안으로 신령 하고 밖으로 기화로 작용하는 하느님 모심을 깨달아 하느님의 자연한 덕과 합하고 마음을 정하여 평생 잊지 않으니 모든 일이 그 도를 알아서 지혜를 받습니다."이다. 이렇게 주문을 외움으로써 덕을 밝게 하고, 늘 그것을 생각하여 잊지 않으면 지기와 화합하여 성인에 이르게 된다. 특히 여기서 중요한 것은 21자의 뜻에 집중함으로써 내 안의 하느님 소리를 듣는 강화법이다. 즉 주문은 일종의 '내유강화지교' 內有降話之敎 로서 내면의 본래 마음으로부터 가르침이 작동하는 것이다. 그래서 주문의 강화는 하느님의 말씀, 곧 천어天語로 일컬어진다. 결국 21자 주문을 통한 마음공부 수행은 내 자신이 하느님과 합하여 내 마음의 본래 마음이 활동하도록 하는 시천주侍天主 수행법이라고 말할 수 있다. 그리고 이러한 수행법은 후에 최시형의 '이천식천' 以天食天의 가르침에 따른 '양천주' 養天主 수행법과 손병희의 '이신환성' 以身換性에 따른 '체천주' 體天主 수행법으로 발전하였다. 따라서 기독교는 뉴노멀의 상황에서 같은 천주를 섬기는 하느님 신앙 위에서 동학의 시천주 주문 수행뿐만 아니라, 양천주와 체천주 수행법을 수행신학으로서 적극적으로 고려해 볼 수 있다.

뉴노멀 시대의 기독교의 변화

코로나19 팬데믹은 전 세계의 국가와 시민들에게 엄청난 충격을 주고 있다. 2020년 7월 24일 기준으로 1,500만 명 이상이 감염되었고, 60만 명 이상이 생명을 잃었다. 더욱이 기독교는 그 어떤 종교보다 크게 코로나19의 직격탄을 맞아 큰 변화가 불가피하게 되었다. 따라서 당장 코로나19 이후 닥치게 될 '뉴노멀'의 시대를 맞이하여 과연 기독교는 어떤 모습으로 변화에 응답해야 할 것인가? 이 글은 뉴노멀 시대의 요구에 응답하기 위한 신학적 백신의 맥락에서 그 가능성을 세 가지로 탐색하였다. 첫째는 기독교가 인간의 고통에 더욱 예민하게 응답해야 한다는 차원에서 '해방과 항바이러스 신학'을 추구해야 할 것과, 둘째는 옛것과 새것을 함께 조화시키는 것이야말로 예수 이후 현재까지 교회의 참모습이었다는 것을 상기하면서 복음과 한국의 전통 종교와의 대화를 통해 융합의 신학을 추구할 것을 제시하였다. 그리고 셋째는 수행신학의 맥락에서 앞으로 기독교가 더욱 발전할 필요가 있으며, 그것을 위해 불교의 돈오점수행과 동학의 시천주 주문 수행법을 제시하였다. 바라기는 해방과 항바이러스 신학, 융합의 신학, 그리고 수행신학이란 신학적 백신을 통해 한국 기독교가 앞으로 닥칠 뉴노멀의 위기를 잘 극복하고 또 더욱 강건하고 씩씩하게 성장하기를 기대하는 바이다.

감정의 참된 이해를 위한
오래된 미래의 지혜

황 상 희

나는 대학원 시절에 조교로 일했다. 다른 대학원생들은 방학이 두 달인데, 조교는 한 달이었다. 다른 친구들은 방학 때 부족한 공부를 보충했고, 나는 방학 때마다 다른 나라로 배낭여행을 떠났다. 매번 방학마다 한 달가량 다른 나라를 걷고 또 걸었다. 한국철학을 전공하고 있었지만 방학 때마다 만난 여러 나라 사람들을 보면서 한국이 독특하다는 느낌이 더욱 강해졌다. 그리고 그 한국만의 독특함을 어떻게 학문적으로 드러낼 수 있을지가 주된 관심사가 되었다. 다른 친구들처럼 공부에 더 힘써야 할 시기에 나는 떠돌아다녔지만 그게 또 더 깊은 공부의 밑거름이 되었다. 그 차이를 느꼈다는 것만으로는 공부가 아니고 그 느낌에 대한 책임을 풀어내야 한다고 생각했다. 그리고 그 책임감으로 많은 시간을 건던 것 같다.

지구상에서 가장 평화로운 나라

한반도는 지구상에서 가장 오래된 왕조로 이루어진 곳이다. 신라 992년, 고구려 705년, 백제 678년, 고려 474년, 조선 518년 등 대부분 500년이 넘는 왕조가 이어져 왔다. 심지어 천 년의 왕조도 있었다. 다른 어느 나라에서도 이렇게 왕조가 오래 지속된 적이 없었다. 일본에서 가장 긴 막부는 391년이고 나머지는 200년가량 된다. 중국은 주나라가 789년, 한나라가 426년으로 길고, 나머지는 200년 안팎이다. 영국은 플랜태저넷Plantagenet 왕조가 245년으로 가장 길고, 나머지는 100년 안팎이다. 독일도 302년이 가장 길고 나머지는 100년 안팎이다. 프랑스도 마찬가지다.*

조선의 철학이 주목받아야 할 이유는 여기에 있다. 가장 긴 왕조를 가지고 있었고, 무신이 아니라 문신이 정치를 이끈 곳이기 때문이다. 조선의 사단칠정론은 지구상에서 일어난 유일한 감정 논쟁이었다. 이 감정 논쟁은 평화스런 정치의 꽃이었다. 이 논쟁은 퇴계로부터 시작해서 개항 이후까지 400년 동안 조선에서 철학적 논쟁으로 이어졌다. 즉 인간을 존중하는 것은 그 사람의 감정을 존중하는 것이며, 철학은 자기 감정을 참되게 이해하기 위한 학문이다. 임진왜란 때 의병들이 목숨을 걸고 싸울 수 있었던 것도, 일제강점기 때 의병들이 온갖 고난을 무릅쓰고 독립 투쟁에 임했던 것도 모두 이러한 철학적 자기 이해를 통해 분하고 억울한 감정을 삶으로 살아냈기에 가능했다.

---

* 마크 피터슨, '한국의 평화로운 역사 #1', 「우물 밖의 개구리」, 《유튜브》.

개항 이후 단절된 조선철학

조선에는 종교라는 단어가 없었다. '종교' 개념은 일제강점기에 만들어진 것으로, 일본인들이 조선인을 식민 지배하기 위해 법률적 용어로 사용하였다. 일제강점기에 허용된 종교는 천왕을 신으로 믿는 신도, 불교, 기독교였다. 이 세 종교만 문화부에서 관리하고 나머지는 유사종교로 경찰청에서 담당했다. 조선에는 학문과 종교와 정치의 구분이 없지만 일제는 이에 대한 명확한 구분을 법률적으로 규정하였다. 그리고 해방 이후 고착화된 서양 학문 중심의 풍토는 이 구분을 더욱더 명쾌하게 만들었다.

일제강점기가 되면서 망국의 학문이 된 조선철학이 단절된 채 서구 이론들이 수입되었다. 철학 용어는 일본이 번역해 놓은 용어를 그대로 가져다 써야 했다. 해방 이후 한국은 미국식 학제를 도입해 운영했기에 철학도 서양철학이 주류였다. 그래서 조선철학의 개념도 서양철학적 언어로 번역되어야 했다. 급격한 변화를 경험하면서 한자를 사용하지 않게 되었고, 조선철학은 이해할 수 없는 방향으로 발전하게 되었다. 조선의 정치가는 철학자이면서 종교적 신념이 있는 사람들이었다. 즉 정치, 철학, 종교가 분리되지 않고 하나였던 것이다. 정리하자면, 조선시대는 인간의 감정을 보호하기 위해 정치, 철학, 종교가 함께 작동되어야 바람직하다고 여겨지던 시대였다.

서양철학에서 배제된 '영성'

이성-감정의 분리를 기본으로 하여 성립된 서양철학은 개인주의와 물질주의를 만연하게 했다. 이는 21세기 인류의 공통된 문제점이 되었다. 서양에서는 근대 이후 철학과 종교를 분리시키면서 이성으로부터 종교성을 배제하였고, 따라서 근대 이후 서양철학은 이성에서 배제된 종교성에 더 이상 주목하지 않았으며 그것을 지칭할 적절한 용어도 갖고 있지 않았다. 포스트모더니즘이 서양 근대 철학을 이성 중심주의라고 비판할 때 이성은 도구적이성이다. 다른 대안들이 논의되더라도 서양철학의 이성은 종교성을 가질수 없었다.

중국 송대철학과 조선철학의 차이는 종교성에 있다. 주자는 "리理란 정의情意도 없고, 계탁計度도 없으며, 조작造作도 없다."고 했는데, 퇴계는 리理가 '발현하고'發 '움직이는'動 것으로 정의하고 한 걸음 더 나아가 '이른다'到라고 말하였다. 즉 송대철학의 리는 원리적이고 조선철학의 리는 주재적이라는 차이가 있다. 조선철학에서는 철학과 종교성이 분리되지 않고 오히려종교성이 더욱 강하게 드러난다. 퇴계의 감정론은 이성-감정의 이원성을 넘어서 종교적 영성이 그 중심에 있었다. 즉 중국 송대철학보다 종교적이었던조선철학은 개항이후 서양철학이 주류화되면서 더욱더 종교성을 탈각해버렸다.

조선의 감정론

조선에서 감정에 대한 논쟁의 발단은 퇴계退溪 이황李滉 1501-1570이 정지운의 〈천명도〉天命圖를 개정하고 〈심통성정도〉心統性情圖를 그려 자신의 성리학적 입장을 천명한 것에서 비롯하였다고 본다. 퇴계는 도덕 감정과 감정 일반을 사단과 칠정으로 구분하였고, 고봉高峯 기대승奇大升, 1527-1572과 논변을 진행했다. 이황의 사후에는 이이李珥 1536-1584와 성혼成渾 1535-1598의 논변이 연이어 일어남으로써 감정론에 대한 논란이 심화되고 확장되었다. 사단 칠정론에 대한 논의는 비단 16세기에 한정되

심통성정도
(출처: 『한국민족문화대백과사전』, ⓒ한국학
중앙연구원", OPEN)

지 않고 17세기 이후 20세기 근대적 문물제도가 유입되던 시기까지도 지속되었다. 퇴계의 바람은 선한 사람이 많아지는 것이었고, 그렇게 되기 위해서는 감정을 배우고 소중히 여겨야 한다고 생각하였다.

퇴계가 구분하고자 했던 사단

서양철학에서 말하는 추상적인 사유 능력으로서의 이성과 조선철학에

서 말하는 이성의 차이는 사단 중에서 인仁의 단서인 측은지심惻隱之心과 연결지어 생각해 볼 수 있다. 측은지심의 증거로 유자입정孺子入井을 예로 드는데, "사람들이 어린아이가 막 우물로 들어가려는 것을 보면 어떤 사람이든 모두 깜짝 놀라 아이를 구제하려 달려가는 것은 측은지심이 보편적으로 있는 것임을 말해 준다."*는 논리이다. 여기서 깜짝 놀라서 즉각적으로 움직이게 하는 측은지심은 추상적인 사유 능력이 아니다. 맹자는 이를 "아이 부모와의 교분 때문도 아니고, 명예를 얻기 위해서도 아니고, 싫은 소리를 듣기 싫어서도 아니"**라고 했다. 다시 말해 측은지심은 일체의 사려분별이나 가치판단을 기다리지 않고 그보다 더 빠르고 즉각적으로 일어나는 순수한 감정이다. 즉 사단이라는 감정은 추상적 사유 능력으로서의 이성과는 다르고 이성-감정의 이원성으로 분류될 수도 없다. 나머지 수오지심羞惡之心, 사양지심辭讓之心, 시비지심是非之心도 마찬가지다. 퇴계는 이 사단이라는 즉각적이고 순수한 감정을 일반 감정과 분리해서 보아야 한다고 주장했다. 일상의 경건을 통해 사단의 감정을 배양할 수 있다고 여겼고, 사단을 잘 발휘하는 사람들이 정치하는 세상을 만들고자 했다.

---

* 『맹자』, 「공손추장상」, "所以謂人皆有不忍人之心者, 今人乍見孺子將入於井, 皆有怵惕惻隱之心.".
** 『맹자』, 「공손추장상」, "皆有怵惕惻隱之心, 非所以內交於孺子之父母也, 非所以要譽於鄉黨朋友也, 非惡其聲而然也.".

코로나19로 드러난 한국인의 감정

현재 코로나19 사태로 평범한 한국의 일상이 특별하다는 것이 세계적으로 널리 알려졌다. 특히 외국인이 감동받았던 사건은 양성판정을 받고 자가 격리를 하는 사람들에게 자원봉사자들이 식료품 및 생필품을 가져다주는 영상이었다. 옆집이나 이웃집 사람들이 코로나19 양성판정인 것을 알 수 없도록 문 옆에다 놓아두고 전화로 알리는 방식으로 생필품과 음식이 배달되었다. 한국인에게는 상대방의 감정을 소중히 여기는 것이 정치라는 인식이 있기에 이러한 배려가 가능했다. 정치적 결정을 할 때도 어디까지 국가가 개입할 것인지를 두고 감정의 세세한 부분까지도 챙겨야 한다는 인식이 있는 것이다. 서구 사회에서 식료품이나 생필품 사재기 현상이 일어날 때, 한국사회의 이러한 상호부조의 일들이 생소하게 보였지만 감동으로 전해졌다.

"미국 국민들은 신종 코로나바이러스 감염증^{코로나19}에 가장 잘 대응한 국가로 한국을 꼽았다. 미국 여론조사 기관 퓨리서치는 5월 21일^{현지 시각} 홈페이지를 통해 미국 국민들의 각국에 대한 코로나19 대응 평가 조사 결과를 발표했다. 이번 조사는 지난 4월 29일부터 5월 5일까지 1주일간 1만 957명의 미국 성인들을 대상으로 이뤄졌다."[*]

코로나19 사태로 세계의 초연결 상태가 새삼스럽게 증명되고 있다. 이 사

---

[*] 〈코로나19 대응 가장 잘한 나라는 한국〉, 퓨리서치 조사, 「NEWSIS」, 2020. 05.22.

태를 경험한 세계 각국은 한국을 롤 모델로 삼고 배워야 한다고 말한다. 세계는 연일 한국의 코로나19 대응을 보도하면서 '민주주의의 최정점'이라든지 '빨리빨리의 DNA' 등으로 모범 대응의 이유를 설명하고 있다.

하지만 이에 관해서 한국의 강경화 장관은 2020년 3월 15일 영국《BBC》와의 인터뷰에서 "한국 국민들은 정부가 많은 일을 하도록 요구하고 있고, 가장 높은 수준의 공공 서비스를 제공할 것을 기대한다. 이것이 우리가 전염병에 대응하는 가장 핵심적인 동력이다."라고 말했다. 강경화 장관은 국민들의 요구에 정부가 대응한 것이라고 말했다. 즉 국민들이 가장 높은 수준의 공공서비스를 제공할 것이라고 기대하기에 정부가 대응했을 뿐이라는 것이다. 국민의 감정을 살피고 거기에 부응하는 방역을 했기에 가장 빠른 시일 내에 코로나19에 대응할 수 있었다는 것이다.

이태원 클럽 사태를 통한 우리 다시 보기

잠잠해질 만하면 다시 불거지는 재확산 사태를 보며 서구권의 주요 언론들은 너무 빠른 사회적 거리두기 완화가 가져올 수 있는 우려에 대하여 한국을 통해 배워야 한다면서 많은 기사들을 쏟아내고 있는 상황이다. 한국이 동원하는 첨단기술 전략에는 단순히 첨단기술적인 요소만이 아니라 더 중요한 것이 있다면서 미국을 비롯한 다양한 싱크탱크들이 이에 대하여 연구가 한창이다.

먼저 수많은 외신들이 한국에 주목한 부분은 휴대전화 데이터, 신용카드 사용 내역 및 CCTV 영상을 활용하는 것과 통신기지국을 활용하여 사람들의 동선을 추적하는 첨단기술이었다. 이는 자칫 사생활 노출이라는 민감한 사안과 관계되는 일이어서 방역과 개인정보 보호 사이에서 균형을 잡아 가는 한국의 노력을 예의주시하고 있는 상황이다. 이와 관련하여 자신의 사생활이 노출될 것을 두려워하는 소수자들을 감안하여 익명으로 테스트를 받을 수 있도록 하는 조치를 취하는 것에도 주목하고 있다. 이런 한국의 빠르고 깔끔한 대응이 어떻게 가능한지에 대해 미국의 싱크탱크 부루킹스 연구소는, 한국은 단순히 최첨단기술만을 가진 게 아니라 다른 무언가가 있다고 이야기했다.

결론적으로 그 연구소는 한국이 확진자와 접촉자를 추적하여 전파를 멈추기 위해 어떤 정교한 새로운 도구를 개발했을 것이라는 의심이 들기도 했지만, 한국 당국이 가진 기술은 다른 선진국에서도 구현할 수 있는 기술이었고 이런 도구를 최대한 활용하려는 '정치적 의지'가 있었다는 점을 주요 요인으로 손꼽았다. 가진 기술을 최대한으로 활용하여 국민 안전을 최우선으로 생각하는 의지를 가졌다는 점이 현재 한국과 다른 나라들의 대유행 상황을 갈랐다는 설명이다. 그리고 이런 정치적 의지에 대해 한국 국민들의 반응은 압도적으로 긍정적이었다고 했다. 이러한 기술은 한국만의 것은 아니고 기본적으로 선진국들 사이에서 보편적인 기술이라며 전 세계의 신용카드 회사와 은행은 이미 전자거래 기록을 보관하고 있고 이동통신사들은 서비스를 제공하는 모든 전화의 위치 정보를 기록할 수 있다는 것도 설명했다.

그러나 한국과 다른 나라를 차별화하는 가장 중요한 요인은 이런 기술에 관한 것이 아니고 위기 대응 관리에서 이런 기술들을 건설적으로 사용하려는 당국과 대중의 욕구가 서로 조화를 이루는 점이라고 칼럼은 주장하고 있다. 한국 정부는 다른 나라와 달리, 국민을 최우선으로 하는 정치적 의지를 가졌고, 대한민국 국민들도 이에 화답하듯 사회 전체를 먼저 생각하며 기꺼이 자신의 개인정보를 국가가 비상시국에 활용하도록 하는 의지를 가지고 있었기에 가능했다는 것이다. 이는 국민의 감정과 정치적 응대가 조화를 이루기 때문에 가능한 일이었다.

감정을 소중히 여기는 전통

근래에 인지주의자들은 감정이 이성적 판단에 도움이 된다는 학설을 주장하면서 감정을 중요시하는 연구를 하고 있다. 이러한 연구는 그저 감정을 이성과 대립되는 것으로 보지 않고 단지 이성의 보조적 역할을 하는 것이라고 규정할 뿐이다. 하지만 최근 들어 정서지능Emotional Intelligence이 높으면 문제 해결 능력이 높기 때문에, 학업 능력이나 일을 해결하는 능력이 훨씬 높다는 연구가 나왔다.* 한반도는 오랜 기간 동안 왕조를 유지하며 무신들

---

* 《EBS》 엄마도 모르는 우리 아이의 정서지능 제작팀, 〈아이의 정서지능〉, 2012.

이 아닌 문신들이 다스리던 평화로운 나라였다. 조선에서는 16세기 지구상에서 유일하게 감정론의 논쟁이 벌어졌다. 이러한 논의는 오랜 왕조를 이어 온 문신 정치의 저력이 축적되어서 이루어진 성과이다. 그렇게 20세기까지 약 400년간 논의는 계속되었다.

　최근 한국에서 세계적인 축구 스타가 나오고, 김연아 선수가 배출되었으며, 또 미국 여자 골프에서 한국인이 상위권을 차지하며, e-스포츠에서도 한국 선수의 실력이 뛰어나고, BTS의 음원이 공개되자마자 세계의 음원 스트리밍 순위를 모두 장악했다. 그리고 영화 〈기생충〉이 제92회 아카데미시상식에서 4개 부분을 휩쓸었다. 이는 우연히 일어난 일이 아니다. 오랜 역사 속에서 만들어진, 감정의 가치를 소중히 여기는 전통이 시대적 흐름을 만나 그 위력을 발휘하기 때문에 가능한 일들이다. 그리고 한국이 최근 코로나19로 세계의 뉴스를 점령하게 된 이유도 정치권과 시민사회가 서로의 감정이 요구하는 바를 들어 줄 수 있는 공감 능력 때문이다. 한국철학이 세계사에 기여할 수 있으려면 감정론을 위상학적^{位相學的}으로 정의해 나가야 한다. 뉴노멀 시대에 한국의 감정론은 오래된 미래가 될 수 있을 것이다.

지구적 연대를 위한 뒤섞임

이주연

코로나19 이후, 사랑의 모양은?

사랑은 어떤 모양일까? 하트를 닮았을까? 동그라미일까? 아니면 세모일까? 우리는 왜 이 질문에 명확하게 대답하기 어려운 것일까? 영화 〈셰이프 오브 워터: 사랑의 모양〉 The Shape of Water 은 제목을 통해 물의 모양과 사랑의 모양이 어떤 것인지 질문을 던진다. 물의 모양이 무엇인지 명확하게 말하기는 어렵다. 마찬가지로 사랑의 모양이 무엇인지도 딱 잘라 말할 수는 없다. 물이나 사랑에는 정해진 모양이 없기 때문이다.

사랑에 정해진 모양이 없다는 건, 담는 그릇에 따라 가지각색의 모양을 형성할 수 있음을 의미한다. 코로나19 이후의 세계는 우리가 어떤 그릇세계을 준비하느냐에 따라 모든 것이 이렇게 가지각색으로 달라질 것으로 전망된다. 재택근무와 화상회의는 물론이며, 건강관리를 위한 '홈트'홈트레이닝 프로그램이 개발되거나 온라인 학습이 보편적인 교육 방식으로 자리 잡게 되고, 비대면 앱이 개발되거나 '넷플릭스'와 '왓챠'가 여가의 도구로 부상하는 등 '뉴노멀' New Normal 이 등장하였다. 이렇게 형성되고 있는 비대면적 관계 속에서 '사랑의 모양'은 어떤 형태로 만들어져 갈까?

위기 상황에서 한국의 대응은 전 세계에 모범이 되었다. 투명하고 신속하

며 합리적인 수습, 나아가 김대중 전 대통령이 지적했듯이 '사람이 곧 하늘'
이고 '사람 섬기기를 하늘같이' 해야 한다고 보는 동학의 사상으로부터 비롯
된, '서구 사상만큼이나 심오한 민주주의 철학'*을 기반으로 한 인간 존중의
전통은 한국 특유의 독창적 대응 방식을 가능케 했다.

　전반적으로 '사회적 거리두기'를 지키며 위기에 대처한 국민들의 협력과
연대는 많은 주목을 받았다고 볼 수 있다. 이는 해월 최시형이 "만물은 하늘
님을 모시고 있지 않은 것이 없다."라는 설명으로 인간은 물론이고 만물까
지도 하나의 독립된 하늘로서 존엄하게 대접하라는 새로운 윤리학을 제시**
했던 점에서도 하나의 사상적 바탕을 찾아볼 수 있다. 즉, 서로를 위하려는
공동체 정신은 개개물물을 하늘과 다름없이 존귀하고 그런 점에서 동등하
다고 보는 존중의 관점에서 더욱 그 빛을 발한다. 아마도 요즘 우리가 느끼
는 사랑의 모양은 이러할 것이다.

　어려운 시기일수록 국제사회의 협력과 연대가 필요하다는 관점에 대부
분 공감하는 추세를 보이는데, 그럼에도 이번 코로나19 사태로 인해 더욱
드러난 혐오와 편견의 문제는 단순히 연대를 향한 의지만으론 완전히 해결
하기 어려운 점이 있다. 〈셰이프 오브 워터〉에서 엘라이자는 언어장애를 지
녔고, 엘라이자와 사랑에 빠지는 푸른빛의 괴생물체는 인간이 아니다. 이들

---

*　김대중 외, 『아시아적 가치』, 전통과현대, 1999, 57쪽.
**　조성환, 「동학의 하늘사상」, 『농촌과목회』 82, 농촌과목회편집위원회, 2019,
　　186쪽.

은 세상으로부터 소외된 외로운 존재들로 묘사되고 있는데, 마치 장애와 성별, 인종, 종교 등의 차이를 안고 혐오와 편견이라는 화살을 받아내며 이 시대를 살아가는 이들을 대변하는 것 같다.

그동안 동양인이 코로나19 바이러스를 옮긴다며 인종차별이 곧잘 발생했고, 중국 우한에 대한 혐오 정서도 빚어졌다. 이어서 바이러스 확산에 지배적 영향을 미친 신천지에 대한 혐오, 이태원발^發 확산에 따른 성소수자 혐오 등이 지속적으로 더해졌다. 어쩌면 인류의 혐오 정서가 코로나19에 투영되어 새로운 모습으로 발현되고 있다고 보아도 좋을 것이다.

카롤린 엠케Caroline Emcke는 "정서적 결속력이란 나의 개인적 특성들이 다수의 특성에 속하지 않을 때도, 구식이거나 신식이거나 기묘하거나 상스럽더라도 옹호되고 보호받는 사회에 살고 있을 때 생겨난다."라고 말한다.* 그의 이러한 견해는, 온몸이 비늘로 덮인 데다 물속에서만 생명을 유지할 수 있는 저 괴생물체와 같이 인간사회에서 절대 용납되지 않을 것만 같은 존재도 완전한 보호 아래 놓일 수 있을 때라야 '결속'이란 게 이루어진다는 것을 의미한다. 그리고 지구 위에서의 삶을 인간을 위주로 생각해 온 사고방식에 확장이 필요함을 말한다.

코로나19 확산 상황이 종식된 이후에도 지금의 혐오 정서가 소멸되고 완전한 결속 상태로 전환하기는 어려울 것이다. 복수의 존재들이 어울리

---

* 카롤린 엠케, 『혐오사회』, 정지인 역, 다산지식하우스, 2019, 225쪽.

고 넘나들며 살아가는 이상 엘라이자와 괴생물체 같은 소외와 혐오의 대상은 얼마든지 나타날 수 있으며, 결국 이 부분에 대한 정서적 결속력을 우리가 스스로 구축할 수 있을 때라야 전 지구적 연대가 가능할 것이다. 이런 점에서 원불교의 교의는 우리가 참조할 만한 몇 가지 메시지를 담지하고 있다.

일원상, 다양성의 화합과 연대

원불교에서 신앙의 대상이자 수행의 표본으로 상정하고 있는 일원상ᐨ圓相을 가리켜 류병덕은 '민중종교의 상징'이라고 말한다. 그가 보는 일원상의 진리는 민중 개개인의 마음에서 각覺함으로써 드러나는 우주의 혼이요, 무한생성력이다. 즉 혈연이나 지연의 제한도 받지 않으며, 지식이나 권력의 영향도 받지 않으며, 재산이나 명예의 영향도 받지 않으며, 계급이나 남녀의 구별도 없다. 언제 어디서 무엇을 하든지 누구나가 다 이룰 수 있는 우주혼의 체험이다.*

일원상의 진리는 민중 개개인의 다양성을 차별 없이 보장하는 한편, 이 다양성의 '자연성'을 '일원'ᐨ圓으로 회통시키고 있다. 2대 교조 정산이 '세계

---

* 류병덕, 『원불교와 한국사회』, 시인사, 1986, 176~177쪽.

평화를 실현하는 요소'로 '일원주의'를 언급하고,* 3대 교조 대산이 '일원주의는 세계주의'**라고 한 점 등을 미루어보건대 일원주의는 전 세계의 화합과 연대를 지향한다.

원불교의 교조 소태산의 언행록인 『대종경』에서는 "일원상의 내역을 말하자면 곧 사은이요, 사은의 내역을 말하자면 곧 우주만유로서 천지만물 허공법계가 다 부처 아님이 없다."라고 설명한다. 원불교에서 사은四恩은 천지은天地恩·부모은父母恩·동포은同胞恩·법률은法律恩의 네 가지 은혜를 말한다. 비늘로 덮인 괴생물체도, 이를 해부하려 드는 스트릭랜드도, 괴물을 사랑하는 엘라이자도, 심지어 시종일관 등장하는 물빗물, 씻는 물, 마시는 물, 괴물이 사는 물도 모두 부처이고, 사은이며, 일원이다.

김대중은 지구상의 모든 존재들나무, 풀, 동물, 물고기, 날짐승, 공기, 흙의 생존권이 보장되는 '전 지구적 민주주의'를 실현하고 싶다고 포부를 밝힌 적이 있다. 그의 전 지구적 민주주의는 모든 인류가 한 포태胞胎의 형제인 것에서 나아가 '존재'라고 이름 붙여지는 모든 것들이 존중받아 마땅하다는 생각을 기초로 한다. 이는 조성환이 언급한 최시형의 '경물민주주의'와도 맥락을 함께한다.*** 경물민주주의는 천지를 하나의 생명체로 보며, 그 산물로서의 만물에 우주적 생명력이 깃들어 있다는 입장이다.

---

* 『정산종사법어』 도운편 22장.
** 『대산종사법어』 교리편 44장.
*** 조성환, 〈최시형의 도덕개벽론〉, https://brunch.co.kr/@sichunju/510, 2019.

천도교와 개벽의 정신으로 이어지는 원불교에서도 이러한 전 지구적 민주주의나 경물민주주의의 지향점, 즉 만물의 존재 자체를 귀하고 귀하게 여기는 사상을 품고 있다.* 『대산종사법어』운심편 44장에서는 인생 5대 철학을 언급하며 '금수초목까지라도 모두 살리는 활생^{活生}으로 살 것'과 '일체 만물과 상생 상화하며 중도^{中道}로 살 것'을 권유하고 있다. 이러한 측면에서 볼 때 일원주의는 적극적·능동적 성격을 띤다. 우주만유를 품어 안는 것에 멈추지 않고, 두 팔 걷어붙이고 나서서 '살리고'^活 '화하는'^和 것을 지향한다.

요즘 "코로나19 이후에는 내 집, 내 나라를 가르는 것이 아닌 전 지구적 연대로 가야 한다."는 목소리가 등장하고 있다. 대산은 세계를 구원할 길은 '은'^恩에 있으며, 이는 다시 '뜨거운 정의'^{情誼}, '대자대비'라고 강조했다.** 즉 소소한 존재와의 관계에서도 뜨거운 정의와 윤기를 건네고, 서로를 살리고 화할 수 있으며, 이로써 은혜를 생산할 수 있어야 한다. 일원주의는 다종교, 다문화를 수용하고 혼합하는 것에 그쳐선 안 되겠다. 타자보다 먼저 나서서 섞여 들어가고, 안아 주며, 변화할 수 있는 것, 그저 완전한 타자가 될 수 있는 것이 일원주의다.

이런 정신이 원불교에서 궁극적으로 추구하는 '광대무량한 낙원으로의 인도'이며, 성불제중^{成佛濟衆} 제생의세^{濟生醫世}다. 누군가를 인도한다는 것, 무언가를 이루거나 누군가를 구한다는 것, 어떤 것들을 구하고 치료한다는 것

---

*　이 점에 대해 조성환은 '일원민주주의'라는 표현을 덧붙였다.

**　『대산종사법문집』 제1집, 7. 사은(四恩).

은 모두 적극성이 필요하다. 이렇게 적극적이고 능동적으로 '살리고'活 '화하는'和 방향으로 갈 때, 전 지구적 연대가 이루어질 수 있고, 혐오 정서도 완화될 수 있다.

일원주의, 일체의 생령이 하나가 되는 꿈

일원주의는 개개인의 자유롭고 개성 있는 다양성을 추구한다. 복수의 개개인과 전 세계가 윈윈win-win할 수 있는 세상, 따라서 지구적 연대에 필요한 개별적이면서 전체적인 노력이 효과를 볼 수 있는 세상. 일원주의는 이런 세상을 꿈꾼다. 대산은 일원주의를 가리켜 '전 세계 전 인류를 하나로 만들어 고루 잘 사는 하나의 세계를 이루자는 것'*이라고 말한다. 물론 전 인류를 하나로 만든다는 것은 사랑의 모양을 하나로 규정짓는 걸 의미하는 것은 아니다. 어떤 존재가 어떤 상대를 어떤 마음으로 사랑하느냐에 따라 그 사랑의 다양성은 무한대로 확장되듯, 일원주의는 어떤 그릇에 담기느냐에 따라 무한대의 가능성이 있다. 이 무한대의 가능성을 매개로 일체 생령이 하나가 되는 걸 꿈꾸게 되는 것이다.

〈셰이프 오브 워터〉에는 외톨이, 동성애자, 흑인, 무시당하는 자와 무시

---

* 『대산종사법어』 교리편 45장.

하는 자, 기이한 생명체 등 다양한 유형의 존재가 등장한다. 그리고 영화는 엘라이자와 괴생물체의 사랑을 통해 우리가 세상을 보는 방법이 과연 맞는지 묻는다. 사실 우리는 모두 '장소와 정체성을 가로지르는 혼합 문화의 요소이자 흔적'*이다. 누구나 때로는 혐오의 대상이 될 수 있으며, 무엇이나 혼종적이다. 그리고 경계들이 현재까지 제 권력과 사회적 삶의 기능을 하면서도 '우연성'을 가지고 다양하게 가로지르는 형태로 나타난다는 점**에서 혼종성은 자연스러운 현상이 되고 있다.

혼종성은 서로 다른 문화가 융합하여 새로운 문화를 만들어내는 것을 말한다. 그 예로 브램 스토커 Bram Stoker가 흡혈귀의 마성에 착안하여 1897년에 발표했던 소설 『드라큘라』가 자본주의와 대중매체 중심 문화 양식과 만나 새로운 형태의 스토리와 장르를 생산해 낸 경우***를 들 수 있다. 원작에서의 흡혈귀는 냉정하고 야비한 품성에 날카로운 송곳니를 지닌 창백한 얼굴을 하고, 밤에 활동하고 십자가와 마늘을 두려워한다. 그러나 현대에 이르러 혼종화된 흡혈귀는 선한 품성의 소유자이거나 낮에도 활동이 가능하고, 두려워하는 것은 거의 없는 데다 막대한 부를 축적해 온 인물로 묘사되는 경우가 많다. 요즘 우리가 만나는 이러한 혼종성은 자본주의 시대에 수요를

---

* 얀 네데르베인 피테르서, 『지구화와 문화』, 조관연 · 손선애 역, 에코리브르, 2017, 176쪽.
** 앞의 책, 177쪽.
*** 영화 〈반 헬싱(Van Helsing), 2004〉, 〈트와일라잇(Twilight), 2008〉, 드라마 〈뱀파이어 다이어리(The Vampire Diaries), 2009~〉 등.

최대한 확보해야 하는 대중매체의 특성과 맞물려 있다. 수요자들이 대리만족을 얻고 즐거움을 느낄 수 있는 인물, 즉 성적 매력과 지성, 인성, 재산, 힘과 속도 등 인간이 욕망하는 모든 것을 갖춘 존재로서 완전히 새로운 캐릭터가 창출되었다고 볼 수 있다.

원불교, '한국으로부터의 종교'

종교의 영역에서도 혼종성은 나타난다. 울리히 벡Ulrich Beck은 세계시민적 관용으로서 '진리'가 아닌 '평화'를 추구하는 것이 다종교사회가 갈 길이라고 본다. 이 말인즉, 타자의 종교는 더 이상 '관용'의 대상이 아니라 자신의 종교적 체험을 풍요롭게 해 주는 자원이 된다는 것이다. 그가 이렇게 설명하게 된 데에는 종교가 애초부터 본질적으로 혼종화된 것, 지구화된 현상이라는 생각이 자리한다.*

울리히 벡이 고정불변의 유일성으로서 명사로서의 종교보다 혼종성에 개방된 상태인 '형용사로서의 종교'에 주목했다면, 이를 바탕으로 천도교의 '하늘한다'라는 동사는 큰 울타리 안에 모두 다 회통시킨다는 뜻으로 해석할 수 있다. 또한 원불교의 '일원'一圓도 혼종과 융합, 회통을 중심에 둔다는

---

*　울리히 벡, 『자기만의 신』, 홍찬숙 역, 도서출판길, 2013, 70~92쪽.

점에서 동사적 표현이라 해석할 수 있다.* 개개인이 '자기만의 신'을 가지는 것은 개별 종교의 보편성과 유일성이 아닌, 그야말로 '개인화'된 상태의 다양성을 말한다. 일원주의는 전체주의, 보편주의가 아니다. 그럼에도 일원주의는 자칫 '〈일원주의〉 vs 〈not 일원주의〉'의 공식에 의해 해석될 수 있다. 하지만 '자기만의 일원'을 품고 '개인화'된 신앙과 수행을 하는 것이 코로나19 이후, 혼종화 시대 일원주의의 지향점이 되길 바란다.

원불교는 유교·불교·도교의 교리를 활용하는 한편, 이를 바탕으로 '주로 창조, 혹 혁신, 혹 인용'**한 종교다. 류병덕은 원불교를 가리켜 '한국으로부터의 종교'라고 정의하는데, 이는 원불교가 외래 종교 사상들을 습합시킨 것도, 민족주의적으로 조직된 것도 아니라는 것을 의미한다.*** 오히려 '모든 종교의 교지教旨도 이를 통합 활용'****함으로써 혼종화된 종교의 새로운 모델을 시도한 경우라 보는 게 좋을 것이다. 통합 활용한다는 것은 어떤 하나의 순수성으로 각 교의들을 귀결시키는 것이 아닌, 완전히 타자의 신앙에 입각할 수 있는 것, 벡의 표현을 빌리자면 '타종교와 타문화 속으로 빙의되는 영적인 모험'*****을 감행하는 것을 의미한다.

---

*   조성환, 〈좌우남북의 공통가치:하늘살림〉, 『개벽파신인』, 모시는사람들, 2019, http://thetomorrow.kr/archives/9753, 2019.

** 『정산종사법어』 경의편 39장.

*** 류병덕, 앞의 책, 77쪽.

**** 『정전』 교법의 총설.

***** 울리히 벡, 앞의 책, 216쪽.

이 점에서 일원주의는 비유컨대, 물과 사랑이 지니는 절대성과 불변성을 근본으로 하되 이를 담아내는 그릇에 따라 나타나는 다양성을—혼합에서 멈추지 않고—회통적으로 보는 관점이다. 이 점에서 '일원적 혼종성'은 혼종화 시대에 나타날 수 있는 다양성, 그리고 이 다양성을 중심으로 사은보은과 제생의세를 실천하는 동시에 새로운 차원으로 초월해 나아가는 절대성으로서의 두 마리 토끼를 함께 쫓는다. 원불교는 삼동윤리三同倫理를 통해 모든 종교와 교회가 그 근본은 다 같은 한 근원의 도리인 것을 알아서, 서로 대동 화합할 것*을 권면한다. 즉 모든 종교가 본래는 하나이며 장차 서로가 한 집안을 이루어 서로 넘나들고 융통하게 될 것이라고 전망한다.

그러나 일원적 혼종성이 그 빛을 제대로 발하고 있는지에 대해서는 성찰이 필요하다. 원불교는 서구적 개념으로서 제도화된 '종교'라는 범주 내에서 운영되고 있고, 따라서 사람들은 입교와 법회 참석을 비롯한 여러 의식과 활동을 통해 원불교를 접하게 된다. 종교뿐 아니라 역사나 철학, 언어와 예술 등의 범주와도 활발하게 넘나들며 '원불교로서 타종교'보다 '타종교로서 원불교', '원불교로서 철학'보다 '철학으로서 원불교', '원불교로서 언어나 예술'보다 '언어나 예술로서 원불교'가 다양하게 창출될 수 있다면 좋을 것이다. 이러한 일원적 혼종성이 바로 '일원 내의 자기'一圓보다 '자기만의 일원'을 빛낼 수 있다. 이 '자기만의 일원'은 하나의 보편주의 내에서 순수하게

---

* 『정산종사법어』 도운편 35장.

통일되는 것이 아닌 종교 본연의 혼종성 내에서, 순수성보다 회통성으로 일원주의의 본질을 드러내게 된다.

소태산을 따르고자 찾아온 예수교인 조송광이 그리스도에 대한 변절을 염려하자 소태산은 "참으로 아는 사람은 때와 곳을 따라서 이름만 다를 뿐이요 다 한 집안으로 알게 된다."고 말하며, 이어서 "나의 제자 된 후라도 하나님을 신봉하는 마음이 더 두터워져야 나의 참된 제자"라고 덧붙였다.[*] 타종교인이 '자기만의 일원'을 만남으로써 자신의 종교, 자기만의 신을 더욱 진실한 마음으로 신앙할 수 있는 것, 이러한 지향성이 '자기만의 일원'을 통한 일원적 혼종성이다. 보편주의를 향한 기대를 놓아두고 마음의 눈을 자기만의 일원으로 돌이킬 때, 그때 우리는 하나님을 향한 신앙심과 소태산을 향한 충의忠義를 함께 가슴에 품을 수 있었던 조송광의 심경을 진정으로 느낄 수 있을 것이다.

코로나19 이후, 원불교

'코로나19 이후'라는 시점이 사실 언제가 될지 알 수 없다. 그저 흔한 감기처럼 일상적인 질병으로 남게 될 가능성도 염두에 둘 시점이다. 원불교 교

---

[*] 『대종경』 전망품 14장.

단에서는 이러한 상황을 대비한 교화 방법을 구축하고 있다. 언택트 시대의 도래에 따라 교화단 중심 소규모 교화, 일상수행의 훈련, 사이버 교화 교육, 온라인 교화 콘텐츠 및 소프트웨어 개발, 사이버 교화 관련 장비, 타종교와의 네트워크 형성이나 북한에 대한 인도적 지원 등 다양한 측면에서 준비하고 있다.*

원불교는 '은'恩을 말한다. 우리 사이에 맺어지는 모든 관계는 은혜롭다고 본다. 그만큼 관계 속에서 성장하고, 관계 속에서 깨달으며, 관계 속에서 치유해 간다. 그러나 관계를 중시한다고 해서 비대면 상황이 무의미해질 수는 없다. 갑작스레 우리를 찾아온 이 바이러스와의 관계, 비대면 상황과의 관계, 그리고 나 자신과의 관계 속에서도 풍성한 성찰이 일어날 수 있다. 비대면과 전 지구적 연대를 함께 추구해야 하는 지금, 혼합에서 회통으로, 보편화에서 혼종으로 한 걸음씩 더 나아가며 적극적으로 받아들이는 움직임이 곧 일원주의의 저력이 될 것이다.

---

* 원불교 정책연구소, 〈코로나 이후의 교단운영 연구 보고서〉, 2020.

천지부모를 공경하는 삶으로

임우남

거대 근대문명이 끝났다

"천지를 공경하는 삶을 살자!"

다른 말이 아니다. 인간은 이성과 판단 능력을 능가하는 AI가 인간 삶의 모든 영역을 지배/간섭/공존하는 세상으로, 호모데우스Homo Deus, 신이 된 인간를 기대 반 우려 반으로 예감하며 가는 도중이었다. 그런데 마치 꿈에서 장면이 바뀌듯이, 인간이 하늘과 땅 사이의 만물 가운데 영장靈長이라고 큰소리치던 세상은커녕, 미물조차도 되지 못하는 반생반물半生半物의 바이러스가 일으킨 반란을 어쩌지 못하고 쩔쩔매며 허둥지둥하는 세상이 되었기에 하는 말이다.

오늘날 전 세계 인구의 절반 이상이 도시에서 살아간다. 그 비율은 점점 높아만 간다. 근대-서구문명이 만들어가는 세계의 모습을 상징적으로 말해주는 수치다. 그것을 두고, 인간이 생명식물을 품어 살리는 땅土으로부터 멀어져 온 근대문명의 모습을 보여주는 것이라고 말할 수 있다. 단순히 멀어지기만 한 것이 아니라, 반反생명, 반反공생의 길로 치달아 온 것이다. 그 길 끝이 온전한 세상으로 이어질 리가 없었다.

아니나 다를까, 한순간 정지화면인가 싶더니, 새로운 세계의 문이 열렸다. 일찍이 인류가 경험해 보지 못했던 팬데믹다운 펜데믹이 오지게 근대문명인이 가는 길을 막아선 것이다. 사회적 거리두기를 통해 자의 반 타의 반으로 그동안 자연스럽게 누리며 당연시하던 삶의 양상이 일시정지 버튼을 누른 듯, 달리던 자동차가 급정거를 한 듯 멈춰 서 버렸다.

돌이켜보면, 알람 소리에 일어나든지 말든지, 아침을 먹든지 말든지, 자가용을 이용하든지 말든지, 전철이나 버스를 타든지 말든지, 회사를 가든지 말든지, 가게 문을 열든지 말든지, 종이컵이나 일회용 그릇을 되는 대로 쓰든지 말든지, 햄버거나 치킨으로 점심을 때우든지 말든지, 피맺힌 구호를 걸고 거리 시위를 하든지 말든지, 공연티켓 예매를 하든지 말든지, 퇴근 후 곧장 집으로 가든지 말든지, 거리를 배회하든지 말든지, 주말 등산이나 주말 기도회에 가든지 말든지 각자의 삶이 이어지며 365일 경쟁의 불이 꺼지

오늘날 전 세계 인구의 절반 이상이 도시에서 살아간다.
그것은 인간이 생명을 품어 살리는 땅으로부터 멀어져 온 근대문명의 모습을 보여주는 것이다.

지 않던 도시의 삶이었다.

그런데 도무지 돌이켜지지 않을 것 같던 그 거대한 근대문명의 길 전체가 갑자기, 죄스럽고, 유별나고, 눈치 보이고, 머뭇거려지고, '금禁! 선언'을 하는 것이 당연하게 된 것이다. 그런 점에서 팬데믹 사태는 다름 아니라, 바로 그 인간에 대고 "너, 그렇게 살지 마라!"라고 딱 부러지게 말하는 것임을 알 수 있다.

세상에 갇힌 인간

그렇다면 이제부터 우리는 어떤 모습으로 살아가야 할까? 그 물음에 답하기에 앞서 우리는 그동안 어떤 모습으로 살아 왔는가를 되물어야 한다. 우리 주위에는 단순하고 연약해 보여도, 웬만해서는 부서지지 않는 관성의 틀이 존재한다. 부조리한 사회 계층구조를 조금이라도 고쳐 보려 하면 이백만 촛불이 함께 나서서 몇 날 며칠, 몇 달을 거들어야 하고, 멀쩡한 길 한가운데 떨어진 돌덩어리 같은 사건 하나 해결하는 데도 백 날, 이백 날 목이 쉬도록 소리쳐야 겨우 고개를 돌려 돌아본다. 누군가 일자리가 없어 굶어 죽어도, 부당한 처사로 해고되어도, 노동 현장에서 인간의 생명이 하루살이처럼 날아가도, 미래를 포기하며 자살하는 청년들이 해마다 늘어나도, 우리는 아침이면 일어나서 늦지 않게 출근/등교하고 저녁이면 지친 몸을 이끌며 내 집으로 돌아와 문을 닫아걸고 온갖 잡답과 잡담으로부터 독립^{고립}되어 오롯한 행복을 누리려 애를 쓰는 삶을 살아왔다. 그 패턴 속에서 사회 문제, 기후위기 문제 등은 오로지 TV 뉴스 속에서만 존재하고, 존재해야 하는 문제일 뿐이었다.

지구의 생명이 시한부 선언을 받았음을 가늠하며, 진정한 자연의 삶의 자각을 촉구하는 툰베리가 자기 집 현관문을 박차고 또 학교 문을 박차고 나와 소리치고, 플라스틱 가루가 해양을 오염시켜 물고기와 해조류를 거쳐 우리 인간의 몸과 마음까지 오염시키고, 숨 쉴 틈 없이 미세먼지를 만들며 개발 중독증으로 흐르는 강물 막기를 예사로 저지르고… 그러거나 말거나 우리는 집으로 돌아오면 그것으로 끝이었다. 어느덧 내 몸에 축적된 폐기물 때문에 온갖 질병에 시달린다 해도, 그 삶이 오염된 물 위를 흐른다 해도 그대로 머물 수밖에 없는 집과거에 고정된 우리의 삶은 우리의 안식처이자 도피처였다.

근대문명의 그 '죽임 본능'의 성질은 알고 보면 인간의 탐욕으로부터 자

우리는 다시 과거로 돌아갈 수 없다고 말할 수 있게 된 시대로
튕겨 나와 있다

생한 것일 뿐이다. 그 또한 '인간적인 것'이라는 말이다. 그러므로 자본의 욕구를 채우고, 또 이익을 독점하기 위해 인간성 말살은 물론 자연 파괴에도 오랫동안 인간들은 아무런 가책이 없었다. 그러는 사이 공정하지 못한 인간의 삶은 무수한 계층으로 쪼개져 불평등, 불공정의 나락으로 떨어졌다. 그리고 그 끝에, 서식지를 잃어버린 개발지 생물들처럼, 길고양이나 유기견들처럼, 하늘 높이 솟은 유리벽으로 인해 공중 공간마저 빼앗겨 피 흘리며 추락하는 새들처럼 어느덧 인간 스스로가 불편안함과 불평등함과 불합리함 속에 갇혀 있다.

마침내, 대통령에서부터 초등학생까지 누구나 "다시 과거로 돌아갈 수 없습니다."를 말할 수 있게 된 시대, 예전의 집으로 돌아갈 수 없는 시공간으로 튕겨 나와 있다. 집으로 돌아간다는 오랜 세월 누적된 견고한 믿음이 깨어졌다는 아픈 깨달음으로부터 회피할 수 없는 시간과 공간, 새로운 세계에 놓여 있다. '양자도약'처럼.

다시 세상 바라보기

그렇다면 지금 사회적 거리두기와 마스크와 소독제로 살아가는 것은 물론이고 코로나19 의료체계가 쳐 놓은 그물에 갇혀, 혹은 여기에 마냥 기대어 의존하는 삶을 언제까지 살아갈 수 있을 것인가? 코로나19 바이러스에 가장 취약한 계층은 오염이 극심한 지역의 만성질환자와 평소 호흡기질환을 앓고 있던 노년층이다. 미생물학과 감염병 분야 전문가 수샤리트 박티 교수독일 요하네스구텐베르크대학 명예교수는 노인들의 사회적 접촉·사교 행사·연극 관람·음악 감상·여행·휴가·스포츠 등의 활동은 노인들을 이 지구의 삶 속에 더 오래 머물게 하는 중요한 요인이 되는데, 사회적 거리두기·만남 불가 등으로 공포심을 증폭시키면서 이들이 다른 계층세대보다 더 빠르게 사망에 이르게 하고 있으며 사실 코로나19로 인한 사망자는 갖가지 질병으로 사망한 사람들에 비하면 아주 적은 수라고 말한다. <대자보인터넷신문 인터뷰 기사> 2020.4.13 그러나 점점 코로나19 '완치자'에게 나타나는 후유증에 대한 보고가 많아지는 추세를 본다면, 이번 사태의 진정한 피해자는 청년과 어린이 같은 다음 세대의 주인공들이라고 할 것이다. 이것이 코로나19 사태가 불러일으킨 문제의 본질이다.

이제 우리는 악착같이 달려 나와 숨을 몰아쉬는 그 자리에서 새로 집을 지어야 한다. 어린아이처럼 차분차분 걸음 걸으며 친절하게 이르며 다시 가야 한다. 이 땅과 하늘은 특정한 개인이 소유할 수 있는 것이 아니라는 것을 깨우치는 일부터 시작해야겠다. 동물도 식물도 극한상황이 닥치면 자기 몸의 자정 기능항체을 발동시켜 이겨낸다. 병원체가 침입하면 식물도 방어 체계를 갖춘다고 한다. 우리 인간에게도 본래 그러한 방어기제는 갖추어져 있었다. 그런데, 욕망으로 점철된 어느 시점부터의 인간의 삶은 자연과 괴리되고, 우리 자신의 본성과도 괴리되어 우리 몸에 기본 장착된 그러한 방어기제를 초과하는 오염물질을 배출하고, 스스로 노출되어 우리의 생명을 갉아먹어 버리는 상황에 처하게 되었다. 그것이 오늘 우리가 목격하고 체험하는 코로나19 팬데믹 상황이다.

우리는 지금 오랜 세월 극한상황을 이기며 살아남은 유전자를 지닌 식물과 동물이, 오로지 나를 위해 준비하신 한 끼의 밥상 앞에서 얼마나 진정으로 기도^{감사}하는가? 생명을 살리는 가장 기초적인 생산자인 식물에게 고맙다고 큰절을 해 본 적이 있는가? 그것이야말로 우리를 살리는 이 세계^{자연·천}^지에 대하여, 그리고 우리 스스로에게 장착된 방어력을 일깨우기 위한 최소한의 마중물 작업이 아니겠는가? 오늘 우리가 직면한 팬데믹은 바로 그러한 기본을 지키지 못한 데서부터 유래한 것임에 틀림없다. 이 사태를 극복하기 위하여, 그러므로 우리는 더 깊은 마음의 힘으로 다시 세상을 바라보고 세상 속으로 고요히 공경스럽게 다가가야겠다.

한울님 마음으로 살아가는 시대

수운^{水雲} 최제우 선생님은 「포덕문」^{布德文}에서, "세상 사람들이 각자위심^各^{自爲心}하여 천리를 따르지 아니하고 천명을 생각지 아니하므로 마음이 항상 두렵다."고 하시고 "그러므로 우리나라^{이 세상}는 악질^{惡疾}이 세상에 가득 차서 백성들이 언제나 편안할 때가 없으니 이 또한 상해의 운수"라고 말씀하셨다. 그리고 마침내 오심즉여심^{吾心卽汝心, 한울님 마음과 사람의 마음이 하나인 상태}의 경지에서 "나도 또한 공이 없으므로 이 세상에 너를 세상에 나게 하여 이 법^法을 가르치게 한다"고 하시면서 "나의 영부^{靈符}를 받아 사람을 질병에서 건지고 나의 주문呪文을 받아 사람을 가르쳐서 나를 위하게 하면 너도 또한 장생하여 덕을 천하에 펴리라."라고 하셨다. 천도교인은 이번 사태에 즈음하여, 새삼스럽게 더 깊은 마음으로 이 말씀을 되뇌인다.

그 공功이 없다는 말씀은 '이치와 법칙'으로만 존재하던 천지자연 한울天을 '님'으로서 부모처럼 봉양하면서 공경스럽게 받들며, 천지자연을 위하며 살아가는 세상을 열어내지 못했다는 것이다. 한울님은 다름 아니라 만물을 낳고 만물을 기르시며 만물의 고통으로 마음이 아파하신 천지부모天地父母님이었던 것이다. 수운 선생님은 비로소 한울님의 마음에 공감하여, 그 아픔을 함께하며 그 마음을 떠나지 않은 까닭에, 한울님의 말天語을 생생히 들으시고 한울과 묵계默契가 이루어진 것이다.

수운 선생님의 가르침을 이은 해월海月 최시형 선생님은 시천주侍天主의 '주'主 자를 이르러 "'존칭하여 부모와 더불어 같이 섬긴다'는 것은 옛 성인이 밝히지 못한 일이요 수운 대선생님께서 비로소 창명하신 큰 도이니라. … 천지가 그 부모인 이치를 알지 못한 것이 오만년이 지나도록 오래되었으니 다 천지가 부모임을 알지 못하면 억조창생이 누가 능히 부모에게 효도하고 봉양하는 도로써 공경스럽게 천지를 받들 것인가. 천지부모를 길이 모셔 잊지 않는 것을 깊은 물가에 이르듯이 하며 엷은 얼음을 밟는 듯이 하여 지성으로 효도를 다하고 극진히 공경을 다하는 것은 사람의 자식 된 도리이니라."라고 하셨다.

우리는 천지부모 한울님과 직접 소통하는 영성을 갖춘 인간으로서 천지가 베풀어 주는 은혜 속에서 살아가는 존재임을 이 팬데믹 상황 속에서 온

몸으로 체득하고 있다. 은혜를 받았으면, 그것을 갚을 줄 아는 것, 다시 말해 천지부모님을 공경스럽게 봉양하는 마음을 일으켜서, 부모님을 섬기는 것처럼 하늘과 땅과 사람社會을 위하여 조심하고 조신하는 것이, 코로나19 팬데믹 시대, 그리고 그 이후 시대를 살아가는 우리 삶의 기본임을 새삼스럽게 확인하게 된다.

우리는 지난 몇 년 사이 촛불혁명으로 시민의식이, 동학 민회民會 시대의 민주정신이 되살아났음을 감지덕지하였다. 이번 코로나19 사태를 겪으면서 또 한 차례 생명존중의식이 절박하게 되돌아오고 있음을 절감한다. 이제부터야말로 탐욕에 지고 마는 세속적 인간의 마음으로 살 것이 아니라 천지부모를 섬기는 아들딸-며느리사위의 마음, 그 한울님 마음으로 살아가야 하는 시대가 열린 것이다.

사람이 곧 한울님

천지부모를 공경하고 천지부모와 더불어 살아가는 그 맛을 실감하는 공부-체험장으로 〈천지부모학당〉을 열어 보면 좋겠다. 천지부모학당이 들어서는 지역, 지형의 특성을 살려 이름을 짓는 일은 재미나리라. '개구리학당', '지렁이학당', '물소리학당', '구름나라학당', '골짜기학당' 등등. 천지부모를 지극히 위하는 마음을 지키고 키워 가는 21자 주문지기금지 원위대강 시천주 조화정 영세불망 만사지 공부가 우선되어야 한다. 개구리학당에서는 개구리처럼 와글와글

주문을 외고, 물소리학당에서는 물소리처럼 주문을 통통 왼다. 골짜기학당에서는 고요히 깊이 주문을 왼다. 참 재미나다. 온라인학당도 얼마든지 가능하다. 그리하여 주문 소리가 아파트 사이사이를 돌아 나오기도 하고 어린이들도 주문 노래를 부르며 놀 수 있게 된다. 지금도 조그만 틈이 있거나 공간이 있고 친구들 몇이 모이면 '무궁화꽃이 피었습니다' 놀이를 한다. 언젠가부터는 '시천주 조화정 영세불망 만사지' 놀이를 하게 될 것이다.

주문이란 무엇인가? 한울님이 수운 선생님께 내려 주시며 "주문으로 세상 사람들을 가르쳐서 나를 위하게 하라."고 하신 바로 그 가르침이다. 그 가르침은 학교에서 '가르치는 지식'이 아니라 스스로 터득하는 깨달음이다. 무엇을 깨닫는가? 사람이 곧 한울님이며, 이 세상 만물이 한울님이며, 한울님을 위하는 삶이 곧 나를 위하는 삶이라는 깨달음이다. 나와 이어진 이 세계 모든 사람들이 나와 더불어 한 한울님이요, 나를 둘러싼 이 세상 만물이 나와 더불어 한 한울님이라는 인오동포人吾同胞, 물오동포物吾同胞의 깨달음이다. 그것을 아는 것과 그것을 깨닫는 것은 무엇이 다른가. 아는 것은 가만히 있어도 가능하지만, 깨닫는 것은 그렇게 살아가는 것으로만 완성된다. 그것은 어쩌면 이 코로나19 팬데믹에 대한 최후, 최선, 최고의 치료약이자 백신이 아니겠는가?

지금 이 순간도, 이 세상은 마스크를 쓰고, 한 치 앞도 가늠할 수 없이 자욱한 안개 속을 헤치고 나가는 형국이다. 어쩌면 천도교는 상하사방이 모두 안개 절벽인 이 시공간 속에서 생명의 새 세계로 가는 길이 표시된 지도주문를 들고 서 있는 존재일 터이다. 천도교는 시작해야 한다. 후천 오만년의 길을 열어 가는 지도를 들고 있다는 믿음을 가지고, 밤이고 낮이고 '신인간神人間'의 마음을 키워 가야 한다. 천지부모님을 공경하는 삶을 살며 서로 한울님을 모시고 사람과 만물을 섬기고 받드는 생명체로서 장생한다는 믿음과 한울마음 식량으로서의 21자 주문이 바로 그 지도라는 것을 알려 주고 나누어야 하겠다. 지도를 들고 찾아온 이웃들에게 산마다 물마다 가는 곳곳마다 주문으로 가득가득 채워진 넉넉한 곳간을 개방하는 것이다. 곳간을 열어 진실로 마음식량을 나누는 이들은 천지부모님 은덕을 잊지 않고 공경하며 살아가는 한울사람일 것이다. 그 식량은 단지 우리의 생명을 키울 뿐만 아니라 우리를 코로나19 이후의 신세계新世界이자 신세계神世界로 인도하여 가는 선약仙藥이기도 하다. 그러므로 마음식량을 나누는 이들은 모두 〈천지부모 학당〉을 거쳐 온 한울사람 동문同門이다. 동덕同德이다. 동사同事이다. 그 자리에 그 사람으로 서면 비로소, 새 한울 새 땅에 사람과 만물이 모두 새로워지는 그날이 보일 것이다.

마음의 영성에 관한 세 가지 가설

최 다 울

마음의 분석과 영성적 면역력

마음에는 '믿음'의 기능이 있다. 특정 종교의 신자들뿐만 아니라 마음이 있는 모든 이는 크게든 작게든 '믿음'을 갖고 있다. 이를 염두에 두고 자신이 상정한 상식, 진리, 당연함에 대한 믿음은 어디까지나 상대적인 것이라 생각할 수 있다면 문제가 없다.

그러나 나 자신을 포함하여, 그렇지 못한 경우가 비일비재하다. 이는 최근에 시작된 문제도 아니지만 코로나19 상황에서 더욱 심각해지고 있다. 많은 사람들이 가짜뉴스를 맹신하고 자타를 쉽게 구분하며 누군가에게 편견을 갖는다. 물론 가짜뉴스를 뿌리고 맹신을 조장하는 쪽이 잘못된 것이다. 다만 한편으로 잘 생각해 볼 필요가 있다. 어쩌면 '믿음'무엇인가를 당연시 여겨 버리는, 당연시 여길 수 있는 힘은 우리 마음의 고유한 성질이 아닐까? 자신의 생각이 맹신이나 편견이 아닌지 스스로 판단할 수 있을까? 여기서 한번 '마음'에 대해 분석해 보면 어떨까? 나는 마음의 분석이 믿음을 상대화할 수 있는 '영성적 면역력'의 자생법이라 생각하고 있다. 그래서 이 글에서는 마음의 영성에 대한 가설을 제시하고자 한다.

'마음'에 대한 정의

가설에 들어가기 전에 먼저 이 글에서 다룰 '마음'에 대한 정의를 해 두고
자 한다. 내가 말하는 '마음'이란 '감각질Qualia이 나타나는 곳'이다. 감각질
이란 우리의 의식consciousness을 구성하는 '감각의식'과 '경험' 등의 심적 현
상을 의미한다. 예를 들어 '된장'이라는 말을 들으면 된장의 색깔, 냄새, 촉
감, 맛, 시골 풍경, 가족과 식사한 추억, 돌아가신 할머니 얼굴 등등이 떠오르
는데, 이 마음에 떠오른 의식, 감각, 경험이 모두 뒤섞인 이미지가 그것이다.
알다시피 다른 사람의 감각질을 내가 직접 볼 수 있는 방법은 현재로선 없
으며, 자신의 감각질조차도 100% 재현하여 타인에게 전달할 방법은 없다.*
이 심적 현상을 언어, 그림, 음악, 이론 등으로 번역하여 표현할 방법**은 있
으나, 이를 읽고 보고 들은 사람의 마음에 표현자와 동일한 감각질이 나타
난다는 보장은 없다. 이러한 이유로 마음은 '쓰임새는 대략 알지만 자세한
내부 구조는 알 수 없다'는 의미에서 '검은 상자'라 불리며, 심리학이나 뇌과
학보다는 철학에서 주로 다루어져 왔다. 현재에도 감각질이 뇌와 관련되어
있다는 연구는 있으나, 그게 정확히 어디서 어떻게 작동하고 있는지에 대해

---

* 비트켄슈타인 『철학탐구(Philosophische Untersuchungen)』(1953) 'private
language', 'Beetle in the box'.

** 프랭크 램지 「Theories」(1929), 'primary system' - 'secondary system'. 소위
'Ramsey sentence'.

서는 알려지지 않은 상태이고, 앞으로 밝혀낼 수 있는지조차 모른다*.

감각질이 어디에 어떻게 나타나는지는 매우 흥미로운 주제다. 그러나 이 글에서 논하고자 하는 바와는 별개의 문제이므로 일단 보류하고 여기서는 편의상 그곳을 '마음'이라고 부르려고 한다. 참고로 '마음'이라는 용어 설정도 하나의 '믿음'이자 '영성'이다. 그러므로 마음이라는 명칭에 납득이 가지 않는 경우에는 '머리'나 '뇌', '생각이 일어나는 곳' 등 입맛에 맞게 바꿔 읽어도 상관없다. 또한 이 글에서 다루는 마음에 관한 가설은 앞에서 서술했듯이 현재로서는 본인이 아니면 확인할 방법이 없다. 따라서 여기서는 주로 나 자신의 마음 분석을 다룬다는 점을 양해해 주기 바란다. 독자 여러분도 이 글을 계기로 자신의 마음을 직접 분석해 보면 좋겠다.

가설1 - 연결의 영성: 마음은 실재實在하지 않는 것과 이어질 수 있다

첫 번째 가설은 "마음은 실재하지 않는 것과 이어질 수 있다."는 것이다. 실재하지 않은 것이란 일반적으로 '허상', '가상', '픽션', '초자연', '초월'이라 불리는 것이다. 예를 들면 신, 죽은 자, 영혼, 하늘天, 공상의 캐릭터, 미래, 사

---

* 신이나 초자연적인 대상에 반응하는 뇌의 부위에 관해서는 연구 결과가 있기는 하나, '감각질'의 내용까지는 알 방법이 없다. 또한 부위를 알아냈다고 하더라도 거기서 어떤 메커니즘으로 나타나고 있는지에 관해서는 다양한 설이 있으며, 그 설에 따라서 '마음'과 '감각질'을 논하는 입장도 크게 달라진다.

후 세계, 신비로운 힘 등이다.

우리는 이러한 허상, 초자연적인 것들과 마음에서 이어질 수 있다. 예를 들어 나는 마음속에 돌아가신 친할머니를 떠올릴 수 있다. 친할머니는 돌아가서서 현재 세상에 실재하지 않는다. 실재하지 않지만 친할머니의 이미지나 목소리가 나의 마음에 나타날 수 있으며, 나는 마음에 나타난 친할머니를 그리워할 수도, 할머니께 감사한 마음을 품을 수도 있다. 가끔씩 친할머니께서 해 주시던 고사리조림이나 마 덮밥을 먹을 땐 생전의 할머니와의 추억이 떠오르기도 한다. 지금 이렇게 원고를 쓸 때도 친할머니'께서' 해 '주시던'이라고 존칭을 붙이지 않으면 이상한 느낌이 든다. 즉 상대방이 세상을 떠나 지금은 실재하지 않아도, 내 마음에서 돌아가신 친할머니와의 인간관계는 지속되고 있다. 다시 말해 나는 실재하지 않는 대상과 마음에서 연결되어 있다.

조금 더 넓혀서 생각해 보자. 위 예시는 대상이 생전에 관계가 있었던 경우지만, 꼭 돌아가신 친족이나 지인이 아니더라도 실재하지 않은 대상과 이어질 수 있다. 예를 들어 우리는 죽은 자를 모욕하는 것을 터부시한다. 또한 제아무리 모르는 사람의 것이라 하더라도 남의 묘소를 밟고 올라가거나 하지 않는다. 물질적으로는 그냥 돌덩이나 흙덩이지 생명체가 아닌데도 말이다. 왜 그럴까? 이는 우리가 죽은 자의 존엄성^{생자의 그것과 완전히 동일하지는 않더라도}을 일부 인정하고 있기 때문이다. 세상을 떠나 실재하지 않게 되었음에도 그 사람의 생명성, 존엄성은 사회·종교적으로 세상에 남는^{다고 여겨지는} 것이다. 여기서 주의할 것은 생전에 자신과 관계가 있었다거나, 유족이 아직 살아 있다거나 한 이유와는 별개로 죽은 자의 존엄성이 인정된다는 것이다.

다시 말해 '죽은 자' 그 자체에 존엄성이 내재되어 있다고 여겨진다. 우리는 이렇게 세상을 떠난 이들을 사회·종교적으로 실재하는 것처럼 여길 수 있으며, 그들과 연결될 수 있다.

그리고 이것은 죽은 자에 대해서만 그러한 것이 아니다. 우리는 공상의 캐릭터에 대해서도 실재하는 대상처럼 이어질 수 있다. 예를 들어 나는 게임 캐릭터가 프로그래밍된 일개 데이터임을 알고 있음에도 게임 속 불가사리 친구에게 매일 꼬박꼬박 먹이를 주고 굳이 안 줘도 안 죽는다 쓰다듬어 준 적이 있다 쓰다듬으면 프로그래밍된 표정이나 모션을 취해 준다. 귀엽다. 소설 속의 등장인물을 흠모한 적도 있으며, 만화 속 캐릭터가 위기에서 빠져나갈 수 있기를 기도한 적도 있다. 뉴스에서 모르는 사람의 교통사고 소식을 보아도 딱히 슬프지 않지만, 게임이나 소설, 만화, 영화에서 내가 소중히 생각하는 등장인물이나 캐릭터가 죽기라도 한다면 실재하는 친구나 애완동물을 잃었을 때만큼 사별의 아픔을 크게 느낄 수도 있다. 만에 하나 일본에서 국민적인 캐릭터인 피카츄, 도라에몽, 짱구가 스토리상에서라도 죽기라도 한다면, 적지 않은 사람들이 오랜 친구를 잃었을 때와 같은 사별의 슬픔을 느끼게 될 것이다. 그만큼 우리 마음속에 이들 공상의 캐릭터는 실재하는 생명체와 다를 게 없이 또는 그 이상으로 나타나기도 한다. 현대인도 충분히 영성적이다.

우리는 죽은 자와 이어질 수 있고, 공상의 캐릭터들을 배려하거나 흠모할 수 있다. 즉 실재하지 않는 것들을 사회적으로 실재하는 대상처럼 대할 수 있다. 이는 실재하지 않는 신령님이나 신, 먼 조상님에게 제사나 예배, 미사, 마쓰리神社 축제, 성묘를 하며 그들과 이어지는 행위와 유사하다. 꼭 특정 종교나 예식이 아니더라도 우리 삶 속에는 도처에 영성적인 면이 숨어 있다. 그리고 중요한 것은 대상이 실재하지 않아도 사회적으로 이어져 있는 이상 우리의 사고와 행동은 영향을 받는다는 것이다. 하늘이 두려워 몸가짐을 삼간다. 조상님께서 물려주셨으니 대를 이어 제사를 소중히 지낸다. 사람이 곧 하늘이니 타인과 자신을 하늘처럼 섬긴다. 게임 속 강아지를 실제 생명체처럼 보살필 수도 있고, 반대로 기껏해야 데이터 덩어리라고 뚝딱 삭제 버튼을 누를 수도 있다. 실재하지 않는 것을 실재하는 것처럼 믿고 착각할 수 있는 능력, 그런 능력을 마음은 가지고 있다. 이것이 내가 말하는 '연결의 영성'이다. 마음은 얼마든지 묘비에서 고인의 존엄성을 볼 수도 있고, 그냥 돌덩이로 볼 수도 있다. 대상을 신처럼 섬길 수도 있으며, 소모품처럼 쓰고 버릴 수도 있다.

가설2 - 합일의 영성: 마음은 대상과 하나가 되기도 한다

두 번째 가설은 "마음은 대상과 하나가 되기도 한다."는 것이다. 대상과 하나가 된다는 것은 구분의 경계가 모호해진다는 뜻이다. 여기서 말하는 대상에는 물론 '실재하지 않는 것'도 포함되며, 구분에는 '자타인식'이 포함된다. 자타인식 구분의 경계가 모호해지는 대표적인 예가 '자기 이름'이다. 자기 이름은 선천적인 것도 아니고, 나면서 몸에 박혀 있거나, 발음이 뇌 속에 기억되어 있던 것도 아니다. 엄밀히 말하면 자기 이름은 내身가 아니라 외부他의 것이다. 그럼에도 우리는 '자기 이름'을 '나'로 인식할 수 있고, '자기 이름'이 욕을 먹으면 기분이 나빠진다. 즉 나와 내 이름의 경계선이 모호해져 있으며, 자타가 하나가 되어 있다.

가명의 경우에는 어떨까? 온라인상의 아이디나 닉네임도 모두 자己가 아닌 일개 설정이다. 그뿐만 아니라 가명의 경우 사회적으로 '나'와는 완전히 별개의 인격체다. 이 가명의 인물이 '나'와 동일 인물이라는 것이 알려지지 않는 한알려지더라도 '본연의 나'와 '가명의 나'가 구분되어 있는 한, 가명에 대한 평가는 '나'에 대한 평가가 아니다. 그럼에도 불구하고 그 가명이또는 가명의 인격체가 욕을 먹으면 '내'가 기분이 상할 때가 있다. 자신이 직접 욕먹은 것도 아닌데, 왜 일개 설정일 뿐인 가명에 대한 평가로 감정에 영향을 받을까? 그것은 마음속에서 '나'와 가명의 인격체가 합일되어 있기 때문이다. 네이버 닉네임이나 트위터 아이디와 '내'가 하나가 되어 있는 것이다. 마찬가지로 온라인 게임의 캐릭터나 필명, 예명 등이 이에 해당될 수 있다. 게임 속의 자신의 캐릭터아바타가 모욕을 당하면 짜증나지 않는가? 이 캐릭터가 위기에 빠지면 함께 긴장하고, 성장하면 내 일처럼 기뻐한 적이 있지 않은가? 어떠한 의미에서 온라인상의 가명이나 게임 속 자기 캐릭터라는 '사회적인 인격체'와 하나되는 경험은 현대에서 가장 대표적인 영성 체험이라 할 수 있다. 물론 이입되지 않는 사람도 있다. 원래 영성 체험이라는 것은 한국의 '무당'이나 일본의 '무녀'巫女, '이타코'イタコ처럼 일상적으로 영성적인 마음 상태가 되는 수준이 되어야 비로소 가능하다.

물론 이름이나 가명뿐만 아니라 자연, 가족, 지역, 민족, 국가, 성별, 우주

등등 무엇이든 합일의 대상이 된다. 물아일체, 천인합일, 자타합일이라는 말이 그것이다. 대상들에 내가 포함되며, '나'의 범위에 대상들이 포함되기도 한다. 우리나라가 욕을 먹거나 손해를 보면 나 자신의 손해처럼 느껴지고, 우리 민족이 위업을 이루면 내 일처럼 기뻐할 수 있다. 다만 이 '일체', '합일'의 범위는 상대적이며 변동적이다. 재외동포들의 위업을 '내 일'처럼 자랑스러워하다가도 국가지원금 문제가 되면 '우리'로부터 제외시키려고 한다. 그때그때 마음의 상태에 따라 합일의 정도와 대상이 달라지는 것이 영성 체험의 특징이다. 자연과 일체화 되기 위해서는 오감을 풀가동하여 명상에 잠겨야 하듯이, 국민이 하나가 되려면 국가적 위기가 있어야 한다거나, 월드컵 4강에 진출해야 한다거나 하는 마음 상태의 조건이 있다.

지금까지 살펴본 가설1과 가설2는 비교적 일반적인 영성 이해인 '외부와의 연결 또는 합일'을 전제로 한 가설이다. 나 역시 반년 전까지만 해도 가설1, 가설2와 같은 경우가 '영성적'이라 생각해 왔다. 일반적으로 '영성지수 Spiritual Quotient가 높다'고 하면 외부와의 경계선이 모호하여 대상과 일체화 되거나, 감정이입이나 공감능력이 뛰어난 경우를 뜻하곤 한다. 다만 이것은 어쩌면 이분법적인 사고에 의한 구별일 수 있다. '영성적'이라거나 '영성지수가 높다'거나 하는 생각은 '영성적이지 않은 상태', '영성지수가 낮은 경우'를 전제로 한다. 이렇게 볼 때 자타 구분의 경계선이 뚜렷하고, 신이나 사후 세계, 초월적인 것에 무감각한 상태가 '영성적이지 않은 상태'라는 것이다. 과연 그럴까? 구분이나 경계선은 자연적인 것도 절대적인 것도 아니다. 마음속의 '자'와 '타'는 처음부터 따로따로 존재하지 않는다. 마음에서 자와 타의 구분을 어딘가 익숙한 범위에 경계선을 두고 있는 것이다. 그리고 이 경계선을 두는 범위와 농도는 앞서 논해 왔던 '연결'과 '합일'의 영성과 관련이 있다. 그래서 가설3을 세워 보고자 한다.

가설3 - 구분의 영성: 구분의 경계선도 마음의 영성이자 익숙함이다

앞서 가설2 '합일의 영성'에서는 대상과의 '구분의 경계선'이 모호해진다는 점을 다루었다. 반대로 이번에는 그 구분의 경계선 자체도 '실재하지 않는' 영성의 대상으로 보고자 한다. 곰곰이 살펴보면 대상과 대상의 구분, 자타의 구분도 절대적이거나 선험적인 것이 아니다. 잘 들여다보면 그 경계선은 매우 애매모호하다. 어쩌면 자타의 경계선이 흐려지는 영성이 있듯이 자타의 경계선이 뚜렷해지는 것도 영성이 아닐까? 우리는 마음에서 자와 타의 구분, 대상과 대상의 구분을 어떻게 나누고 있는 것일까?

다시 '나'의 범위에 대해 생각해 보자. 나는 어디서부터 어디까지인가? 지금껏 다루었던 '감각질이 나타나는 곳', 즉 마음 그 자체가 '나'인가? 아니면 감각질 그 자체가 '나'인가? 그렇게 생각하는 경우*도 있지만, 대개 우리가

---

* 데이비드 흄 『인간 본성에 관한 논고(A Treatise of Human Nature)』(1739) 'Bundle of Perceptions'.
  버트런드 러셀 『마음분석(The Analysis of Mind)』(1921)에서 러셀은 'cogito ergo sum'을 'it thinks in me' 또는 'there is a thought in me'로 영역하고 있다.

'나'라고 부르거나 '자타 구분'을 할 때의 '나'는 감각질이나 마음과는 다른, 그보다 상위에 있는 '주체'*를 연상하기도 하고, 아니면 지금 실재하는 자기 몸 자체가 '나'라고 여길지도 모르겠다. 조금 복잡해지니 먼저 '내 몸의 범위'에 대해 차근차근 생각해 보고자 한다.

뇌, 눈, 코, 입, 귀, 손, 발은 '나'일까? 나에 포함되는가? 또 심장, 간장, 폐, 위장, 신장은 어떤가? 내 감각으로는 여기까지는 나에 포함될 것 같기도 하다. 그렇다면 이건? 머리카락, 수염, 치아, 손톱, 혈액, 산소, 아까 먹은 뱃속의 음식… 점점 애매모호해져 간다. 해당되는 사람이 한정되겠지만 안경, 틀니, 임플란트, 의수, 의족은 어떨까? 인공장기나 기증받은 신체기관은? 여기서 다시 생각해 보자. 나를 구성하는 몸의 범위는 어디까지인가? 아마 실제로 자기 몸을 구성하고 있는 부위라고 하더라도 그게 나인가 하면 위화감이 생기는 경우도 있을 것이다. 내 경우에는 예를 들어 머리를 비롯해 손발의 경우는 '나'라는 느낌이 들지만 '혈액'이 '나'라는 느낌은 전혀 없다. 심장의 경우는 가슴에 손을 얹어 고동을 느껴 보면 실감이 나지만, 그렇지 않으면 '나'라는 느낌이 희미하다.

'나의 몸'에 관한 문제는 최근 인지과학 분야에서 다루어지는 주제로 크게 신체소유감sense of self-ownership과 운동주체감sense of agency이 관련되어 있다.**

---

* 칸트 『순수이성비판(Kritik der reinen Vernunft)』(1781) 'Apperzeption'. 사실 이 'Apperzeption' 자체도 영성이자 설정이라고 나는 생각하고 있다.
** Koichi TOIDA, Sotaro SHIMADA 「Neural Mechanism for Self- and Other-recognition」Organized session (chair), The 32nd Annual Meeting of the

전자는 '자기 몸의 주인은 나'라는 감각을 의미하며, 후자는 '행위, 동작의 주체는 나'라는 감각을 의미한다. 인지과학에서는 이 두 감각이 자기인식, 즉 뇌가 자타 구분을 할 때의 지표로 자주 쓰인다. 나 역시 '내 몸'의 범위는 이 '신체소유감', '운동주체감'이라는 지표를 중심으로 성장하고 익숙해져 가면서 형성되는 것이라 생각하고 있다. 다만 주의해야 할 것은 이들 신체감각의 범위도 구분의 경계선이 흐트러지는 경우가 있다는 것이다. 그 대표적인 예가 '고무손착각현상'Rubber Hand Illusion*이다. 고무손착각현상이란 가짜 고무손을 마치 자기 팔인 것처럼 보이게 함으로써 고무손에 가한 자극을 실제 자기 손에서 느껴지는 것처럼 만드는 '착각' 실험인데, 이는 자기 몸 바깥의 대상고무손을 자기 몸의 일부로 인식할 수 있다는 가능성, 즉 신체 범위의 경계선이 뇌의 상태에 따라 바뀐다는 것을 나타내고 있다. 특수한 뇌의 상태에서는 실제 자기 몸보다 바깥의 대상이 나의 몸의 범위 안에 들어온다. 즉 신체소유감의 자타 구분 경계선은 상대적이며, 심리상태의 영향을 받는다.

참고로 정신질환을 앓고 있는 사람의 고무손착각 실험은 그 결과가 현저하게 차이가 난다고 한다. 통합실조증 환자의 경우 고무손착각 등의 착각

Japanese Cognitive Science Society, p.778, 2015.09. (in Japanese).

*   Botvinick, M., Cohen, J. 「Rubber hands 'feel' touch that eyes see.」 『Nature』 391, p.756(1998).
    고무손착각현상 실험의 영상이 내셔널지오그래픽의 유튜브 채널에서 공개되어 있다. 영상으로 보는 것이 이해하기 쉬우니 참고 바란다. National Geographic 〈Is That My Real Hand? | Breakthrough〉(《Youtube》, 2015.11.05.). 영상 링크: https://youtu.be/DphlhmtGRqI

이 과하게 일어나며, 운동주체감이 현저히 저하되는 경우 환청이 들린다거나 자기 몸과 외부의 구분을 하지 못할 때가 있는 반면에, 자폐증 환자의 경우 고무손착각 등의 착각이 거의 일어나지 않으며, 자기 몸의 외부에 대한 감각에 무디기 때문에 붓이나 구기 운동 등 자기 신체 범위를 벗어난 도구 사용에 어려움을 겪는다는 보고가 있다.* 물론 자폐증과 통합실조증 환자의 비율은 전체 인구의 1%에도 미치지 않는다. 그러나 정신질환자가 아닌 사람들의 자타인식의 경계선이 모두 일정하냐 하면 그렇지는 않다. 자폐증 또는 통합실조증 기질은 정신질환 판정을 받지 않은 사람도 정도가 다를 뿐 모두 가지고 있다. 그 정도에 따라 경계선이 변동된다면 결국 모든 사람의 자타인식은 상대적이라고도 할 수 있을 것이다.**

또 한편 무당이나 무녀처럼 특수한 마음의 상태^{대상과의 일체화}의 프로들의 경우 '내 몸'의 범위는 어떻게 느껴지고 있을까?*** 그뿐만 아니라 현대인과는 세계관이 완전히 달랐을 터인 죠몬繩文시대 사람들이나 『고사기』古事記에 나오는 사람들, 또 독특한 신앙을 가졌던 아이누들의 자타 구분의 경계선은

---

* Makoto Wada 「Body ownership illusions in humans and other animals」 『The Japanese Journal of Animal Psychology』, 2019, p.6 참고.
** 애초에 이는 비율의 문제일 뿐 99%의 사람의 신체감각이 정상이라고 단정할 수 없다. 정상으로 여겨지고 있을 뿐이다. 만약 통합실조증 질환자가 99%인 세상이 있다면, 자타 구분의 경계선의 '정상적인 범위'는 지금과는 많이 다를 것이다.
*** 인지과학 연구 중에는 운동선수의 멘탈(이미지) 트레이닝과 자타의식에 관한 연구도 주목되고 있다. 만약 이미지 훈련이 '신체소유감', '운동주체감'을 높여 주는 것이라면, 반대로 오감을 외부와 연결하는 영성훈련, 명상이나 좌선(座禪)도 마찬가지로 자타의식의 경계선에 영향을 끼친다고 볼 수 있지 않을까?

어땠을까? 어쩌면 고무손 정도가 아니라 더 바깥의 대상들까지 '내 몸'의 범위에 포함되게 느껴질지도 모른다.

신체 범위 이외의 '나의 범위' 구분의 경우는 더 상대적이다. 이는 가설2에서도 다룬 것인데, 마음에 나타나는 '나의 범위'는 가족, 민족, 지역, 성별, 응원하는 스포츠 팀, 국가, 자연, 우주 등 한없이 넓혀질 수 있으며, 어디까지 어느 정도의 범위와 경계선이 있는지는 사람마다 다르다. 또 '자타구분'뿐만 아니라 '대상과 대상의 구분'도 있으나, 이것은 언급할 필요도 없을 만큼 더 다양하고 상대적이라 할 수 있다.*

어디까지가 나와 내 몸의 범위이며 어디서부터가 바깥이자 타자인지의 경계선은 그때그때 마음의 상태에 따라 모호해진다. 이렇게 마음에는 상대적이고 변동적인 '구분의 영성'경계선의 영성이 있다. 실재하지 않는 것과 이어질 수도 있고연결, 그것들과의 경계가 흐려져 하나가 될 수도 있으며합일, 반대로 뚜렷한 경계선을 그을 수도 있다구분. 즉 마음에는 대상과 연결, 합일, 구분할 수 있는 능력이 있으며, 그로 인해 우리의 사고와 행동은 영향을 받는다. 여기서 실재·비실재의 여하는 문제가 되지 않는다. 이것이 '마음의 영성'이다.

---

* 언어가 사고의 구별 방법에 영향을 끼친다고 하는 '언어적 상대성'가설도 원래는 다루어야 하는 주제이긴 하나, 길어지므로 여기서는 생략한다.
소위 '사피어 워프 가설(Sapir-Whorf hypothesis)'이라 불리는 '언어적 상대성(Linguistic Relativity)' 가설이 있다. '언어가 사고의 틀을 만든다'고 하는 강력한 이 해석은 현재 인정하는 사람은 드물지만, '언어가 사고의 구분에 영향을 끼친다'고 하는 비교적 약한 해석의 경우에는 지금도 유효한 내용이며 참고할 만하다. 이 가설에 따르면 색깔이나 공간, 행위를 구분하는 사고가 사용 언어에 따라 후천적인 영향을 받는다.

근대는 영성의 문제를 정말 극복했을까?

이렇게 볼 때, 종교·영성의 문제는 이미 극복된 문제라고_{심지어는 종교·영성·} _{도덕에서 벗어나 이성적 개인, 합리적 사상으로 전환됐다고} 여기는 '서구적 근대'도 내 생각에는 영성을 극복한 것이 아니라 가설3의 '구분의 영성'이 강화되었을 뿐이라고밖에 여겨지지 않는다. 그저 종래와는 다른 마음의 영성 상태로 옮겨졌을 뿐이다. 종교·영성의 문제는 이미 해결되어 본인들과는 무관한 문제로 여겨진다는 점에서 오히려 상황이 악화되었다고도 할 수 있다. 여전히 현대인도 특정 정보를 진리처럼 맹신하고, 국적과 민족, 성별, 능력 등의 사람과 사람 사이의 구분이 마치 원래부터 실재한 것처럼 여기며, 자연과 자신을 분리해서 생각한다. 이건 믿음의 대상이 '신'^{GOD}이나 '도'^道에서 '과학적 사실', '합리적 구분'으로 옮겨진 것에 지나지 않는다. 영성의 문제는 특정 종교 신자들이나 전근대적 사람들만의 문제가 아니다. 자신의 마음에 나타나는 믿음의 방향을 성찰하지 못하는 한 가짜뉴스도 차별도 사라지지 않을 것이다. 이것이 영성적 면역력의 저하다. 그 영향력에 비해 영성에 대한 이해가 너무 적다. 다만 그렇다고 해서 비실재와 실재를 분별할 능력을 키워야 한다는 말이 아니다_{애초에 그게 정말 가능한지도 의문이다}. 자신의 마음의 특징, 믿음의 기능을 알고서 조심해서 다뤄야 한다는 것이다.

'마음의 영성' 가설의 미래: 사상사 연구와 영성적 면역력

참고로 내가 마음의 영성, 특히 구분의 범위의 상대성에 대해 생각하게 된 것은 동학의 천天에 관한 연구가 계기가 되었다. 조선 유학자들의 천天과 동학의 천天은 그 범위, 섞임, 어우러짐이 다르다. 또 같은 동학이라 해도 수운, 해월, 의암 선생 각각의 천天은 분명 그 범위도 느낌도 각각 다르다. 한편으로 일본의 어느 사상가가 다루는 천天은 해월의 그것과 비슷한 느낌을 받을 때가 있다. 어떨 땐 현대인 중에서도 세상, 사회, 생태를 그들의 천天과 비슷하게 바라보는 사람들도 있다. 과연 이 사람들의 마음에 '천'天, '사람', '세상'은 어떻게 나타나며, '나'와 '타인'은 어떻게 구분될까? 이들은 마음속 이미지^{감각질}를 어떻게 번역하여 '천'天이라 표현했을까? 이를 조금 더 깊이 이해하기 위해서 세운 가설이 '마음의 영성'이다.

물론 타인의 마음은 아무리 생각해 봐야 그 내부 구조를 알 수 없는 '검은 상자'다. 그러나 그래도 문제없다. 그 '검은 상자'에서 다양한 형태로 나타난 표현을 단서로 문맥을 읽으면 되기 때문이다. 그래서 사상사 연구를 하는 것이다.

다만 실은 이렇게 가설을 세운 것도 고안을 한 것도 '마음의 영성 기능'을 실험이나 연구를 통해 해명해 내고 싶어서는 아니다. 오히려 그 반대다. 마음은 마치 한 줌의 흙 안에 수억 마리의 미생물이 뒤엉켜 상호작용을 하는 것처럼 매우 복잡하며 변동적으로 움직인다. 그러므로 한 사람 한 사람의 말, 글, 소리, 몸짓으로 나타나는 '표현'의 문맥을 통해 그 오묘하고 복잡한 영성의 뒤섞임을 느껴야 한다. 나는 이것이 생명을 알아 가는 방법이라고 생각한다.* 마음과 영성은 생명현상이다.**

그리고 애초에 '마음의 영성' 자체가 설정이자 픽션이다. 다만 이것도 문제가 없다. 마음의 영성이 실재하느냐 아니냐에 관계없이 설령 이게 거짓이라 하더라도 '내 마음에는 영성의 기능이 있다'는 것을 염두에 두고 자신의 마음을 성찰하는 것만으로도 '영성적 면역력' 촉진에 도움이 되기 때문이다. 그리고 그것은 가능하다. 왜냐하면 마음은 실재하지 않는 설정에 영향을 받기 때문이다. 토톨로지tautology, 항상 참인 명제 같아졌지만 간단한 이야기다. 당연함을 믿는 마음을 분석해 보는 것이다. 내 마음은 지금 무엇과 연결, 합일이 되어 있고, 무엇과 구분을 두고 있을까? 영성에는 영성으로 대처하는 것이다. 그것이 내가 생각하는 영성 백신이다.

---

* 오해를 피하기 위해 부연 설명을 하자면 나의 주장은 생기론(Vitalism)이 아니다. 논하고자 하는 것은 어디까지나 일원론상의 영성, 마음, 생명이다. 요는 이들 모두 기본적으로는 물리적 인과관계를 가진 현상들인데, 그 속 알맹이를 규명해 내는 것이 불가능에 가까우니 철학적·사상사적으로 접근해야 한다는 것이다. 물론 나의 입장이 해답이라는 것은 아니다. 양자뇌이론(Quantum mind theory)과 같은 다른 입장의 이론에도 흥미로운 점은 많다.

** 현재 나의 견해는 영성과 마음에 관해서는 프랭크 램지의 철학과, 마음과 생명에 관해서는 앙리 베르크손이나 화이트헤드의 철학과 가까울지도 모르겠다. 최근에는 베르크손의 『물질과 기억(Matière et mémoire)』(1896)과 『창조적 진화(L'Évolution créatrice)』(1907)를 다시 천천히 읽고 있다.

한국사회는 특정 사회집단에 지나치게 큰 가치를 부여한다. 그 집단에 속할 수 있는 사람은 극소수이지만 대부분의 청년이 그 지위의 획득을 가장 우선적인 목표로 삼도록 배운다. 그렇기에 대부분의 사람은 비정상이라는 위치로 사회생활을 시작할 수밖에 없다. 다름이 틀림으로 치부되고 청년들의 잠재력이 무시되는 것이다.

청년의 생각

어떤 인생을 그릴 것인가

김 유 리

2020년 봄은 우리 청년*들이 보내 온 어떤 봄과도 비교할 수 없는 모양으로 흘러갔다. 3월이 오면 자연의 순환처럼 어김없이 찾아왔던 새 학기, 새 만남과 같은 것들이 언제 그랬냐는 듯 자취를 감추었다. 초·중·고등학생들은 기약 없는 개학을 기다리다 결국 온라인 개학 후 순차적 등교를 하게 되었고, 대학생들은 대학에 따라 비대면 혹은 대면 수업을 진행하고 있다. 취업을 준비하던 청년들은 더 좁아진 취업문에 좌절하고, 합격 후에도 돌연 채용이 취소되는 등의 상황을 겪고 있다. 지금 대한민국 청년들은 새로운 불안 속에서 한 치 앞을 내다볼 수 없는 봄을 살아 내며 다가올 계절을 준비하고 있다.

대한민국의 어리고 젊은 사람들이 힘들고 퍽퍽한 삶을 살아야 했던 것은 어제오늘 일이 아니다. 과거에 비해 먹고살 걱정이나 전쟁과 같이 당장 목숨을 위협하는 요소는 훨씬 적지만, 대신 현대의 불안은 일상에 교묘히 섞여 존재한다. 예고없이 들이닥친 코로나19라는 변수는 청년들의 삶에 더 큰

---

* 이 글에서는 학교에서 입시를 신경 쓰기 시작할 10대부터 사회 초년생으로서 입지를 다져 나가는 단계를 밟고 있을 30대 초반까지를 통틀어 청년이라고 부르기로 한다.

혼란을 가져다주면서 동시에 그동안 관습이라는 이유 등으로 바꾸지 못하고 방치했던 폐해들에 의문을 던져 보는 긍정적인 전환점을 제공하고 있다.

이 글에서 우리 청년들이 미래를 준비하는 과정에서 겪고 있는 어려움을 들여다보고, 코로나19가 당장은 많은 사람에게 고통을 주고 있지만 장기적으로 이를 계기로 다가올 희망적인 변화에 대해 이야기해 보려고 한다. 이 글이 우리 청년들의 힘든 삶에 대해 다루고 있으나 충분한 고찰 없이 배설식으로 '헬조선' 탈출을 주장하는 비관적이고 사대주의적인 접근이 아니라는 것을 미리 밝힌다. 각각의 나라에는 나름의 문제와 고충이 있기 마련이다.

정상성*을 강요받는 청년들

청년기의 삶은 끊임없는 자기 증명으로 채워진다. 일정한 틀에 자신이 얼마나 들어맞고 삐져나와 있는지 정형화되고 수치화된 검증 시스템으로 평가받는다. 그 틀의 모양과 비슷할수록 착하고 바른 사람, 그렇지 않을수록 나쁘고 가르쳐야 할 사람이 된다.

---

*   정상(頂上)에 이르려는 노력과 정상(頂上)에 이른 상태가 정상(正常)적임을 인정하는 일, 사회가 요구하는 이상적인 삶의 단계(대입, 취업, 결혼 등)의 궤도 안에 머무는 일을 정상성이라고 부르기로 한다.

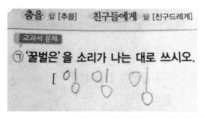
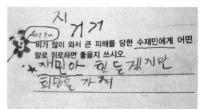

위 이미지는 누리꾼들 사이에서 인기를 끌었던 초등학생들의 재미있는 답안이다. 문제가 의도하는 바와는 상관없이 아이들이 나름대로 받아들여 풀이한 익살스러운 답변이 미소를 자아냈다.

이 그림을 처음 봤을 때에는 여느 누리꾼들처럼 단순히 재미있다고 여겼다. 하지만 점점 씁쓸한 마음이 번졌다. 대다수의 '귀여운 실수'들이 충분히 그렇게 생각할 여지가 있다고 생각되며, 정형화된 답이 나오기 힘든 문제들도 틀에 맞춰진 답안을 써넣기를 요구하고 있었기 때문이다. 특히 오른쪽 이미지 속 문제의 경우 위로의 말이 어떻게 정형화될 수 있을지 궁금해질 정도이다. 게다가 이 문제에는 '어려운 문제'라는 딱지가 붙어 있다. 도대체 어떻게 써야 고난도의 문제에 걸맞은 '정답'이 되는 것일까?

같은 문장을 읽어도 그 문장은 읽는 이에 따라 수많은 의미를 가질 수 있다. 각자 살아온 삶의 역사가 쌓여 서로 다른 시선이 만들어지기 때문이다. 하지만 아이들은 학교에 들어가면서부터 각자의 색깔이 담긴 해석을 '오답'으로 치부받고 정해진 대로 생각하는 훈련을 하게 된다. 삶의 지혜에서 우러나온 위로의 말이 아닌 도덕이라는 이름으로 주입된 말을 건네야 하고,

문학 작품을 읽더라도 각자의 마음에 와닿은 나만의 울림은 제쳐 둔 채 '작가의 의도', '작품 주제' 등의 탈을 쓴 강요된 감상을 외워야 한다.

그렇게 가지각색의 모양을 부단히도 네모반듯하게 깎고 다듬는 것이 우리의 초·중·고등학교 공부이다. 그리고 어른들 말씀 잘 들으며 이를 착실히 이행한 아이들이 대학교 입학이라는, 우리나라의 권력 구조에서 큰/높은/좋은 자리를 차지하는 기회를 얻게 된다. 기회를 얻어낸 아이들은 다시 대학교에서 요구하는 새로운 틀을 접하게 되고 누구 하나 자세히 알려 주는 일 없이 틀에 맞추어 자신을 줄이고 늘리고 자르는 일을 반복한다.

이렇듯 청년기의 삶은 다음 단계의 기회를 얻기 위해 자기 자신을 버리고 정답에 맞추어 가며 그 진행 상황을 때마다 증명하여 평가받는 과정의 연속이다. 하지만 아이러니하게도 기회를 얻기 위해 각고의 노력을 기울여 얻은 역량과, 기회를 잡고 나서 그에 걸맞은 역할을 해내기 위해 필요한 역량이 일치하지 않는다.

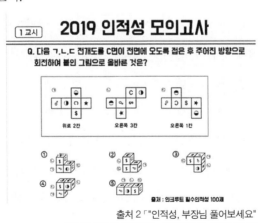

출처 2 「"인적성, 부장님 풀어보세요"
… 21년차 5분 뒤 "망했다"」, 《중앙일보》, 2019.09.22

위 이미지 속 문제는 대기업에 입사하려면 반드시 거쳐야 하는 관문 중 하나인 인적성 시험의 모의고사 문제이다. 모두가 알고 있다시피 대한민국 100대 대기업 중 종이접기 회사는 없다. 하지만 짧은 시간 안에 이런 문제를 빠르고 정확하게 풀어 낸 후에야 비로소 면접을 볼 수 있는 기회가 주어진다. 그리고 실제로 모든 과정을 성공적으로 마치고 입사한 후에 하게 되는 일은 이런 시험이나 자격증 취득 등을 위해 필요한 역량과 거리가 먼 경우가 많다.

이처럼 청년들은 자신의 실제 역량을 정량화·정상화하고 이를 일정한 양식에 맞춰 증명해야 한다. 그 과정은 소모적이고 비효율적이다. 하지만 청년들에게 강요되는 정상성은 단순히 정상正常에 맞춰 기회를 얻을 수 있는 상태가 되는 것뿐만 아니라, 그 노력의 현장 안에 적극적으로 머물고 있느냐까지 포함된다.

다시 말하면 학생은 으레 대입을 열심히 준비해야 하고, 대학생은 으레 대기업 입사를 제1의 목표로 삼아야 하며, 일정 연령 언저리의 청년들은 결혼 상대를 물색해야 한다. 그리고 그러한 과정에 참여하지 않은 청년들은 왜 그러한지 정당성을 입증해야 한다. 그 외의 방향, 예를 들어 학교 교육 대신 홈스쿨링을 선택하는 일이나 결혼 및 출산 대신 탄탄한 경력을 쌓는 일은 예외나 비정상으로 여겨진다. 그리고 아직까지 많은 사람들이 그런 예외를 택한 사람들에게 서슴없이 이유를 묻곤 한다. 예외가 된 사람들이 정당하고 합리적인 이유를 제시하지 못하면 그들은 사회적 실패자나 반항자로 낙인찍힌다.

그렇기 때문에 청년은 인간으로서 당연히 누려야 할 쉼, 비움, 다름을 합리적 이유 없이 향유할 수 없다. 그럴 시간에 정상의 자리를 얻기 위해 자기계발을 해야 한다. 당연한 것들이 욜로*나 힐링같이 멋있어 보이는 외국어로 포장되고 나서야 인정받게 된다. 놀이와 휴식마저 청년들이 즐기면 경쟁과 뽐내기의 모습을 띠게 되는 이유가 여기에 있다. 그렇다면 한국사회에서 청년이 해 내야 하는 역할의 모양은 왜 이렇게 좁고 높아졌을까?

맑은 물도 흐르지 않으면 썩기 마련이다

일괄적으로 평가하여 인재를 선발하는 방식은 계층, 지위와 상관없이 모든 사람에게 기회를 제공하고 임의적인 기준이 아닌 합의된 공신력 있는 기준으로 엄밀히 평가하기 위해 시작되었다. 그러나 시간이 흐르고 반복되면서 본래의 취지와는 다르게 권력을 가진 사람들이 더 수월하게 통과할 수밖에 없는 구조로 변했다. 또한 경쟁을 위한 경쟁에 치우쳐 지나치게 까다롭고 어려워졌다.

대입의 경우 1980년까지는 예비고사와 본고사로 이루어졌다. 하지만 난이도가 과할 정도로 문제를 어렵게 출제하는 대학이 생기고 사교육 의존성

---

* YOLO. You Only Live Once의 줄임으로, 미래에 대한 계획보다 현재의 즐거움과 만족을 중시하는 삶의 태도.

이 지나치게 높아지자 폐지되었다. 대안으로 학력고사가 시행되었지만 암기 위주 시험이라는 문제점이 대두되어 지금의 대학수학능력시험이 도입되었다.[*] 한편 2002년부터 내신 및 다양한 역량을 고려하여 선발하는 수시 전형이 본격적으로 시행되었다.

공개채용 제도는 전 세계적으로 한국과 일본에만 있는 제도로, 일본에서 처음 시작되었다. 학연, 지연을 바탕으로 채용이 이루어지거나, 채용 후 무단으로 채용을 취소하는 등의 문제가 발생하자 일정한 기준이 마련되어야 한다는 고민 속에서 탄생했다. 한국에서도 인력을 공정하게 채용한다는 취지로 시작되었다. 또한 기업이 성장하고 계열사가 다양하게 늘어나는 가운데 충성도가 높고 여러 부분에 활용이 가능한 인재를 다수 확보하는 문제가 쟁점이 되면서, 이런 목적에 공채 제도가 부합한다는 판단 아래 공고히 자리잡았다.[**]

도입 초기에는 긍정적인 취지로 시작되었으나 시간이 지나면서 변화한 사회를 반영하지 못하고 비효율적인 권력 재생산의 도구로 전락하고 말았다. 대학수학능력시험은 그 이름이 뜻하는 바처럼 대학에서 높은 수준의 공부를 해낼 수 있는 바탕을 갖추었는지 평가하기 위해서 시작되었는데, 시간이 흐르면서 기출문제가 쌓여 요령이 생기고 수험생들의 능력이 상향 평준

---

[*] 〈수능의 역사〉, 《중앙일보》, 2011.06.11. 참고.
[**] 〈'대규모 대졸 공채'는 한국에만 있는 제도일까?〉, 《인터비즈》, 2018.08.04. 참고.

화 되자 점수 가르기를 위해 지나치게 어렵거나 지엽적인 문제들로 점철되었다. 공개채용 제도 역시 비슷한 맥락에서 경쟁이 과열되었고, 산업화 시대에 기계의 부품처럼 활용할 수 있는 인재를 뽑던 제도를 여전히 시행하여 변화된 시대에 필요한 인재를 선발하지 못하는 문제점이 부각되었다. 원래는 누구에게나 열린 기회를 표방하던 제도들이었지만, 보호자의 탄탄한 지원 아래 다른 것을 일절 신경 쓰지 않고 대입이나 취업에 전념할 수 있는, 즉 이미 어느 정도 사회적 지위가 보장된 청년들이 더 쉽게 기회를 잡을 수 있는 권력 세습의 도구가 되었다.

이러한 문제점을 정부는 물론 여러 사회 집단이 인식하고 있다. 하지만 쉽사리 변화를 시도하지 못하고 있다. 그 첫 번째 이유는 공정성이다. 여전히 명문대 입학이나 대기업 입사에 우리 사회가 부여하는 가치는 막대하다. 그렇기에 조금이라도 변수가 개재할 가능성이 보이면 너도나도 달려들게 되는 것이다. 이런 요행을 막을 수 있는 가장 효율적인 방법이 일괄적으로 시행되는 정형화된 시험이다. 조금이라도 평가자의 주관이 개입될 수 있는 여지가 있으면 부정으로 이어질 가능성이 크다. 이 문제는 우리 사회가 다양한 가치를 존중하고 정상성을 강요하지 않아야 바로잡을 수 있다. 하지만 이는 결코 녹록하지 않다.

두 번째 이유는 여러 이익집단에서 발생하게 되는 비용이다. 먼저 지원자의 경우 오랜 관습으로 이어져 오던 방식을 바꾸게 되면 새로 적응해야 하며 과도기의 혼란을 그대로 떠안아야 하는 부담이 있다. 인재들을 선발하는 대학이나 기업으로서도 지금의 방식이 시간적으로나 비용적으로 가장 효율적이기 때문에 새로운 방식을 도입하면 지금까지 투자했던 것보다 훨씬 큰 비용을 쏟아부어야 하는 부담이 있다. 이미 있던 것을 바꾼다는 일은 그것이 아무리 바른쪽을 향하는 일이라 해도 큰 비용이 든다. 따라서 장기적으로 이로운 일이더라도 당장 부담해야 하는 비용 때문에 쉽사리 결행할 수 없다.

한국사회는 특정 사회집단에 지나치게 큰 가치를 부여한다. 그 집단에 속할 수 있는 사람은 극소수이지만 대부분의 청년이 그 지위의 획득을 가장 우선적인 목표로 삼도록 배운다. 그렇기에 대부분의 사람은 비정상이라는 위치로 사회생활을 시작할 수밖에 없다. 다름이 틀림으로 치부되고 청년들의 잠재력이 무시되는 것이다.

지나치게 큰 가치를 부여하기에 공정성이 어느 때보다 중요해지고 변화에는 막대한 비용이 필요하다. 하지만 중요한 것은 사람들이 부여하는 가치와 실질적인 가치가 일치하지 않는다는 것이다. 시대가 바뀌고 세상은 훨씬 다양화되어 사람들이 할 수 있는 역할도 가지각색이지만 청년들은 그 다양한 역할에 대해 제대로 배우거나 준비할 기회가 현저히 적다.

이처럼 모두가 잘못되었다는 사실은 인식하고는 있지만 선뜻 바로잡을 시도는 하지 못하고 있다. 이러한 악순환의 지속으로 청년들의 고통은 커져만 가는 가운데 등장한 코로나19라는 예상치 못한 변수는 어떤 의의가 있을까?

당연했던 것들이 당연하지 않게 된 뉴노멀의 도래

지금까지 청년들의 삶이 정상성을 획득하기 위해 자신을 버리는 경쟁으로 채워질 수밖에 없었던 모습을 자세히 살펴보았다. 이 지난한 회고의 과정을 거쳐 드디어 지금 우리가 겪고 있는 혼란스런 코로나19 국면에 대한 이야기를 시작해 보자.

코로나19가 퍼지기 시작한 이후 쏟아져 나온 다양한 분석 가운데 가장 눈에 띄는 용어는 단연 '뉴노멀'일 것이다. 간단히 말해 다시는 코로나19 이전으로 돌아갈 수 없고 지금까지와는 전혀 다른 일상을 살게 된다는 의미이다. 이 뉴노멀에 의해 변화를 주저할 수밖에 없었던 상황이 반강제적으로 변화를 모색해야만 하는 상황으로 바뀌고 있다는 맥락에서 청년들에게 큰 의의가 있다고 생각한다.

코로나19로 우리 청년들이 학교에 다니는 모습은 크게 바뀌었다. 온라인 개학과 개강으로 학교마다 약간의 차이는 있지만 대부분 수업 영상을 업로드하면 일정 기간 안에 영상을 시청하고 과제를 제출하는 방식으로 수업이 진행된다. 따라서 학생의 입장에서는 정해진 기간 동안 원하는 시간에 원하는 속도로 수업을 받을 수 있고, 기존처럼 불필요한 시간을 할애할 필요가 없다.

한편 시험 기간이 되면서 대학가 온라인 시험 부정행위가 이슈가 되었다. 공정한 평가가 어려워지자 시험을 과제로 대체하는 수업이 늘어나는 추세이다. 목적은 다르지만 결국 기존에 단순 암기나 문제 풀이 요령만 터득해서, 또는 지인 사이에 알음알음으로 전해졌던 기출문제 자료를 얻었는지 여부에 따라 성적이 판가름 났던 관행이 반강제적으로 사라지게 된 것이다. 수업을 위해 자료를 찾고 조사하여 깨달은 바를 과제라는 결과물로 남기는, 실질적인 발전과 배움으로 이어지는 방향으로 가게 되었다 과제 역시 대행업체에 맡기는 문제가 있긴 하지만….

채용 방식 또한 변화의 바람이 불고 있다. 삼성그룹이 처음으로 부정행위에 대한 여러 우려 속에서도 온라인 인적성시험을 진행하였고, 화상 면접과 AI 면접이 기존 대면 면접의 대체 방식으로 떠오르고 있다. 공채 제도 폐지는 이미 2, 3년 전부터 논의가 오가고 있었으나 제반 비용 등의 이유로 기업들이 쉽사리 뛰어들 수 없었다. 하지만 코로나19를 계기로 직무에 직접적으로 연관이 있는 개인의 구체적 역량을 바탕으로 한 수시 채용 확대가 불가피해지고 있다.

즉 코로나19로 필수적인 접촉과 시간 할애를 제외하고는 모든 과정을 생략하여 곧바로 본론으로 들어가는 효율적 방식이 새로운 정상으로 자리 잡게 되었다. 또한 온라인이라는 새로운 환경에서 평가 방식에도 변화가 생기게 되었다. 자신을 기계화해야 정상성을 획득할 수 있던 관습이 조금씩 무너지고 있다.

뉴노멀이라는 담론 자체가 청년들에게는 의미 있는 장이 될 수 있다. 코로나19를 계기로 사회 전반에 숨어 있던 폐해들이 그 모습을 드러내면서 전면적인 재정비의 필요성이 여론의 관심과 지지를 얻고 있고, 청년들도 숨 쉴 창을 낼 기회라고 생각하고 목소리를 내고 있기 때문이다. 코로나19로 개개인에게 맞는 대처와 공동체를 위한 윤리적 행동의 병행, 급변하는 상황에 맞춘 유연하고 신속한 일 처리 등을 경험하고 이런 것이 실제로 가능하다는 것을 배웠다. 그렇기에 좀 더 개개인을 존중하고 나 자신의 색깔을 내며 살아갈 수 있는 사회, 그리고 동시에 모두의 연결을 인식하여 이웃과 공동체를 고려하는 섬세한 사회가 될 수 있겠다는 희망을 느낀다.

하지만 맹점은, 어찌 되었든 변화의 최종 결정 주체가 기성세대 권력자들이라는 사실이다. 이런 상황에서 우리 청년들은 모두가 잠시 멈춘 지금 자신을 돌아보고 세상을 살펴보는 시간을 가져야 한다. 되풀이해 오던 방식에 따르지 않으면 실패할 수밖에 없었던 역사가 잠시 정지했다. 이 암흑기를 오히려 기회로 삼아 잊고 있던 나의 색깔을 되찾고 나만의 길을 닦는 것이 우리 청년들의 생존법이 될 것이다.

안타깝지만 많은 연구 기관이 코로나19 사태가 장기적으로 이어질 것이라는 전망을 내놓고 있다. 따라서 청년들이 다음 달, 다음 해를 위해 꼼꼼히 계획해 놓았던 것이 무의미해질 가능성이 높다. 하지만 절대적이라고 생각했던 가치가 힘을 잃어 가는 것을 보면서 좌절하기보다는, 세상에 나를 맞추는 것이 아닌 나와 맞는 세상의 조각들을 모으는 일에 시선을 옮겨야 할 것이다. 기성세대가 잘못된 과거를 반복하여 다시금 청년을 고통으로 몰아넣지 않도록 단단하고 유연한 '나'로 거듭나는 '새 도모'로 '새 미래'를 열어야 한다. 긍정적인 변화에도 고통이 따르는 것처럼 지금의 고통을 성장통으로 삼아 자라나야 코로나19로 희생된 사람들에게 조금이라도 위로가 되지 않을까.

지금의 기성세대 중에서도 분명 정상성에 대한 세상의 강요에 굴하지 않고 자신만의 가치관과 소신으로 나만의 길을 걷고 있는 사람들이 있다. 단지 우리가 그들을 주목하고 있지 않을 뿐, 어디에선가 고유의 삶을 빚어내고 사회적으로 성공이라고 일컬어지는 것에 결코 뒤처지지 않는 성공을 거둔 이들도 있다. 이제 우리의 역할은 정상성이라는 틀을 깨고 이렇게 자신의 모습으로 입지를 다지는 사람들이 설 수 있는 바닥을 넓히는 일이다. 그 바닥이 곧 우리 청년들을 단단히 받쳐 줄 것이다. 남들과 달랐던 일부 기성세대의 유산을 물려받아 우리 것으로 다시 창조할 차례이다. 그리고 그렇게 청년들이 쌓아 갈 힘은 훗날 다시 맞이하게 될 또 다른 코로나19 사태를 민첩하고 건강하게 헤쳐 나갈 근육이 될 것이다.

코로나19로 일상에 생긴 균열이 상처가 아니라 새로운 세상으로 나가는 문이었음을 훗날 돌아보며 감상하게 되길 바란다. 이것은 우리 인류에게 긍정적인 기회일지도 모른다. 하루빨리 제대로 치유되어 변화의 물꼬를 깊고 푸른 바다 쪽으로 틔우고 넓힐 날이 다가오기를 바란다.

'도로' 청년이 되는 세대

서만원

어릴 적, 공상과학 글쓰기라는 것이 있었다. 과학의 기본도 모르는 어린 아이들이 풀어내는 가능하지 않은 가능 세계의 이야기. 대담할수록 덜 쓸모 없는 종잇장을 받았다. 무엇보다 좋은 건 내가 쓴 어느 한 글자도 책임질 필요가 없었다는 점이다. 청년의 입장에서 보는 신청년에 대해서 말해 달라고 누군가 내게 부탁했다. 이걸 가지고 '내가 좀 아노라' 말할 수 있는 청년은 둘 중 하나뿐일 듯하다. 아무것도 몰라서 용감한 사람이거나, 대담한 거짓말쟁이거나. 스스로를 잘 모른다는 것은 별로 이상한 일이 아니다. 겪어보니 중요한 앎이란 중요한 만큼 느리게 깨닫는다. 학창 시절의 소중함을 다 지나고 나서야 알게 되는 것처럼. 언젠가 나도 '청년이란!' 하면서 폼나게 운을 뗄지도 모른다. 다만 그때의 나는 더 이상 청년이 아닐 테고, 그 시대의 청년들은 또 다른 상황에서 또 다른 생각을 품을 것이다.

청년기를 보낸 사람들의 청년을 향한 시선과, 청년기를 보내고 있는 사람들이 자기를 보는 시선 사이에는 언제나 그런 간극이 있다. 우후청산의 기백으로 용감하게 나아가 변화를 주도하고 새로운 시대의 주역이 되는 것이 청년일까 싶다가도, 눈을 돌려 자신을 바라보면 내가 그래야만 하는, 혹은 그럴 수 있는 사람인가 싶다. 그런 식으로, 청년이라는 말에는 어떤 기대가 서려 있다. 그래서 가끔은 무겁다.

청년, 이전 세상과 이후 세상 사이의 존재

청년들은 변화를 이끈다기보다는 변화 속에 내던져져 있다. 아버지 어머니 세대가 밟아 온 성공과 실패의 길은 그 자식 세대에게 그리 대단한 영감을 주지 못한다. 좋은 대학, 좋은 직장, 안정된 삶으로 이어지는, 지난 세대가 생각하는 모범적인 삶의 공식을 맹신하는 사람은 이제 거의 없다. 아직도 믿고 있다면 그건 순진하거나 운이 좋은 사람들일뿐. 팬데믹이 오기 전에도 청년들의 세상은 불안으로 가득했고, 새로운 사건은 솥단지 안에 한 숟갈 더했을 뿐이다. 애초에 변화는 불안한 사람들보다 안정되어 있던 사람들에게 더 큰 충격을 준다. 이번 사태로 전에 없던 근심과 불안이 생긴 분들이 있다면, "환영합니다 청년들이 사는 세상에 오신 것을." 아니, "청년들이 사는 세상으로 '되돌아' 오신 것을."

불안 속에 빠져 있는 이가 변화의 방향을 통찰하기란 어렵다. 긴 안목으로 처음부터 자신만의 길을 성큼성큼 걸어나가는 비범함이 있다면 좋겠지만, 대개는 안정을 향한 끊임없는 고민과 시행착오로 종종걸음 칠 뿐이다. 해소할 수 없는 불안감 속에서 우리는 불안으로부터 도망칠 탈출구를 찾는다. 눈을 감아 버리기도 하고, 불안을 잠시 잊게 하는 것에 심취하기도 하며, 비난할 사람을 찾기도 한다. 인정하고 싶지 않지만 이것도 꽤나 자연스러운 반응이라고 생각한다. 꼼꼼하게 어른이 되어 가는 과정에서 누구든 한 번쯤은 빠져들지 않을 수 없는 과정. 비난하고 싶은 생각은 없다. 지금의 나도 현재진행형으로 겪고 있는 사건이니까. 불안감으로부터 도망치기 위한 소박한 탈출 전략은 유예일 뿐, 해결책이 아니다. 거의 모든 상황은 바뀌었고 이제 적응해야만 하는 숙제가 남았다. 과거의 규칙과 오늘의 현상 사이에 생긴 틈새는 점점 넓어지고, 그 속에서 새로운 안정을 모색하는 일은 불안감으로 내몰린 당사자들의 몫이다.

생각하건대, 사실 청년의 상황이란 예나 지금이나 변한 적이 없는 게 아닐까. 청년은 '이전 세상'의 자식으로 태어나 '이후 세상'의 부모가 되고, 두 이질적인 세상 사이의 간극을 메워 나간다. 세상을 살아가는 모든 청년들이 그렇다. 다만 달라진 것이 있다면 한 사람의 생애에서 감내해야 할 변화의 폭이 점점 넓어지고 있다는 정도. 변화의 속도가 빨라지는 만큼 불안에 내몰리는 사람들도 점점 많아진다. 딱히 회춘의 비결이 밝혀진 것은 아니지만 도로 '청년'이 늘어나고 있는 셈이다. 특히 이번 코로나19 사태같이 갑작스럽게 벌어지는 거대한 변화는 우리 모두를 불안의 소용돌이 속으로 밀어넣는다. 다시 말해 우리 모두를 '청년 상태'로 몰아간다.

청년들은 먼저 간 이들의 흔적을 이정표 삼아 세상을 걸어왔다. 부모 세대가 자식 세대에게 물려주는 가장 큰 내리사랑은 부모들의 결핍에 대한 경험으로부터 선택된다. 당신들의 세상에서 쉬이 얻을 수 없었던 것들이 자식의 세대에서는 부족함이 없기를 바라는 마음. 이 안배는 오랜 시간 새로운 세대의 미래에 대한 불안감을 줄이고 빠르게 안정을 찾도록 도움을 주었다. 그러나 세상이 점차 변화하면서 부모 세대가 짜 놓은 계획표는 낡은 것이 되어 버리고, 그 지시 사항을 성실하게 따르더라도 안정이란 일정 부분 운에 맞겨야 하는 상황이 되었다. 오늘을 사는 청년들이 과거의 계획들을 답습하는 이유는 최악을 피하기 위해서이지 그것이 안정된 미래를 보장하기 때문이 아니다. 삶에서 가장 중요한 결정들을 어떤 공식이나 타인의 계획에 맡기는 방법은 손쉽지만 위험하다. 이런 방법은 거의 변하지 않는 세상에서만 유효하기 때문이다. 현대사회에서 변화의 가속도는 커지고 이에 반해 공식과 계획의 유효기간은 점점 짧아지고 있으며, 운좋게 이를 통해 안정을 얻더라도 이 또한 사회가 변화함에 따라 쉽게 흩어져 버린다. 과거의 충분은 오늘의 필요가 되고 새로운 세상에서 청년들은 또 다른 결핍을 마주한다. 그렇게 청년들은 갈 수 없는 길과 누구도 가 본 적 없는 길 사이에 남겨진다. 우리에게 변화를 꿰뚫어 보고 새로운 시대의 방향을 정하여 나아갈 수 있는 혜안이 있다면 참 좋으련만, 그렇지 못한 이상 이미 변화에 푹 담가진 우리가 무슨 이야기를 할 수 있을까.

청년, 끊임없는 불확실성의 연속선상에 서서

청년들은 소박한 꿈을 꾼다. 안정된 주거, 안정된 직장, 부족하지 않은 생활비, 인연이 닿는다면 좋은 동반자…. 사실 청년들의 소망은 과거에 비해 한 뼘도 자라지 않았다. 하지만 소망을 이루기는 갈수록 어려워진다. 노후 준비는 바라지도 않는다. 젊은 시절에 준비해 안정된 노후를 맞이할 수 있는 시대는 이제 끝났다. 부모 세대가 보기에 미래보다 현재에 투자하는 젊은이들이 대책 없어 보일지 모르지만 우리는 어렴풋이 안다. 미래에 투자해

불확실성 속에 서 있는 청년들은 안정된 주거와 직장 같은 소박한 꿈을 꾸지만 그 소망을 이루기가 점점 어려워진다는 불안감 속에 살아간다.

도 좋을 세상은 다시는 돌아오지 않으리라는 것을. 백세 시대라고 말하지만 우리는 백이십세 시대를 살아야 할지도 모른다. 그런 시대의 삶은 '젊은 때'에 좀 더 열심히 모은다고 해서 해결되는 문제가 아니다. 세상의 변화는 빠르고 일생 동안 불안감과 함께 살아야 하는 기간은 길어진다. 어쩌면 더 이후의 세대는 평생을 불안감과 함께 살아야 할지도 모른다.

노력에 의해 성취되기보다는 간택되는 일에 가까운 취업, 성실보다는 행운에 가까운 수입, 그리고 그 누구도 바라지 않지만 어쩔 수 없이 닥쳐오는 거대한 변화. 그 안에서 우리가 잡을 수 있는 주도권의 범위는 그다지 넓지 않다. 자신이 어찌해 볼 수 없는 상황 속에서 사람들은 불안과 무력감을 느낀다. 특히 무력감은 사람을 정체시킨다. 상승 욕구나 개선 의지를 꺾고 사람들을 문제로부터 도피하도록 종용한다. 도피적 집착은 불안감의 본질을 감추고 변화를 마주보아야 할 눈을 흐리게 만든다. 불안감을 해소하고자 기댈 수 있는 것을 찾지만 결국 다른 것에 의지하여 불안감을 해소하고자 하는 시도는 또다시 불확실성을 늘려 나간다. 누군가 나를 알아보고 나를 써주기를 기대해도 그럴수록 미래는 내가 어찌할 수 없는 이들의 손에 맡겨진다. 늘어나는 불합격 통지서는 마음을 좀먹고 무력감이 자라나는 토양이 된다. 최근 정치적 성격을 띤 다양한 개인 미디어가 우후죽순처럼 늘어나고 있다. 사람의 생각에 영향을 미쳐 권력으로 활용하려는 시도도 일부 있겠지만, 한편으로 그러한 미디어를 통해서 얄팍한 위안이라도 얻고자 하는 사람들이 그만큼 늘어났고 이런 현실에 영합해 이익을 챙기려는 사람이 대거 등장했기 때문이다.

사실 불안은 미래가 사회와 개인에게 보내는 메시지다. 주거의 불안은 현재의 주거 정책을 유지할 수 없을 것이라는 신호이고, 고용의 불안은 현재의 조직 구조, 고용 양태가 조만간 변혁을 요구받게 될 것이라는 징조이며, 코로나19 같은 거대한 사건들이 불러오는 사회의 총체적인 불안은 사회 전반적으로 대대적인 개선 작업이 필요하다는 암시이다. 불안이 있어야 사람들은 비로소 변화의 필요성을 인정한다. 변화를 이끌어 내기 위해서는 불안의 본질과 마주해야 하며 우리를 둘러싸고 있는 무기력으로부터 벗어나야 한다. 무기력으로부터 벗어나려면 자각적이고 능동적이어야 한다.

자각적이어야 한다는 것은 우리가 느끼고 있는 불안이야말로 변화를 위한 첫 번째 실마리라는 점을 이해해야 한다는 말이다. 인식상에서 개인적이고 개별적인 문제들은 추상적이고 구조적인 문제보다 언제나 우선한다. 그러다가 구조적 변화 없는 개인적인 문제 해결이 한계에 부딪힐 때, 비로소 구조적 문제를 해결해야 한다는 절박함이 생기게 된다. 개인적인 문제들과 사회적인 문제들은 언제나 일정 부분 이상 서로 얽혀 있고, 그렇기 때문에 큰 문제를 해결하는 실마리를 찾고자 하는 사람은 반드시 먼저 자신을 둘러싼 개인적인 환경, 욕망, 상황을 살피고 의미를 헤아릴 필요가 있다. 그 어떠한 위대한 사회적 진일보라도 관점에 따라서는 개인의 변화에 수반된 부수적인 결과물일 수 있다.

능동적이어야 한다는 것은 스스로 문제 해결의 주체가 되어야 한다는 의미이다. 우리 중 그 누구도 청년 전체를 대표할 수 없는 것과 마찬가지로, 각각의 사람들은 다른 사람과 비교할 수 없는 서로 다른 방식으로 세상을 경험해 왔고 서로 다른 문제에 봉착해 있으며 앞으로의 세상은 이러한 개인적인 특수성이 더욱 부각되는 세상일 것이다. 앞으로의 세상은 다른 사람이 문제를 해결한 방식으로 나의 문제를 해결할 수 있으리라 기대하기 어렵다. 불안이 상존하는 세상에서 살아가야 하는 우리 세대는 앞으로 훨씬 더 많은 시행착오를 겪어 나가며 나만의 이정표를 세워 나가야 한다. 나를 고용해 주는 사람이 없다면 누군가 고용해 줄 때까지 기다리는 것이 아니라 내가 나를 고용할 수 있는 방법을 찾아야 다음 시대를 살아갈 수 있다.

청년, 우리는 그래도 살아갈 것이다

한편으로, 스스로 자각적이고 능동적이 된다는 것은 대단한 용기가 필요한 일이다. 능력에 부치는 일들과 끝없이 충돌하게 된다는 뜻이고, 최악을 피하기 위한 이전의 계획들로부터 멀어진다는 말이다. 하지만 자각적이고 능동적이 되어야 한다는 말은 결코 세상에 홀로서기를 시도하라는 의미가 아니다. 세상에는 비록 같은 고민은 아닐지라도 세상의 변화에 맞춰 스스로 변화하기 위해 노력하는 수많은 청년들이 있다. 4차 산업혁명이 시간과 공간의 제약을 허물어 가는 세상에서, 청년들은 만나고 소통하며 서로를 위해 함께 일할 수 있게 되었다. 다만 익숙하게 봐 온 이전 시대의 관계들에 비해 새로운 시대의 관계들이 익숙하지 않은 것도 있고, 또 새로운 관계를 위한 새로운 시스템이 아직 충분히 만들어지지 않은 상태이기 때문에 새로운 환경에 적응하기 위해서는 좀 더 시간이 필요할 것으로 보인다.

또한 청년들의 주체적인 노력이 사회에 두루 통용되는 전반적인 변화로 이어지기 위해서는 반드시 다양성을 고려해야 한다고 생각한다. 사회의 새로운 대안을 제시하고자 하는 사람들이 쉽게 잊어버리는 사실 중 하나는 스스로의 의견 역시 다원성에 기초한 수많은 선택지 중 하나일 뿐이라는 점이다. 어떤 이론이나 의견이 합리적이라는 사실이 타인의 무조건적 동의를 불러온다는 것을 의미하지는 않는다. 앞으로 개별적인 특수성의 가치가 커지는 사회에서 모든 사람들의 의견은 동등하게 가치 있게 다루어져야 한다.

변화 속에서 불안을 마주하고 문제 해결의 주체가 되기 위해 노력하는 이들을 청년이라고 정의한다면 요새는 기성세대라고 할 만한 사람이 거의 남지 않았다. 60대를 지나고 있는 우리 부모님도 고민이 많으시다. 은퇴하고 나서 수입은 극적으로 줄어들었지만 앞으로 족히 사십 년은 더 살아야 하니 노후 준비에 부족함을 느끼시는 모양이다. 게다가 이번 코로나19 사태로 인하여 물적, 심적 불안 상태에 놓인 사람들이 폭발적으로 늘어난 상황인지라 이 문제가 완전히 종식될 때까지는 많은 진통이 있으리라 생각한다.

이제 우리 청년들과, 수많은 '도로 청년이 된 이들'은 갑작스럽게 찾아온 변화에 대응하기 위하여 사회에서 많은 것들을 바꾸어 나갈 것이다. 이전의 세상과 이후의 세상 사이의 간극을 메워 나가며 우리가 지나야 했던 길을 이정표로 남겨 둘 것이다. 우리 부모의 세대가 우리를 위하여 수많은 공식과 계획, 지식을 남겨 준 것처럼 우리는 우리의 자식 세대를 위해 새로운 관계성과 체계를 만들어 우리의 후세가 우리와 같은 혼란에 빠지지 않도록 안배해야 할 것이다.

그렇게 세대는 지나가고 새롭게 태어나는 것이라고 생각한다.

어떻게 살아남아야 하는가

임소당

청년의 자리는 불안하다. 같은 청년 세대 내에서는 스펙과 사회적 성취를 두고 서로 경쟁하고, 밖으로는 곧 올라올 미래세대와 위에서 버티고 있는 기성세대 사이에 끼여 살아간다. 코로나19 사태 이후, 이 경쟁은 더욱 치열해졌다. 이제는 경쟁할 일자리도 대폭 줄어들었기 때문이다. 일자리 부족이 심각해져서 '경력 있는 신입' 같은 어불성설의 청년도 구직하기 힘든 사회가 되어 버렸다.

하지만 청년의 취업난을 코로나19 때문이라고만 할 수 있을까? 청년 실업 문제는 코로나19 이전에도 지속적으로 제기되던 사회문제였다. 다만 일찍이 이를 해결하기 위하여 노력하지 않았기 때문에 코로나19가 부정의 촉매제로 작용하여 예견된 미래보다 더 일찍 더 악화된 상황이 연출되었다.

하지만 우리는 살아남아야 한다. 어느 때보다 생존이 강조되고 있는 현시점, 우리는 당장의 감염에 대한 걱정을 뛰어넘어 미래를 계획하며 변화를 도모해야 하는 지점에 서 있다. 이에 따라 청년은 코로나19사태가 가져온 변화를 받아들이고 새로운 전환점으로 삼아 포스트휴먼posthuman으로 도약하려는 자세를 가져야 한다.

한국사회는 청년 실업이 더는 미룰 수 없는 현 사회의 최대 과제임을 인정하고 이를 해결하기 위하여 노력해야 한다. 또한 이 문제를 단순하게 청년들이 취직하면 해결된다고 생각하는 태도를 바꿔야 한다. 청년 실업 문제를 해소함과 동시에 우리 사회가 성숙한 사회로 발전하기 위해서는 일자리 창출과 근로자에 대한 정당한 대우와 복지, 그리고 노동의 의미에 대한 근원적인 탐구를 통한 청년의 이해가 필요하다.

무엇이 청년을 힘들게 하는가

1차적으로는 성취감이 없어진 삶 때문이다. 청년은 안정된 직장을 얻기 위해 스펙 향상에 도움이 될 자격증을 취득하고, 경제적·사회적으로 명망이 높아 상대적으로 지원자가 많은 기업의 취업 시험에 도전한다. 그러므로 청년들에게 정기적인 공채 시험은 인생이 걸린 사안이 되곤 한다. 하지만 코로나19 사태로 인해 이 시험들은 연기되거나 취소되었다. 대다수 기업들은 상반기 신입사원 정기 공채 채용을 하반기로 연기하거나 채용 축소 또는 수시 채용으로 전환한다고 발표하였다. 노력의 결과를 보여줄 기회부터 사라져 성취감을 느낄 일말의 요인조차 박탈당한 현실이다. 청년이 미래에 대해 느끼는 불안감은 가중될 수밖에 없다.

지금까지 청년세대는 사회가 제시한 가장 이상적인 길을 따라 그 틀에 본인을 맞추며 살아왔다. 그렇게 하면 보장된 미래라는 보상이 따를 것이라 믿었기 때문이다. 하지만 길을 통과해도 행복한 미래는 없고 높은 스펙의 백수들만 넘쳐나는 상황이 되어 버렸다. 약속됐던 미래와 너무도 다른 현실에서

코로나19는 청년이 사회로 나갈 수 있는 많은 기회들마저 박탈했다.

오는 괴리감은 청년을 힘들게 한다. 또한, 청년을 규격화하여 양성함과 동시에 창의성을 강조하는 사회에서 오는 위화감도 청년들을 힘들게 하는 요인이다.

사회가 인정하는 청년이 되려면 '만능'해야 한다. 그러기 위해서 청년들은 끊임없는 자기검열을 한다. 소위 '일머리'라고 부르는 업무 처리 능력을 장착하는 것은 기본이다. 문과적 감성과 이과적 이성, 예술적 감각도 뛰어나야 하며 사교적이어야 하고, 봉사 활동도 지속적으로 해야 한다. 그 조건을 충족시키자면 자연 심신이 골병들기 마련이다. 문제는 이런 요구조건들을 다 맞춰도 취업이 어렵다는 점이다. 이렇게 사회는 청년을 병들게 한다. 심리적 부담과 사회적 성취를 이루지 못한 데 대한 스트레스로 인해 우울증과 공황장애를 앓는 청년들이 지난해 서울에만 22만 명이라는 통계 결과도 발표되었다.[*]

현재까지의 사회는 청년의 희생과 고난을 당연시하는 풍토가 만연했다. 불안한 생업전선에서 보호받지 못한 청년들이 노동 중 과로사, 산업재해, 부당대우를 받는 건 예삿일이다. '열정페이'라는 신조어가 등장하여 유머로

---

[*] 윤슬기, 〈우울증 앓는 서울 청년 4년새 80.8%↑…공황장애도 93.8%↑〉, 《NEWSIS》, 2020.04.16.

소비될 만큼 청년에 대한 착취는 심각하며 고쳐지지 않는 관행이다.

한국사회는 개선되어야 한다. 청년에 대한 인식과 태도부터 바뀌어야 한다. 청년은 부품이 아니다. 낡은 부품에 대체하여 쉽게 갈아 끼울 수 있는 소모품이 아니다. 지금까지의 한국은 청년 실업이 단지 직업을 갖지 못하여 생기는 문제라고 단정해 왔다. 그만큼 청년에 대하여 가볍게 생각한 것이다. 하지만 청년 실업 문제는 복잡하다. 그 안에는 곪아 가는 자아를 가진 청년이 있기 때문이다. 따라서 섬세한 접근이 필요하다. 이를 위해 우선되어야 할 과제는 청년을 인정하는 것이다. 청년에 대한 본질적인 이해와 존중을 기반으로 청년 실업 문제를 새로운 시각에서 봐야 한다. 그것이 진정한 청년 실업 해소를 위한 첫걸음이다.

청년세대는 이렇게 젊음을 소모하며 기회만 기다리다가 다음 세대에게 모든 걸 빼앗길지도 모른다는 불안에 시달린다. 디지털 시대의 새로운 장이 열리는 지금 미래세대는 진정한 디지털 네이티브 세대이기 때문이다.

청년은 어떻게 대처해야 하는가?

코로나19가 노동환경에 가져온 가장 큰 변화는 재택근무와 비대면 업무의 확산이다. 기업은 양자의 효율성과 장점을 코로나19 사태를 겪으며 확인했다. 발생 직후부터 현시점까지 쌓인 재택근무 데이터를 기반으로 앞으로의 근무환경을 재구축하는 일만 남았으며 이에 따라 다양한 근무 방식이 나타날 것으로 보인다.* 따라서 우리는 어떠한 근무환경에 놓여도 대응할 수 있는 능력을 길러야 한다.

아울러 디지털 워크 시대에 요구되는 능력을 갖춤과 동시에 포스트휴먼으로 거듭나기 위해 노력해야 한다. 4차 산업혁명 시대에 이르러 우리와 일자리를 두고 경쟁하는 존재가 하나 더 늘었기 때문이다. 새로운 경쟁자인 인공지능을 능가하기 위해서는 그들이 가진 능력을 배우고 인간 고유의 능력을 강화하는 노력이 필요하다.

그러기 위해서는 먼저 다중작업이 가능해야 한다. 비대면으로 인하여 동시다발적으로 발생하는 일들에 대해 유연성 있게 대처하는 능력이 필요하기 때문이다. 다음으로 새로운 기계, 기술, 문화에 예민하게 반응하며 체화해야 한다. 그리고 단순히 정보를 많이 아는 것을 넘어서, 정보의 조합으로 새로운 콘텐츠를 만들어낼 수 있어야 한다. 정보를 많이 모으는 것은 인공지능의 주된 업무이다. 인간은 어떠한 질문을 입력해야 인공지능이 양질의 정보를 모을 수 있는지 고민해야 하며 정보의 조합으로 새로운 요소를 창조하는 데 주력해야 한다.

디지털 세계화 시대에 언어는 더 이상의 장벽이 아니다. 언어보다는 의사전달 능력을 발달시켜야 한다. 의사소통에 필요한 공감능력은 인간이 가진 장점이다. 공감능력도 지능이므로 키울 수 있다. 가장 중요한 일은 '나'를

---

* 조아라, 〈역대 연봉에 집앞 오피스 출근…'신의 직장'으로 뜨는 SKT〉, 《한국경제》, 2020.06.09.

328 —— 우리는 어디로 가야 하는가

알아 가는 일이다. **철학적 사유와 극기**가 필요하다. 이것이야말로 인간만이 할 수 있는 고유한 행동이라고 생각한다. 인문학을 배우는 것도 방법이다. 인간을 이해하는 일에 도움을 주는 학문이기 때문이다. 위와 같은 행동을 통하여 인간성을 잃지 않아야 인공지능과 대비되며 특화될 수 있다.

책을 읽음으로써 사색을 하거나 어휘력을 늘리는 일도 중요하다. 인터넷 문화가 발달하면서 사람들의 어휘력이 줄어들었다. 인터넷 용어나 쉽게 쓸 수 있는 말들만 사용하다 보니 어휘력이 줄어든 것이다. 어휘력이 줄면 내가 원하는 것을 정확하게 표현하지 못하고 문자언어가 음성언어만큼 중요해진 사회에서 불리해진다.

인터넷 예절이 강화되어야 한다. 현재 인터넷 윤리는 인터넷이 발달한 것에 비하여 수준이 매우 낮다. 인간성을 잃은 인간은 초인간으로 거듭날 수 없다. 인터넷 생활이 현실 생활과 동일시되는 만큼 그에 걸맞은 새롭고 건강한 인터넷 문화와 준칙이 필요하다.

우리 앞에 놓인 과제는 무엇인가?

청년의 앞길에는 몇 가지 고민과 문제가 존재한다. 첫 번째는 환경문제다. 과거세대가 환경문제는 배제하며 빠른 성장만을 목표로 발전했기 때문에, 망가질 대로 망가진 환경은 현재세대와 미래세대가 해결해야 할 당면 과제이다. 우리는 미래세대에게 지속 가능한 환경을 전해 주기 위해 지금까지와는 전혀 다른 방식으로 생활하며 발전을 도모해야 한다.

두 번째는 젠더 문제이다. 가부장제와 변질된 유교사상은 우리 사회를 병들게 한 주범 중 하나이다. 이런 적폐들을 버리고 기존의 불평등한 관습과 제도 등을 개선해 성숙한 성평등사회로 도약해야 한다. 새로운 디지털 시대는 능력이 주가 되는 사회를 구현할 수 있다는 장점이 있다. 현 시대의 여성들이 받는 차별을 해소할 절호의 기회이다. 여성의 사회 진출이 더 쉬워지고 유리천장이 사라지길 기대한다.

세 번째는 개성의 다양화이다. 청년은 간단하게는 여성과 남성으로 대별되지만, 좀 더 세밀하게는 페미니스트, 트렌스젠더, 이성애자, 동성애자 등으로 다양하게 구별된다. 정보가 많아진 만큼 선택지가 많아지고 호불호의 범위가 넓어진 만큼 가치관도 다양해졌고, 그만큼 자아의식도 강해지고 개인주의 성향도 짙어졌다. 따라서 각자의 입장이 갈등을 빚는 경우가 종종 생긴다. 이러한 갈등은 청년층 내의 분열을 부추긴다. 청년이 강해지려면 갈등을 해소하고 서로 연대해야 한다.

무엇을 어떻게 해야 하는가?

청년은 공동체 의식을 구시대적이라 치부하며 버리려는 경향이 있다. 그만큼 개인주의 성향이 깊어졌기 때문이고, 공동체의 일원으로서 자신에게 부여되는 책임을 회피하고 싶은 마음이 강하기 때문이다. 하지만 한 나라에

속하여 국민으로 살아가는 이상 책임을 피할 수 없고 규범을 지켜야 한다는 것을 알아야 한다.

요즘 청년들은 부끄러움을 느끼는 건 멋진 행동이 아니라고 생각한다. 당당한 태도가 멋있다는 인식에서 기인한 생각이다. 하지만 부끄러움은 인간이라면 누구나 가져야 하는 필수적인 감정이다. 우리가 옷을 입기 시작한 이유를 생각해 보면 알 수 있다. 본인이 타인들과 섞여 살아갈 가치가 있는 사람인지를 타인의 시선에서 확인하기 때문이다. 인간은 사회적 동물이라 혼자일 때는 진정한 인간이 아니다. 타인과 교류할 때 비로소 사람으로서의 가치가 있다. 따라서 인간의 수오지심은 가장 인간적인 감정이라 할 수 있으며 본인이 사회라는 공동체에서 어떠한 책임이 부여받았는지를 유념하고 살아가는 데 필요한 센서와 같은 것이다. 그것이 공동체에 속한 존재의 숙명이다. 이 숙명은 피할 수 없고 피하게 되면 공동체에 속할 수 없다.

공동체를 위해 기여하는 다른 사람의 노력에 기생하며 쾌락만을 추구하는 것은 동물과 다름없다. 부끄럽지만 현재 코로나19 사태를 더욱 심각하게 만드는 데 일조한 세대 또한 청년세대이다. 클럽, 술집 같은 유흥업소 출입을 자제해 달라는 권고를 무시한 결과 이태원 사태가 발생하여 코로나19의 확산이 심화되었다. 해외여행이 불가능해지자 국내 여행을 다니고, 사람들이 방문을 자제하는 점을 이용하여 평소에 사람이 많아서 가지 못했던 시선들을 방문했다. 이는 개인주의가 아니라 이기주의이다. 개인주의자들은 남들이 자신에게 피해를 안 주길 원하는 만큼 자신도 다른 사람들에게 피해를 안 주려고 노력하는 사람들이다. 따라서 누구보다 공동체의 규칙을 지키려고 노력한다. 개인주의자들은 피해를 받는다는 것이 얼마나 힘든 일인지 아는 사람들이다. 반면 이기주의자들은 다른 사람들이 받는 피해에는 관심이 없고 본인의 욕구를 채우기 바쁘다.

또한, 책임감이 부족한 성향을 극복해야 한다. 다른 사회 구성원들을 생각하지 않는 행동은 무책임한 행동이다. 공공의 이익을 생각하지 않는 이기적인 사람은 공동체 구성원으로서 자격이 없다. 본인의 잘못된 행동이 얼마만큼의 영향력을 갖는지 알고 책임감을 느껴야 한다.

우리는 갑작스런 코로나19 사태의 발생으로 천천히 변화할 수도 있었을 것들에 대해 빠르게 대처해야 한다. 지금까지의 노력처럼 이번 사태와 같이 타의에 의한 변화도 부정적으로 바라보기보다는 긍정적으로 받아들이려는 태도가 필요하다. 다행히도 순발력과 적응력은 청년 세대의 장점이다. 사실 지금의 청년들은 디지털 네이티브 세대가 아니고 디지털 발전이 격변한 세월과 함께 성장한 세대이다. 디지털의 변화에 발맞추어 끊임없이 자신을 발전시키고 적응시켜 왔다. 게다가 힘들지만 포기하지 않고 끊임없이 도전하는 의지도 장점으로 가지고 있다. 결과적으로 현재의 청년은 미래세대와 기성세대의 장점을 모두 가진 세대이며, 한국 역사상 가장 높은 수준의 교육을 받은 **똑똑한 세대**이다.

오늘의 한국사회에서 그런 청년의 자리는 애매하다. 어느 곳 하나 설 곳이 없다. 그러나 애매하기에 다양한 가능성이 존재할 수 있음을 믿는다. 목표는 하나, 포스트 휴먼이다. 다만 그 과정에서 필요한 것은 다채로운 기회와 성숙한 사회, 그리고 인간다운 우리이다.

현실과의 대면이 가져오는 상상력

박 지 은

뉴노멀과 올드노멀: 정상적인 미래에 대한 상상력

"결코 코로나 이전으로 돌아갈 수 없다." 코로나19가 창궐한 이후 얼마간의 시간이 흘렀다. 지금 세상은 코로나발發 뉴노멀New Normal, 즉 '새로운 정상 상태'라는 목전의 미래를 말하고 있다. 이 따옴표 속 문장은 전 분야에서 아낌없이 인용되며, 뉴노멀에 관한 가장 상징적인 문장으로 통한다. 특히 가장 활발히 이루어지는 논의는 '비대면'Un-tact으로 이루어지는 삶에 관한 이야기이다. 비대면 근무, 비대면 학습, 비대면 진료, 비대면 면접, 비대면 공연…. 비대면의 일상을 유지시킬 수 있는 과학기술에 대한 조명이 이전보다 더 강세를 보이는 것은 어쩌면 당연하다. 그리고 이는 점차 고도화될 것이 분명하다.

반면 이와 반대되는 '대면'의 삶은 말하자면 '올드노멀'Old Normal이 된 셈이다. 마주보고 부대끼는 삶은 감염병의 온상처럼 여겨지게 되었기 때문이다. 이러한 현실에서 비대면이라는 뉴노멀에 대한 상상은 확실하게 불가피하며, 또한 가장 획기적이다. 그렇기 때문에 그 어느 때보다도 미래에 대한 공공의 상상력이 빠르게 발휘되고 있는 시점이다. '상상력의 속도전'이라고 표현할 수 있겠다.

비대면 근무, 비대면 학습, 비대면 진료, 비대면 면접, 비대면 공연….
비대면의 일상이 당연한 것이 되어 간다.

이처럼 얼마나 신속하게 뉴노멀이라는 종점에 도착할 수 있는지가 논의의 핵심이 되는 상황 속에서, 속도의 분산을 막기 위해 선택된 방식은 단일한 목표를 설정하는 것이다. 따라서 비대면의 삶은 단일한 정상正常 상태로서 추구되는 경향이 짙다. 이는 효율성의 측면에서, 또 다수의 이익을 대표할 수 있다는 측면에서 타당하게 보인다. 그리고 그것이 세상이 돌아가는 원리라고 말할 수도 있을 것이다.

거의 모든 논의가 그러하듯, 논의의 주도권과 결정권은 발화하는 무게가더 큰 쪽, 즉 사회적 다수에게 쥐어지게 마련이다. 그것은 발화 권력과 이해관계가 연계되어 있다는 점에서 다분히 정치적이다. 즉 발화한다는 것은 대화의 장에서 사회적 '파이'를 차지하는 것과 같다. 그 맥락에서 정상이 무엇인지를 정의하는 것 또한, 더 큰 파이를 차지하는 쪽에서 주도권을 쥐게 된다. 사회적으로 발화의 영향력을 가진 자, 또 그 영향력을 행사할 수 있는 공간에 진입 가능한 자들의 합의를 통해 단일한 정상 상태가 마련되는 것이다. 그리고 그 정상 상태는 그 반대편에 있는 비정상을 상정함으로써 정당한 하나의 기준이 되는 반면, 비정상에 해당하는 것들은 '기준 미달'로 사회적 다수의 논의가 이루어지는 가시적인 영역에서 배제된다.

이러한 정상의 원리가 뉴노멀에 관한 논의에서도 잠재적으로 적용되고 있다. 끊임없이 앞으로 나아가고자 하는 발전주의 앞에서 새로운 것은 발전에, 새롭지 않은 것은 도태에 대응된다. 미래지향적 기술과 대응되는 뉴노멀은 전자에, 그렇지 못한 올드노멀은 후자에 해당한다고 할 수 있다. 그 때문에 비대면의 삶에 대한 상상력은 점차 고도화되고, 여전히 대면의 삶을 유지해야 하는 어떤 현실에 대한 시선은 옅어진다. 그러나 분명하게, 세상을 이루고 있는 삶'들'의 여러 모양새 중 일부는 그 '새로운 정상'이라는 경계 안으로 들어서지 못하고 있다는 점을 인지해야 한다. 뉴노멀에 편입되기 위한 공공의 논의조차도 부족한 어떤 삶이 있다면, 또 뉴노멀 그 자체에 관한 주의가 없다면, 우리는 쉽게 '정상'적인 미래에 대하여 '함께' 상상할 수 있는가? 현실에 대한 성찰이 결여된 다수의 발화가 가져올 수 있는 것은 과연 무엇인가? 우리는 '비대면의 삶'을 말하기 위해 먼저 현실과 '대면'해야 한다. 미래를 내다보기 위한 천리안은 현실을 들여다보는 시선의 발로이기 때문이다. 더 넓은 시선으로 현실을 바라보고, 새로운 상상을 해야 한다. 특히 미래에 대한 공공의 상상력은 더욱이 그래야만 한다.

공공의 뉴노멀: 페미니즘의 현실 마주하기

몇 달 전 콜센터 집단감염 사례를 통해 발견된 근원적인 현실 문제는, 이에 관한 논의와 발화 자체가 주류 공간으로 진입하기 어려웠다는 것이다. 그것은 노동시장에서 불안정한 위치에 있는 비정규직 여성 노동자가 대다수를 차지하는 직종이라는 점에서 기인한다. 불안전한 현실을 구제할 '안전'을 명목으로 뉴노멀을 이야기하지만, 여전히 뉴노멀—'사회적 다수의 뉴노멀'—이 구제할 수 없는 비안전지대가 있다는 사실을 여기에서 찾아볼 수 있다.

그래서 나는 페미니즘을 통한 발화에 갈증을 느꼈다. 포스트코로나 시대에 대두되는 여성들의 현실, 가령 노동시장에서의 입지 약화, 가사 또는 돌봄 노동의 젠더화, 여성 대상 폭력 범죄 증가 등은 논의의 장에서 상당히 낮은 점유율을 차지한다. 최근 UN, 세계경제포럼^{WEF}에서도 마찬가지로 코로나19로 인해 발생한 '여성 재난'의 해결을 촉구하기 위해 논의한 바 있다. 그 현실을 대면하는 것은 페미니즘의 시선과 맞닿아 있다. 정상을 말하는 발화의 권력을 경계하고, 비가시화되는 어떠한 영역—여성—의 삶을 논의의 장으로 가져오는 것, 그리고 이를 통해 정상의 경계를 허물고 공공의 뉴노멀로 도약하는 상상력의 언어로서 페미니즘은 더 많은 이들이 뉴노멀을 향한 경주에서 함께 플레이어로 뛸 수 있도록 길을 넓힐 수 있다.

여기에서는 크게 세 가지 문제에 대해 이야기하고자 한다. 첫째는 노동하는 여성의 현실에 관한 것이다. 통계청의 2020년 4월 고용동향에 따르면

15~64세 여성 취업자는 전년 동월2019년 4월 대비 29만 3천 명2.5%이 감소하였고, 남성 취업자는 18만 3천 명1.2%이 감소하였다. 15~64세 여성 고용률은 55.8%로 전년 동월 대비 1.7%p 하락하였고, 남성은 74.2%로 1.2%p 하락하였다.* 코로나19로 인한 고용 쇼크 때문에 여성 노동자가 상대적으로 더 큰 위기에 놓였다고 해석할 수 있는 대목이다.** 그뿐만 아니라 지난 2월부터 4월까지 증가한 일시 휴직자 총 86만 7천 명 중 여성이 약 60%인 52만 7천 명으로 집계되기도 했다. 이는 코로나19의 여파가 앞으로 더 길게 지속될 경우 현재 일시 휴직자 규모가 결국 실업자 규모로 직결될 수도 있다는 점에서 심각한 문제일 수 있다.

기존의 성별 분업에서 비롯된 사회적 성 역할 역시 여성의 노동에 영향을 미치고 있다. 대면 개학이 계속해서 연기되고, 개학은 하였지만 격주또는 3주에 한 번로 등교하는 학생들이 대다수이다. 그 때문에 자녀 양육 및 재택학습과 사회적 노동 사이에서 고민하는 여성들의 사례를 어렵지 않게 찾아볼 수 있다.*** 이는 여성의 사회적 진출이 가시적으로 늘어났음에도 불구하고, 지금과 같이 가사 및 돌봄 노동에 대한 수요가 높아지는 위기 상황이 오면 결국 여성은 집 안으로 '돌아가야 한다'—여성의 근원은 집 안이 아님에도 흔

---

* KOSIS(통계청, 2020 4월 고용동향), 2020.5.13.

** 조혜승, 〈[코로나19 고용 쇼크] 코로나19 고용 절벽…여성 일자리 위태〉, 《여성신문》, 2020.05.15.

*** 김문희, 〈코로나19에 퇴사하는 워킹맘들… "회사도 정부도, 누굴 믿나요"〉, 《파이낸셜뉴스》, 2020.03.19.

지금과 같이 가사 및 돌봄 노동에 대한 수요가 높아지는 위기 상황이 오면
결국 여성은 집 안으로 '돌아가야 한다'는 사회적 요구에 맞닥뜨리게 된다.

히 이러한 표현이 사용되고는 한다―는 사회적 요구를 의미한다. 가족 구성
원의 재택근무와 재택학습으로 인해 가중된 가사·돌봄 노동을 전담하게 된
전업주부 여성들이 '돌밥'돌아서면 밥해야 한다이라는 신조어를 탄생시킨 것 또한
위기 상황과 성별 분업의 불가분 관계를 보여준다. 이처럼 여성은 의료와
사회적 노동의 전방에 서는 노동자, 가정 내 돌봄 노동 전담자, 그리고 그들
의 사회communities 내 연결자까지 중첩된 역할의 노동에 처하기도 한다.*

젠더화된 노동 현실도 살펴보자. 콜센터, 요양원 등 집단감염 사례를 살

---

* Katja Iversen, 〈10 lessons from the COVID-19 frontline for a more gender-
  equal world〉, 《WORLD ECONOMIC FORUM》, 2020.05.22. / 김현미, 〈[코
  로나 이후, 페미니즘이 길을 묻다] 두 달여 '멈춤'에 심화된 성차별〉, 《한국일
  보》, 2020.05.06. 두 글의 공통적인 요지를 인용하였다.

펴보면 여성 노동자의 비율이 현저히 높은 직군임을 알 수 있다. 또 3월 한 달간 요양, 돌봄, 급식, 청소, 서비스 분야에 종사하고 있는 40~60대 중년 여성의 해고가 50~60% 이상 급증했고, 11만 5천여 명이 실직하기도 했다.* 이처럼 공공서비스 등 여성 노동자가 밀집된 직종은 대면으로 인한 감염의 위험을 무릅쓰고 일해야 하거나, 코로나19의 위기와 비대면 기술의 고도화로 인한 고용 감축을 겪고 있다. 그 때문에 디지털 산업으로 대표되는 뉴노멀 노동 시장과 '여초 노동'의 공존 가능성은 미비한 논의만으로는 상상하기 어려운 것이 사실이다.

둘째는 여성과 안전에 관한 것이다. 세계보건기구^{WHO}는 지난 4월 발표한 보고서 〈COVID-19 and violence against women: what the health sector/system can do〉에서 코로나19 사태 이후 여성을 향한 폭력에 대하여 언급하였다. 코로나19로 인해 집 안에서 보내는 시간이 늘어나면서 가정폭력** 피해를 입은 여성들이 증가하고 있다는 것이다.*** 공공의 안전을 위한

---

* 김현미, 〈[코로나 이후, 페미니즘이 길을 묻다] 두 달여 '멈춤'에 심화된 성차별〉, 《한국일보》, 2020.05.06.
** 가정폭력은 가정/가족 내에서 일어나는, 권력에 의한 폭력이라 할 수 있는데 대부분 그 피해 대상은 여성이다. 따라서 가정폭력이라는 중립적인 단어보다는 '여성을 향한 남성 폭력'이라고 표현하는 편이 실질적으로 적절할 수도 있다. 본문에서는 가정폭력 피해를 입은 여성이라고 대상을 한정하였으므로 별도로 본문에 이 내용을 명시하지는 않고 각주에 첨언함을 밝힌다.
*** 〈코로나19: 가정폭력에 시달리는 여성들에게 자가격리란?〉, 《BBC 코리아》, 2020.04.01. 참고로 이러한 보도는 대부분 해외발 보도이다. 국내의 경우 1월부터 4월 1일까지 가정폭력 신고 건수가 작년 같은 기간 대비 4.9% 감소했다는 경찰청 보도가 있었는데, 2019년 기준 국내 가정폭력 신고율이 2.3%라는 점에서 신고와 도움 요청이 제대로 이루어진다고 보기 어렵다는 점을 감안해

봉쇄 조치와 이동 제한이 역설적으로 어떤 여성들에게는 안전하지 못한 조건이 되었다. 가정 내에 머무는 시간이 늘어나면서 폭력에 노출되고, 가해자와 분리되지 못해 폭력을 피할 수 없는 상황에 놓이게 되기 때문이다. 이는 뉴노멀, 즉 바깥에 나가지 않고 집 또는 개인 공간에서 모든 생활이 해결되는 일상을 자연스럽게 상상할 수 있는지 재고하게 한다. '자기만의 방'을 가지기 어려운 여성들이 여전히 존재하는 현실 속에서, 비대면의 삶을 가능케 하는 '집'이란 생득적인 것이 될 수 없기 때문이다.

이러한 여성 대상 폭력은 비단 오프라인 공간의 문제만이 아니다. 뉴노멀의 근간이 되는 디지털 공간이 현재 남성적 관음주의, 그리고 이를 묵인하는 젠더 권력과 결합되어 야기하는 양상들을 살펴보면 비대면의 삶 속에서 여성의 신체는 과연 안전을 담보할 수 있는가 하는 의문이 든다. 그 예시로 'n번방' 사건을 들 수 있을 것이다. 이는 남성에 의한 대규모 디지털 성착취 사건으로, 여성 신체에 대한 남성의 비정상적 관음주의가 디지털 공간의 익명성과 비대면성과 결합되어 자행된 반인륜적 범죄이다. 범죄 주도자와 공모자들의 익명성과 비대면성은 디지털 공간 내에서 철저하게 보장되었고 그것이 범죄의 폭발적인 연쇄와 은폐를 가능하게 한 반면, 피해자들은 비대면성으로 점철된 그 구조 안에서 전혀 보호받지 못했다.

야 한다. 또 '한국 여성의 전화'에서 주관하는 여성 폭력 관련 상담에서 가정폭력이 차지하는 비율이 1월 26%에서 3, 4월에는 40%대로 늘어나기도 했다. 그 때문에 여성 대상 가정폭력 자체의 감소를 추론할 수는 없다.

그 때문에 디지털 공간으로부터 보호받은 디지털 성범죄자들을 현실에서라도 물리적인 포토라인에 세워 익명성을 벗겨 내야 한다는 데에 500만 명의 국민이 동의하였다. 그럼에도 경찰은 주요 범죄자 몇의 신상 공개만을 진행했을 뿐 그 외 수만 명으로 예상되는 유료 회원들에 관해서는 몇 차례씩이나 결정을 번복했다. 결론적으로는 '실익을 기대하기 어렵다'는 이유로 신상 비공개에 끝내 마침표를 찍었다.* 결국 범죄자들을 보호했던 디지털 공간이 다시 사유思惟될 수 있는 중요한 기회가 박탈되었다. 범죄자들을 '주변에 없는 것처럼' 악마화하거나 그들의 개인적인 서사에 조명했던 언론, 그리고 신상 비공개라는 중립적인 표현 뒤에서 실제적으로는 그들을 보호하는 데 일조하는 공권력⋯. 이러한 현실로부터 우리가 상상할 수 있는 디지털 공간이란, 그들이 발화의 파이를 독차지하고 있는 현실 공간의 확장에 다름 아니다. 사회적 다수의 발화에 조금의 생채기도 생기지 않는 현실, 그리고 디지털 범죄에 관한 사회적 합의—즉 디지털 공간 이용에 대한 가장 기본적인 합의—가 부족한 현실 속에서 우리는 과연 어떤 뉴노멀을 '함께' 상상할 수 있는가?

셋째는 여성의 파이에 관한 문제이다. 앞서 말했듯이 우리는 어떤 논의를 할 때 사회적 파이의 영향을 받는다. 그렇기 때문에 앞서 말한 여성의 현실적인 삶에 관해 논의하기 위해서는 어떤 공간, 특히 공적으로 발화의 영향

---

* 허진, 〈결국 마스크 못 벗긴 '박사방' 유료 회원들⋯ 경찰 "신상 공개 실익 낮다"〉, 《서울경제》, 2020.06.03.

력이 있는 공간에서 여성의 파이가 중시된다. 그러나 발화의 영향력이 있는 공간은 보통 남성화되어 있는 것이 현실이다. 5월 총선 결과에 따르면 21대 국회 여성 당선자는 전체의 19.0%에 불과하다. 이는 UN이 권고한 여성 의원 비율 30%에 못 미치는 수치이다. 또한 국제 순위에서는 2020년 1월, 20대 국회 기준 여성 의원 비율 17.3%로 124위를 기록하기도 했다.* 그럼에도 불구하고 이 수치는 비례대표의 50%를 여성 의원에게 할당해야 한다는 공천 할당제 추진을 위해 정당법을 개정한 이후, 가시적으로 증가한 수치라는 점이 놀라울 따름이다.

여성이 처한 현실을 공론화하고 그에 대한 법제를 마련하고 사회적 합의를 마련하기 위해 공적 공간의 중요성이 대두되는데, 실상 남성화된 국회에서 이를 기대하기는 어렵다. 실제로 딥페이크^{인공지능 합성 기술}를 악용하여 여성 연예인이나 지인의 얼굴을 합성해 음란물을 제작·유포하는 범죄가 새롭게 공론화되었을 때, 남성 국회의원들을 비롯한 남성 공직자들은 공적인 발화 공간에서 그 사안의 심각성을 훼손하였다. "예술 작품이라고 생각하고 만들었을 수도 있다.", "청소년이나 자라나는 사람들은 컴퓨터에 그런 짓 자주 하는데 처벌은 과하다." 등 ^{남성} 가해자의 입장을 대변하는 말들로 처벌의 정당성을 부인하였다. 그럼에도 불구하고 소수의 여성 의원을 제외하고는, 그 공간에서 그들의 발화에 대한 비판을 제기하지 않았다. 공적 발화의 상

---

* e-나라지표 〈IPU 여성 국회의원 비율 및 각국의 순위〉.

징이 되는 국회가, 그리고 국민을 대표하여 공적으로 발화하는 책임을 가진 국회의원이 기본적인 여성주의적 성찰도 없이 어떻게 '공공의' 미래를 상상하는지 의문점이 드는 대목이다.

n번방과 딥페이크 음란물 범죄 사례에서 알 수 있듯이 기술이 고도화됨에 따라 확실한 법제의 마련과 사회적 분위기 형성이 뒷받침되지 않는 이상, 유사한 지능형 범죄가 증가하리라고 추측하는 것은 자연스럽다. 그 때문에 발화 권력과 발화 공간이 남성에게로 편중되어 있는 기울어진 운동장에서의 싸움을 어떻게 평지에서의 싸움으로 되돌려 놓을 것인가에 대한 고민은 뉴노멀을 향한 고민과 평행하게 이루어져야 할 것이다.

어떤 미래를 말할 것인가: 페미니즘의 상상력

상상력은 현실을 대면하는 데서 온다. 페미니즘이 바라본 지금 여기의 현실은 우리가 새로운 상상을 하는 데 가장 명확한 동력을 제공할 것이다.

먼저 여성의 노동 현실을 해결할 방안이 필요하다. 우선 그 기반이 되어야 하는 것은, 전통적인 성별 분업을 탈피하기 위해 사회적 논의를 마련하는 것이다. 이로부터 국가적·사회적 해결 방안을 모색하기 위한 사회적 합의가 이루어질 것이기 때문이다. 실무적으로는 유급 휴가 필수 조치를 위한 지원, 또는 고용 안정화 조치를 통해 위기 상황에서 여성 노동자의 고용 불안정 상태를 국가적으로 제어해야 하며, 돌봄·요양·교육·서비스 등 여성

밀집 업종이 감염으로부터 안전한 노동환경을 마련할 수 있도록 지원이 필요하다. 집단감염 사례가 되었던 콜센터의 경우 현재 클라우드 시스템을 이용하여 비대면 재택근무를 시도하는 곳들이 늘어나고 있는데, 이렇게 비대면 디지털 기술과 여성 노동 사이의 간극을 좁혀 상생할 수 있는 뉴노멀 방안을 적극적으로 구상해야 한다. 이런 맥락에서 경력 단절 중년 여성의 일자리 교육을 뉴노멀에 필요한 디지털 산업과 연계시키는 방향도 생각해 볼 수 있을 것이다.

또 이처럼 여성 노동이 집중되는 직종들이 사회적 재생산 모델의 일환으로 기능할 수 있다는 점에 주목하는 의견도 있다. 김현미 연세대학교 문화인류학과 교수는 그의 칼럼에서 더 나은 사회를 기획하기 위해 사회적 재생산 모델의 필요성을 역설한다.* 미래주의적인 IT 기술과 디지털 산업, 그리고 기간산업으로 평가되는 건설, 항만 산업 등은 사회의 건강한 재생산을 위한 제1의 방안이 되기 어렵기 때문이다. 따라서 생명, 건강, 교육, 가치관, 돌봄 등에 관여하는 사회적 개입과 투자를 늘린다면, 뉴노멀의 추진과 함께 사회적 위기 회복에 필요한 '여초 노동'의 안정성과 가치를 회복할 수 있다는 것이다.

그리고 여성과 안전에 대한 지속적인 사회적 논의가 필요하다. 공공 방역을 위한 거리두기와 자가격리 등의 조치로 인해 집을 떠날 수 없는 가정폭

---

* 김현미, 〈[코로나 이후, 페미니즘이 길을 묻다] 두 달여 '멈춤'에 심화된 성차별〉, 《한국일보》, 2020.05.06.

력 피해자들은 방역의 사각지대에 처한다. 또 사회적 거리두기 결정에 따라 피해자 지원이 불가피하게 비대면으로 전환되는 경우*에도 위기 상황은 폭력 피해자에게 직접적으로 작용한다. 그 때문에 비대면 전환의 상황에서 피해자의 안전을 보장하기 위해 비상 지원책을 시급히 마련해야 한다.

또 비대면 공간, 즉 디지털 공간에서의 여성 안전 문제도 점차 대두되고 있기 때문에 이에 관한 사회적·법제적 논의가 필요하다. 특히 디지털 기술이 발달함에 따라서 범죄의 수위와 방법을 예측하기가 어렵고, 디지털 공간에서의 성범죄는 제대로 처벌된 선례가 많지 않아 처벌 수위와 방법적 측면에 대한 논의가 난항을 겪고 있다. 그렇지만 뉴노멀이라는 새로운 일상은 곧 오프라인과 디지털 공간의 상호 확장 속에서 이루어지기 때문에, 이제는 별도의 가상 세계에서 벌어지는 문제만이 아니다. 그러므로 더 이상 지체할 수 없다. 사회적 공감대를 형성하기 위해 공론화가 우선적으로 지속되어야 하고, 확실한 규제와 처벌을 위한 예방적 대응책과 시스템, 그리고 사회적 합의가 이루어져야 한다. 또한 관련 범죄로 인해 피해를 입은 생존자가 일상으로 복귀할 수 있도록 지원하는 시스템을 체계적으로 확보해야 하며, 디지털 공간에서 그들이 '잊힐 수 있는 권리'를 행사할 수 있도록 기술적인 지원도 제공해야 한다. 건강한 디지털 공간을 확보하기 위한 사회적·기술적 기반이 곧 건강한 뉴노멀로의 연장을 가능케 할 것이다.

---

* 최선혜(한국여성의전화 여성인권상담소장), 〈코로나19 상황, 한국에서만 가정폭력 줄었다?〉, 《오마이뉴스》, 2020.04.13.

마지막으로 이 모든 논의를 발화할 수 있는 여성의 사회적 파이 확대가 필요하다. 현재 정은경 질병관리본부장을 비롯해 제니 해리스 영국 보건부 차관, 미국의 데버라 벅스 코로나19 TF 조정관, 앤 슈챗 질병통제예방센터 CDC 부국장, 세계보건기구WHO의 역학 전문가 마리아 반 케르코브 등 여성 보건당국 담당자들의 정확하고 신속한 리더십이 주목받고 있다.* 이러한 여성 책임자들의 가시화는 논의를 발화하는 핵심 인물이 여성이라는 점에서 유의미하다. 물론 이들에게 여성문제 관련 논의에 대한 책임이 있다는 의미는 아니다. 다만 이들을 비롯하여 공적 공간에서 발화하는 여성의 존재 자체, 그리고 그 숫자의 증가에 대해 주목하고자 한다. 이는 기울어진 운동장에서의 싸움을 평지로 이동시킬 수 있는 긍정적인 가능성을 내포하기 때문이다. 따라서 공적 공간에서 여성 발화자가 등장했을 때, '여성'이라는 이유만으로 그들을 검열하는 여성혐오misogyny적 행태를 지양해야 하며, 필요시 여성 발화 확대를 위해서 적극적 조치를 고민해야 한다. 그로부터 우리가 마주해야 하는 현실에 대한 논의가 확장될 것을 기대할 수 있다.

또 지난 4월, 유엔여성기구 주최로 이루어진 각국 고위급 대표회의에서는 〈더 큰 효과를 위한 협력: 코로나19와 젠더〉Partnering for Greater Impact: COVID-19 and Gender를 주제로 여성과 아동의 위기 상황을 해결하기 위해 국제사회의 공동 해결 방안을 모색하였다. 이러한 발화의 장 역시 여성의 사회

---

* 이세아, 〈코로나19는 '여성 재난'… UN "여성 리더십 키우고 지원책 마련하라"〉, 《여성신문》, 2020.05.20.

적 파이 확대와 상호 직결되는 것이라는 점에서 매우 유의미하다. 따라서 국가기관이나 공적 공간에서도 이 같은 논의에 더 많은 파이가 주어져야 할 것이다.

이와 같은 페미니즘의 상상적 발화는 "우리는 무엇을 마주하고, 무엇을 말할 수 있는가?" 하는 질문을 던진다. 견고한 경계를 허물고 균열을 내는 이 새로운 시선은 건강한 미래를 상상하는 과정에서 '우리'라는 공공의 연대를 이야기한다. 배제를 통한 반쪽짜리 뉴노멀이 아니라 연대를 근본으로 하여 모두의 뉴노멀을 이야기하는 논의의 장을 확대시킨다.

혹자는 이러한 시선을 두고, 잘 달려가는 와중에 걸림돌을 놓는다고 말할 수도 있다. 하지만 건강한 미래에 대한 상상은 예민한 사회의 것이다. 앞만 보고 달려가는 둔감한 사회는 목전에 낭떠러지가 있어도 발끝에 걸려서야 발견한다. 그렇다면 차라리 걸림돌에 걸려 한 번 넘어지고 주변을 돌아보는 것을 택하는 편이 낫지 않겠는가. 페미니즘은 그 둔감함을 일깨울 최후의 걸림돌이 되는 것을 마다하지 않는다.

그리고 페미니즘은 지금 여기, 우리를 향해 다시 한 번 묻는다. "우리는 무엇을 말할 수 있는가?" 새로운 상상의 가능성은 그 물음표에 달려 있다.

'포괄적 언어'는 필요한가

민 지 오

남성 동성애자 존재의 가시화

2020년 5월 이태원 클럽 방문자에게 집단적으로 확진자가 생기면서 4차 감염까지 이어지는 사태가 벌어졌다. 무증상자·유증상자를 통틀어 클럽 방문자 모두에게 검사를 권장하는 긴급재난문자가 발송되었다. 그런데 다른 사례와는 달리 이 사태에서는 주요 방문자가 동성애자 남성인 '게이 클럽', '블랙 수면방'이 널리 알려지게 된 것이 주목을 받았다.

이 시국에 '게이'남성 동성애자라는 특성을 공유하고 있는 내 주변의 남성 지인은 자신의 개인 SNS에 '친한 친구만 보기' 기능을 이용해서 게시물을 올렸다. 일종의 '댓글 읽기', 즉 뉴스나 유튜브 등의 댓글을 읽어보는 콘텐츠를 올렸다. 그는 대한민국 국민들의 성소수자에 대한 인식을 살핀 결과, 예전에 비하면 마치 'PCPolitical Correct 민국'정치적으로 올바른 대한민국이 된 것만 같다고 표현했다. 성소수자의 인권을 침해하지 않으려는 일부 댓글의 흐름을 읽어 낸 것이다. 그의 평가에 따르면 '그래도 노골적인 혐오는 눈에 띄지 않는' 깨끗한 댓글 공간이 여럿 존재했다.

우리에게 '성소수자'라는 키워드는 지난 5년 사이 비교적 큰 폭으로 친밀해진 것이 사실이다. 정치적으로 올바른, 즉 한국적 의미로 '도덕적인' 사람

이태원 클럽발 코로나19 감염자 증가는 엉뚱하게도 성소수자들이 주목받는 결과를 낳았다

이라면, 남의 인권을 침해해서는 안 된다는 '피씨함'이 보편화되었다. 이때 '그 인권이 침해되기 쉬운 약자'의 위치에 놓인 군상의 일종으로서 '성소수자'가 대두되었다. 이처럼 도덕성을 기준으로 한 성소수자에 대한 혐오 발언의 검열과 그에 따른 '탈락 현상'이 한국사회에 일면 존재하는 듯 보인다.

포괄적인 언어, 중립어로 타인에게 다가가기

자신이 잘 모르는 타인에게 나아가는 효과적인 자세는 '포괄적인 언어'를 사용하는 것이다. 언어는 조건을 규정한다. 어떤 언어를 사용하는지에 따라서 상황이 한정된다. 열린 질문은 청자에게 자유로운 조건을 가능하게 하지만 닫힌 질문은 그렇지 않다. 전자의 물음에 대한 선택지는 비교적 폭넓다.

이런 예시를 일상생활에 적용하는 것이 바로 예민한 인권 감수성을 기르는 길이다. 예를 들어 여성에게는 "남자친구 있어요?" 하고 묻고 남성에게는 "여자친구 있어요?" 하고 묻는 관습을 깨고 최근 들어 대학 공동체에서 선진 적으로 '애인'이라는 단어를 일부러 부활시킨 바 있다.처음 이 단어를 들었을 때 나는 가수 이은미의 노래 '애인 있어요'가 연상되어, 다소 고리타분하다고 생각했지만 금방 익숙해졌다.

　이러한 언어 습관의 실천은 상위 포괄적인 언어인 '중립어' 사용의 중요성을 보여준다. 즉, 여성인지 남성인지를 특정하지 않는 젠더 중립적인gender-neutral 언어가 대화의 흐름을 자유롭게 해방시킨다. 이것을 10대들의 공교육 환경에도 적용해 볼 수 있다. "가정통신문을 '엄마'에게 전해 드려라."라는 문장에서처럼 한정적인 목적어를 사용하지 않고, "'보호자'부나 모가 아닐 수도 있는에게 전해 드려라."라는 식으로 중립어를 사용하면 의사 표현이 훨씬 더 포괄적이게 된다. 이러한 언어 사용은 아동 청소년이 속해 있는 '가정'의 범주에 대한 고정관념을 부수고, 좁게 상상된 편협한 허구의 범주를 더욱 현실적으로 확장한다.

사회적 약자의 비가시성에 따른 대안언어의 필요성

　주로 인권 사안과 관련된 개선점을 이야기할 때 듣기 좋은 핀잔은 "그것은 너무 비현실적이다."라는 주장이다. 그러나 가장 비현실적인 것은 현실에 다양한 삶의 양식이 존재하는데도 특정 집단에 특권privilege으로서의 '가시화를 통한 대표성 획득'을 가능하게 하는 일이다. 그러한 일부 '대표' 사례는 전혀 현실적이지 않다. 대표가 표상하지 못하는 사례가 현실에는 더 많다. 나는 상대방이 누구인지, 어떤 환경에서 살고 있는지, 무엇을 갈망하는 존재인지 잘 알지 못한다.

김보라 감독의 영화 〈벌새〉2019에서 이영지 선생님은 이렇게 말한다. "얼굴을 아는 사람은 많지만, 그중에 내가 마음을 아는 사람은 몇이나 될까?" 우리는 서로를 제대로 알지 못한다. 그런 상황에서 필요한 것은 상대방을 기성의 틀에 끼워 맞추는 좁은 질문이 아니라 '좋은 질문'이다. 여성학자 정희진은 다음과 같이 말했다.

공부는 질문하는 방식을 배우는 것이다. 혹은 공부하다가 이해가 안 되는 부분을 선생님에게 물어 도움을 요청하는 노동이다. 이 외의 모든 질문은 권력 행위다. 타인에 대한 물음은 호기심에서부터 신문, 힐난, 비난까지 다양하다. 묻는 자의 정체나 위치는 드러나지 않는다. 그러나 말 한마디로도 묻는 자의 교양, 인격, 무지, 태도를 알 수 있다. "어쩌다 동성애자가 되었나요?", "자네는 어느 대학을 나왔나?", "왜 아직도 취직을 못 했나?", "여자가 왜 이런 일을?" 이런 질문은 질문이 아니라 인권침해다.*

---

* 정희진, 〈[정희진의 낯선 사이] 가해자에게 궁금한 것은 없습니까〉, 《경향신문》, 2018.09.19.

제5부 청년의 생각 —— 353

나는 이 세상에 좋은 질문을 남기는 사람으로 존재하고 싶다. 들었을 때 몸social body이 쑤시고 아픈 질문이 아니라, 즐겁게 소통하고 싶어지는 질문을 남기고 싶다여태까지 그런 종류의 질문은 사실 "제발 당신의 이야기를 들려 주세요." 정도밖에 찾지 못했다. 우리는 모두 어딘가 병들어 있고 아픈 존재들이다. 고통의 종류에 차이가 있거나, 자각하는지 아닌지가 다를 뿐이다. 나는 존경하는 정희진 선생님이 강연에서 하신 발언에 크게 공감하고, 이후로 눈물 많은 나 자신의 존재를 긍정하게 되었다. "나는 상처 없는 사람이랑은 말도 안 한다.", "감정은 지식이 몸에 체현된embodied 가장 상위의 것이다." 상처, 감정적 동요, 고통… 이 모든 것을 지나온 사람은 '우연히 운이 나빠서' 그렇게 된 것이 아니다. 모든 것은 사회적 조건에 따라 결정된다. 그런 맥락을 기민하게 알아차리고 그에 대처하는 방식으로 작동할 언어가 절실하다.

상위 포괄적 언어가 가지는 '대표성'이라는 권력

성소수자에 관해 소위 '피씨한' political correct, 정치적으로 올바른 접근을 시도하는 사회 분위기가 일면 존재한다는 점은, 물론 '진일보한 인권 의식'을 알리는 지표일 수 있다. 그러나 여기에는 설명되지 않은 무언가가 분명히 존재한다. 바로 성소수자의 삶을 상상하는 방식이 또다시 단일화되어 있다는 고질적인 문제점이 있다. 앞서 언급한 남성 지인의 SNS 글을 보면서, 나는 '노골적인 혐오가 없음에 안도하는 남성 지인의 삶의 조건'이 이성애자뿐만 아니라, 어떤 측면에서 한국 레즈비언^{여성 동성애자}과는 상당히 다른 결을 띤다는 점을 느꼈다. 레즈비언의 경우에는 그 존재가 평상시에 전혀 가시화되지 않는다. 무지함 때문에^{보고도 레즈비언인지 모르기 때문에} 이들은 노골적인 혐오 상황에 잘 처하지 않는 특성이 있다. 사회적 미美의 기준에 부합하는 '아름다운' 여성 두 명이 손잡고 다정하게 길을 걷고 있다고 해서, 낯선 이가 그들에게 혐오감을 표출하거나 공격을 가한 사례는 본 적이 없다. 머리가 '짧고' '여성스럽지 못한' 여성에게 가해진 폭력 사태는 최근에 뉴스화가 된 적이 있지만 말이다. 이러한 비가시성의 문제가 남성 동성애자와 여성 동성애자의 차별점을 만든다.

이러한 맥락에서 주목할 점은 한국에서 '성소수자'라는 가상의^{imaginary} 그룹은 과연 단일한 집합인가이다. '모든 구분은 폭력적'이다. 선 그어지지 않는 것에 대한 선 긋기이기 때문이다. 즉, 함께 묶이기 어려운 것들을 쉽게 '퉁쳐 버리는' 시도가 될 수도 있다. 남성 동성애자와 여성 동성애자는 과연 성차^{gender difference}를 뛰어넘어 성적 지향^{sexual orientation}으로 공통의 집단으로 묶일 수 있는 존재들일까? 나는 그렇다고 생각하지 않는다. 오히려 남성을 사랑하는 남성과 여성을 사랑하는 여성만큼 접점 없이 서로 '다른' 존재는 없지 않을까? 내가 아는 한, '여성을 좋아하는' 여성은 동성애자 남성보다 '이성애자' 남성에 더 동일시될 수 있다고 생각한다. 성소수자^{queer}는 정체성의 정치^{politic of identity}의 측면에서 과연 한데 묶일 수 있는, 잠정적으로 가정된 동종 집단인지에 대한 첨예한 질문이 필요하다.

남성 집단이 지니는 '가시화를 통한 대표성'이라는 특권

간과되는 지점으로 '성소수자' 혹은^{특히 영미권에서 사용되는 모든 성별의 '동성애자'를 포} ^{괄하는 의미의} '게이'Gay라는 단어는 마치 '인류'와 같은 양상을 띠는 '대표성 언어'라는 점이 있다. 이는 지나치게 포괄적이고, 그 결과 누구를 특정하는지 매우 모호해졌다. 동시에 암묵적인 사회적 동의하에 '게이'라는 단어는 오랜 역사를 거쳐, 성소수자 중에서도 그 대표representative 군상인 동성애자 남성을 의미한다고 이해되는 경향이 짙어졌다. 또한 성소수자라고 하면, 대표적으로 게이와 트랜스젠더로 양분된다. '게이'가 함의하는 것이 넓은 의미에서는 양성 모두의 동성애자이면서, 좁은 의미에서는 오직 남성 동성애자이고, 한쪽에는 레즈비언이라는 비포괄적인 '특수 용어'가 있다는 점은 익숙한 느낌을 자아낸다. 마치 'man'이 보편 인간^{여성일 수도 있음}을 포괄적으로 상징하지만, 자주 '남성'만을 대표하는 용어로 사용되는 현상과 비슷한 모습을 띠기 때문이다. 즉, 대표성을 띠는 권력은 언제나 남성에게 있었다.

고대 철학자들이 육체보다 정신을 더 우월한 것으로 자리매김하는 시도를 하는 동안에, '여성-육체', '남성-정신'의 이분법이 발전되어 왔다. 이는 여성을 육체에 고정화하는 동시에, '육체'를 열등한 것으로 보는 시각이다. 그런데 이와 같은 몸과 마음^{정신}의 구분은 허구적이다. 정신이라는 독립된 구조물은 존재하지 않는다. 마음은 뇌의 작용이며, 뇌는 신체 일부이다. 이처럼 허구적인 구분은 '육체를 초월하는 우월함'을 실현하기 위해 남성이 끝없이 여성의 우위에 존재하려는 권력관계의 작동과 연관이 있다.

2017년 고등학교 시절에 사회탐구 〈법과 정치〉 과목을 배웠다. 교과서에서 규정하는 '민주주의의 시초'는 고대 그리스의 아테네였다. 이때의 민주주의의 한계점은 '노예와 여성, 그리고 외국인의 시민 자격이 박탈된 점'이라고 배웠다. 그런데 과연 우리 사회가, 고대 아테네의 그 당시 상황에서 성별이 반전되어, 여성만이 투표권을 지니고 남성은 갖지 못했더라도, '최초'의 민주주의를 아테네로 상정했을까? 고작 '한계점' 정도로만 기술되는 부분에 "민주주의는 맞았지만 남성은 배제되었다."는 정도의 내용이 포함되면 과연 ᵞ남성ᵞ 역사가들은 만족스러웠을까? 애초에 민주주의의 시작이 아테네가 아닌, 남성들이 민주주의를 성취하게 된 때로 결정되었을 것이라는 점은 쉽게 예상할 수 있다ᵞ그 결과 지금의 고등학교 교과서가 만들어졌다ᵞ.

다시 '성소수자 혐오'의 문제로 돌아오면, 물론 특정 집단에 대한 멸시와 비난, 즉 '혐오'는 매우 폭력적이다. 그 대상에게 엄청난 스트레스를 안긴다. 그러나 내가 주목한 것은, 이때 '노골적인 혐오', 즉 '가시화된 폭력'은 어떤 식으로든지 그 존재를 증명하는 기제로서 작동하는 측면이 있다는 것이다. 아무도 싫어하지도 좋아하지도 않는 대상, 즉 무관심의 대상은 어쩌면 그 존재가 비가시화된다는 측면에서 가장 '고도 높은' 폭력성을 경험하는 집단이다ᵞ가장 고차원적이라는 의미로 '고도 높은'을 사용했다. 이는 이들이 경험하는 폭력에 우열을 매기는 시도가 아니라, 폭력의 다양한 양상 중 한 측면을 고찰하기 위함이다ᵞ.

여성은 비가시화되기도 하고 사회적 질타의 표적으로 대두되기도 한다. 한국의 여성들에게는 뿌리 깊은 '레즈비언ᵞ여성 동성애자ᵞ 문화'가 존재한다. 스스로 레즈비언이라고 여기는 여성들이 많았다는 뜻이 아니라, 많은 여성이

성소수자 운동을 상징하는 무지개깃발

마치 '레즈비언처럼' 행동하는 것이 너무나 흔하고 당연시되는 보편 문화가 존재한다는 것이다. 학창 시절에 남성들은 서로 신체 접촉을 거칠게^{어깨동무,} ^{싸움 등} 경험하는 반면에, 여성들은 친밀하고 내밀하게^{손잡기, 팔짱, 포옹, 심지어는 볼} ^{에 뽀뽀하는 일도 많다} 여성 간 스킨십을 경험한다. 이러한 여성 간 보편화된 문화로서의 행위는 소위 연인 사이에 어울리는 행동이지만, 여학생들은 어린 시절부터 많이 경험하는 것이다. 이 글의 주제에서 벗어나므로 자세하게 설명하기에는 무리가 있다. 다만 여기서 다루고 싶은 점은 이러한 보편화된 레즈비언 문화는 실제 레즈비언을 지워 버리고 비가시화하는 기제로 작동한다는 점이다. 게이^{남성 동성애자}를 다루는 영화나 만화, 가령 흥행한 영화 〈Call Me By Your Name〉에서와 같이 격한 성적인 묘사를 통한 가시적인 사랑을 다룬 콘텐츠가 많지만, 레즈비언을 다루는 흔한 콘텐츠에는 '손잡고 다녔는데 알고 보니 이성애자 여성이어서 실망하고 좌절하는' 미묘한 엇갈림의 서사, 즉 시작도 하지 못한 사랑의 서사가 더 많다.

이처럼 여성의 서사가 미디어에서 주로 좌절과 실패, 절망과 포기를 경험하는 것으로 묘사되는 경향은 실제 사회와 여성들에게 매우 큰 해악을 끼친다. 예를 들어 범죄의 피해자로 재현되거나, 레즈비언 여성이 사랑에 실패하고 그의 연인이 남성과 결혼하는 등의 비극적인 서사가 있다. 레즈비언 서사 매체를 해외에서 국내에 수입할 때, 결말이 비극적인 작품은 충분히 허용되지만, '해피엔딩을 금지한다'는 암묵적 규정이 있다는 소식을 접한 적이 있다. '가시화된 사랑이 성공하는 내용의 서사'가 가지는 힘은 이렇게나 대단하다. 이는 권력자들이 두려워하는 무언가이다. 좌절의 서사가 이용하는 하나의 징검다리는 바로, 존재를 비가시적으로 만들고, 그것이 언제 있었는지be/일어났는지occur도 모르게끔 지워 버리는 것이다. 홀로코스트와 제주 4·3 사건이 '없었다'고 주장하는 역사 부정론자들의 경우를 생각해 보라.

이태원 클럽 방문자 중에 확진자가 생기면서 4차 감염까지 이어지는 초유의 사태가 벌어졌다. '게이 클럽', '블랙 수면방' 등으로 온 국민이 떠들썩했다. 모두의 스마트폰에 '블랙 수면방'이라는 키워드가 포함된, 무증상자·유증상자를 통틀어 클럽 방문자 모두에게 검사를 권장하는 문자가 발송되었다. 이 시국에 클럽에 가는 성소수자 남성들과 성매매를 하는 이성애자 남성들이 있었다후자는 아예 보도도 거의 되지 않았다. 무척이나 보수적인 나의 어머니는 이태원 클럽 감염 사태에 관해 말하다가도 "확진자가 '게이'라고 집어 말할 게 뭐 있냐?"며 남성 동성애자의 인권을 침해하지 않으려 노력하였다. 친구의 어머니도 사건을 언급할 때, "에이, 그건 성차별이야!"라며 발언을 조심하는 태도를 보였다.

이태원 클럽의 사례는 '남성 확진자의 성생활'—이성애자 남성의 강남 성매매 업소 방문, 동성애자 남성의 블랙 수면방 방문 등—을 통해 집단 감염이 발생한 것을 보여준다. 이것을 지적하는 일은 성적 지향성^{이성애자인지 동성애자인지}에 관한 이야기도, 게이에 대한 성차별의 문제도 아니다. 동시에 모 포털사이트의 인터넷 뉴스 채널의 조회수 1위 기사 제목은 확진자가 '여성'이라는 사실이 부각되게 지어졌다. 수많은 가족 감염 사례 중에서도 많은 이들이 '제주도 모녀'를 기억한다. 뭔가 잘못됐다는 생각이 드는 밤이다.

인간세에서 지구세로*

- 포스트코로나 시대의 지구인문학 -

허남진 · 조성환

지구화와 지구학

세계는 "코로나 이전^{BC}과 코로나 이후^{AC}로 나뉜다"는 말이 있듯이, 코로나19는 각 분야에서 새로운 전환을 촉구하고 있다. 학문도 예외는 아니다. 근본적인 패러다임의 전환이 요구되고 있다. 이러한 움직임은 이미 90년대부터 일어나고 있었다. '지구화'globalization 현상을 연구하는 '지구학'Global Studies이 그것이다.

지구화는 90년대부터 시작된 신자유주의와 인터넷, 그리고 교통의 발달

---

* 이 글은 2020년 8월 28일에 원광대학교에서 발표한 조성환·허남진, 「코로나 시대의 지구인문학」의 일부를 수정한 것이다. 원불교사상연구원 홈페이지의 자료실에서 다운로드 받을 수 있다. http://www.wth.or.kr/modules/bbs/index.php?code=pds &mode=view&id=49&___M_ID=31

로 본격화되었다. CNN을 통해 '지구촌' 뉴스가 실시간으로 전달되고, 정부의 통제를 벗어난 다국적 기업이 국경을 무색하게 하였다. 과학기술과 자본주의의 발달로 전 세계가 하나로 연결된 것이다.

그러나 지구화에 긍정적인 측면만 있는 것은 아니다. 독일의 사회학자 울리히 벡은 지구화의 중요한 측면으로 '위험의 지구화'를 들었다. 통제 불가능한 위험이 전 지구적으로 전개되고 있다는 것이다. 실제로 울리히 벡의 『위험사회』가 출판된 해1986에 우크라이나에서는 체르노빌 원전 사고가 터졌다. 반면에 한국에서는 한살림운동이 일어났다. '위험의 지구화'를 대비한 생명운동의 시작이다.

울리히 벡의 진단은 현재 우리가 겪고 있는 팬데믹pandemic으로 현실화되

지구인문학을 통해 지구를 더 이상 인간을 위한 도구적 존재가 아니라
살아있는 주체로 인식을 전환시켜야 한다.

고 있다. '팬'에는 '지구적'이라는 함축이 있다. 그래서 팬데믹은 '질병의 지구화'에 다름 아니다. 여기에 폭염과 홍수 등의 기후위기까지 겹치고 있다. 지구가 본격적으로 위험신호를 보내고 있는 것이다.

'지구인문학'의 제안

지구인문학의 필요성은 여기에 있다. 지구를 더 이상 인간을 위한 도구적 존재가 아니라 살아있는 주체로 대하는 인식의 전환이 시급하다. 자신을 '지구학자' Geologian 또는 Earth Scholar라고 자칭한 토마스 베리Thomas Berry, 1914-2009는 지금까지의 학문은 지구를 착취의 수단으로 간주했다고 비판하면서, 지구 자체를 목적으로 삼는 자세로 지구를 연구할 때가 왔다고 주장하였다. 지구를 착취의 대상이 아닌 사귀어야 할 주체로 인식해야 한다는 것이다. 아울러 인간 이외의 존재들의 생존권도 보장하는 '지구법'Earth Jurisprudence을 제창하였다.*

토마스 베리의 제안은 조금씩 현실화되고 있는 추세이다. 2017년 3월에 뉴질랜드에서는 세계 최초로 '강'에다 인간과 동등한 법적 권리를 부여하였다. 왕거누이 강의 오염을 우려한 뉴질랜드 의회와 원주민 마오리족이 합작

---

* 토마스 베리 저, 이영숙 옮김, 『토마스 베리의 위대한 과업』, 대화문화아카데미, 2014.

해서 지구법을 통과시킨 것이다.* 최근에 한국에서도 지구법에 대한 관심이 높아져 강금실 전 법무부장관을 중심으로 『지구를 위한 법학: 인간중심주의를 넘어 지구중심주의로』서울대학교출판문화원, 2020가 출간되었다.

토마스 베리가 말하는 '지구학'은 지구화 현상을 연구하는 'Global Studies'와는 비슷하면서도 다르다. Global Studies는 여전히 인간중심적이라는 비판에서 자유롭지 못하기 때문이다. 실제로 인도 출신의 역사학자 차크라바르티는 '지구화' 담론이 본질적으로 인간중심적이라고 지적하면서, 지구 시스템은 인간만을 위해 만들어진 것이 아니라고 하였다. 아울러 이러한 사실을 깨닫기 위해서는 인간중심주의적 Homocentric, anthropocentrism 사고에서 생명중심적 Zoecentric, non-anthropocentrism 사고로 전환해야 한다고 주장한다.**

지구인문학적 경향은 인류학 분야에서도 일어나고 있다. 에콰도르 출신의 에두아르도 콘 Eduardo Kohn의 『숲은 생각한다』원제는 How Forests Think, 차은정 번역가 그것이다. '존재론적 전회' ontological turn라는 현대철학의 흐름을 반영하여, 인간 이외의 존재들도 사고를 하고 표현을 한다고 주장하고 있다. 'Toward an Anthropology Beyond the Human'이라는 부제로부터 알 수

---

* 〈뉴질랜드, 자연 훼손하면 상해죄…'지구법', 한국은?〉, 《중앙일보》(온라인), 2017.04.15. https://news.joins.com/article/21478072

** Dipesh Chakrabarty, "The Human Condition in the Anthropocene", The Tanner Lectures in Human Values, Yale University, February 18-19, 2015, pp.141, 165-167.

있듯이, 인간중심의 인류학을 지양하고 있다. 지구인문학적 관점에서 보면 '지구인류학' Global Anthropology 이라고 할 수 있을 것이다.

한국철학과 지구인문학

지구인문학적 문제의식은 한국철학 안에서도 발견할 수 있다. 조선 초기의 유학자 추만 정지운과 퇴계 이황은 중국의 「태극도」太極圖에서 한 걸음 더 나아간 「천명도」天命圖를 제작하였다. 「태극도」가 태극에서 만물이 생성-분화되는 과정을 도식화한 '만물생성도'라고 한다면, 「천명도」는 우주를 하나의 '원'으로 도상화하고,* 그 안에 지구구성원으로서의 인간과 만물을 배치시키고 있다는 점에서 토마스 베리가 제창한 '지구공동체'를 도상화한 것이라고 볼 수 있다.

동학에서 시작하여 천도교, 원불교에 이르는 근대한국의 개벽종교에서도 지구인문학에서 사용하는 '지구적 상상' global imaginary 이나 '지구공동체' 개념을 찾을 수 있다. 동학의 "천지부모 만물동포"최시형, 원불교의 '일원'과 '사은'박중빈, 그리고 '한울안'과 '삼동윤리'송규, 천도교와 원불교의 사해일가

---

* 이 점에 대해서는 「낙관적 우주와 역동적 초월 - 조선의 도상학과 한국의 민주화를 중심으로」, 『개벽신문』 74호(2018년 5월호)에 나와 있는 이원진 선생의 발언에서 계발을 받았다.

四海一家나 세계일가世界一家 등이 그것이다. 이것들은 인간과 만물이 동등하게 조화를 이루는 세상을 지향한다는 점에서 토마스 베리의 '지구공동체' Global Community 개념과 상통한다.

또한 1994년에 김대중 아·태평화재단 이사장은 『Foreign Affairs』에 기고한 글 「문화는 숙명인가?」 Is Culture Destiny? 에서 동학이나 불교와 같은 '아시아적 가치'를 언급하면서 '지구민주주의' global democracy를 제창하였다. 여기에서 '지구민주주의'는 인간 이외의 존재들에게도 생존권을 보장해주는 민주주의를 의미한다는 점에서, 해월 최시형이 제시한 '경물'敬物 개념을 연상시키고, 최근에 대두되고 있는 '생태민주주의'나* '지구법'과도 상통한다. 또한 인도의 저명한 생태운동가 반다나 시바 Vandana Shiva, 1952~도 "지구는 한 가족이다"라는 의미의 산스크리트어 'Vasudhaiva Kutumbakam'에 바탕을 둔 'Earth Democracy'를 주창하였다.

지금까지 살펴본 지구인문학이 궁극적으로 지향하는 것은 인간 중심의 '인간세'인류세에서 지구 중심의 '지구세'로의 전환이다. 이러한 지구적 전환 地球開闢, Global Transformation과 지구적 연대地球共治, Global Governance가 동반되어야 인간의 이기심으로 인해 파괴된 지구시스템을 본래 상태로 회복할 수 있을 것이다.

---

* 가령 Roy Morrison 저, 노상우 역 『생태민주주의』, 교육과학사, 2005; 구도완, 『생태민주주의: 모두의 평화를 위한 정치적 상상력』, 한티재, 2018.

우리는 어디로 가야 하는가

등록 1994.7.1 제1-1071
1쇄 발행 2020년 10월 25일

지은이 가타오카 류 김유리 민지오 박길수 박맹수 박지은 사사키 슌스케
        서만원 성민교 손원영 신태섭 양스판 유건재 윤정구 이무열
        이주연 임소당 임우남 전희식 주요섭 조성환 최다울
        파드마 남갈 아지타 허남진 홍승진 황상희
펴낸이 박길수
편집장 소경희
편 집 조영준
관 리 위현정
디자인 이주향
마케팅 조영준
펴낸곳 도서출판 모시는사람들
        03147 서울시 종로구 삼일대로 457(경운동 수운회관) 1207호
전 화 02-735-7173, 02-737-7173 / 팩스 02-730-7173

인 쇄 (주)성광인쇄(031-942-4814)
배 본 문화유통북스(031-937-6100)
홈페이지 http://www.mosinsaram.com/

값은 뒤표지에 있습니다.
ISBN 979-11-6629-005-3 03300

이 도서의 국립중앙도서관 출판예정도서목록(CIP)은 서지정보유통지원시스템 홈페
이지(http://seoji.nl.go.kr)와 국가자료공동목록시스템(http://www.nl.go.kr/kolisnet)
에서 이용하실 수 있습니다.(CIP제어번호: CIP2020041130)